Verkehrsmanagementzentralen für Autobahnen

Gerd Riegelhuth · Michael Sandrock
Hrsg.

Verkehrsmanagementzentralen für Autobahnen

Aktuelle Entwicklungen aus
Deutschland, Österreich und der Schweiz

Herausgeber
Gerd Riegelhuth
Butzbach, Deutschland

Michael Sandrock
Berlin, Deutschland

ISBN 978-3-658-22139-3   ISBN 978-3-658-22140-9 (eBook)
https://doi.org/10.1007/978-3-658-22140-9

Die Deutsche Nationalbibliothek verzeichnet diese Publikation in der Deutschen Nationalbibliografie; detaillierte
bibliografische Daten sind im Internet über http://dnb.d-nb.de abrufbar.

Springer Vieweg
© Springer Fachmedien Wiesbaden GmbH, ein Teil von Springer Nature 2018

Gedruckt auf säurefreiem und chlorfrei gebleichtem Papier

Springer Vieweg ist ein Imprint der eingetragenen Gesellschaft Springer Fachmedien Wiesbaden GmbH und ist
ein Teil von Springer Nature.
Die Anschrift der Gesellschaft ist: Abraham-Lincoln-Str. 46, 65189 Wiesbaden, Germany

Vorwort

Mobilität und Erreichbarkeit sind wesentliche Standortfaktoren und ausschlaggebend für die Weiterentwicklung und Ansiedlung von Wirtschaftsunternehmen und damit für den Erhalt bzw. die Schaffung von Arbeitsplätzen. Bürgerinnen und Bürger profitieren mit ihren gestiegenen Mobilitätswünschen gleichermaßen davon. Innovative Lösungen für eine optimierte Nutzung der Verkehrsinfrastruktur unter Einbeziehung aller Verkehrsträger sind ständiger Agendapunkt der verantwortlichen Institutionen – dies gilt insbesondere auch für den Betrieb von Verkehrsmanagementmaßnahmen auf Autobahnen. Diesen kommt dabei eine besondere Bedeutung zu: Einerseits sind sie verantwortlich für die Umsetzung von Anwendungen zur Steigerung von Effizienz und Verkehrssicherheit unter Minimierung der Umweltbelastungen und andererseits bilden sie die Schnittstelle zu anderen Verkehrs- und Aufgabenträgern im Rahmen verkehrsträgerübergreifender Lösungsansätze. Es gibt eine Reihe von Regelwerken, die technische Standards für Aufbau und Betrieb von Verkehrsmanagementzentralen und ihren Subsystemen detailliert festlegen. Die organisatorischen und institutionellen Rahmenbedingungen sind betreiberabhängig und lassen daher großen Spielraum für kreative Lösungen. Dies ermöglicht, bei gleicher verkehrstechnischer Zielsetzung, unterschiedliche Herangehensweisen beim operativen Betrieb. Das vorliegende Buch fokussiert auf diesen Aspekt und enthält dazu beispielhafte Beiträge aus Nordrhein-Westfalen, Österreich, Hessen und der Schweiz, die im Rahmen eines vergleichenden Überblicks den aktuellen Stand der Entwicklung von Verkehrsmanagementzentralen für Autobahnen widerspiegeln.

Unser Dank gilt daher den Autoren, die Zeit gefunden und Aufwand auf sich genommen haben, mit umfassenden Beiträgen die gewünschte vergleichende Darstellung zu ermöglichen. Wir danken ferner dem Verlag Springer Vieweg für die Bereitschaft, das Themenfeld aufzugreifen und die umfassende Unterstützung bei der Herausgabe dieses Fachbuchs.

April 2018

Gerd Riegelhuth
Michael Sandrock

Inhaltsverzeichnis

Teil II

Einleitung

Gerd Riegelhuth

Verkehrsmanagementzentralen für Autobahnen weisen eine lange Evolutionsgeschichte auf. Ihre Entwicklung ist in erster Linie geprägt von den stetig zunehmenden Herausforderungen im Verkehrssektor und den Potenzialen der Informations- und Kommunikationstechnologie (IKT) sowie der Digitalisierung auf dem Gebiet der Intelligenten Verkehrssysteme (IVS).

Ende der 1960er-Jahre wurden zur Entlastung der BAB A 5 Darmstadt – Frankfurt in Hessen erste manuell bedienbare Klapptafeln installiert, die Hinweise auf Umfahrungsmöglichkeiten gaben, wenn es auf dem vorgenannten Autobahnabschnitt zu Verkehrsstörungen kam. Eine größere Wirkung der Verkehrsbeeinflussung konnte auf einem anderen Streckenabschnitt bereits dadurch erzielt werden, indem man – ebenfalls manuell – vorübergehend Ziele der statischen Wegweisung an Autobahnkreuzen bzw. Autobahndreiecken beispielsweise in der Hauptrichtung abdeckte und in der Nebenrichtung ergänzte. Damit konnte zwar bei lang andauernden Störungen eine hohe Akzeptanz erzielt werden, allerdings kam es auch, bedingt durch die über den eigentlichen Anlass hinausgehende Anzeige, zu vermeidbaren Alternativroutenfahrten. Zudem konnte auf spontan auftretende Ereignisse von kurzer Dauer nicht reagiert werden. Die Erkenntnisse aus dem Betrieb dieser ersten Netzbeeinflussungsmaßnahmen führten dazu, dass 1970 auf Autobahnen im Raum Rüsselsheim anstelle der statischen Autobahnwegweiser ferngesteuerte substitutive Wechselwegweiser mit Prismentechnik in Betrieb genommen wurden. Die Schaltung dieser Verkehrsbeeinflussungsanlagen erfolgte von der Autobahnmeisterei Rüsselsheim aus. Dazu wurde dort ein separater Bedienraum mit einem Arbeitsplatz, Bedientableau sowie Aus-/Eingabegeräten vorgesehen – die Verkehrsrechnerzentrale der ersten Generation war

G. Riegelhuth (✉)
Hessen Mobil, Wiesbaden, Deutschland
E-Mail: gerd.riegelhuth@mobil.hessen.de

entstanden. Die eigentliche Rechnertechnik war bereits damals in einem separaten Raum untergebracht. Zunächst erfolgte die Steuerung der Wechselwegweiser noch im Offline-Betrieb, jedoch wurde mit dem weiteren Ausbau der Wechselwegweisung (Netzbeeinflussung) auf Autobahnen im Rhein-Main-Gebiet und in Südhessen auch eine umfassende Verkehrsdatenerfassung aufgebaut, so dass ab 1975 die Steuerung der Wechselwegweisung auch im Online-Betrieb erfolgen konnte.

Die Aufgaben der Zentrale wurden damals wie folgt definiert [1]:

- Übernahme und Aufbereitung der Messwerte der Verkehrsdatenerfassung,
- Berechnung der Kostenfunktion zur Auswahl der wirtschaftlichsten Wegweiserprogramme,
- Steuerung der Wechselwegweiser,
- Dokumentation der Maßnahmen,
- Archivierung der Messwerte.

Die Datenübertragung wurde bereits so konfiguriert, wie es die heutigen *Technischen Lieferbedingungen für Streckenstationen (TLS)* [2] vorsehen. Vor Ort wurden die Daten von den sogenannten Außenstellen (heute: Streckenstationen [SSt]) zu Knotenzentralen (heute: Unterzentralen [UZ]) und von dort zur Zentrale in der Autobahnmeisterei Rüsselsheim und umgekehrt übertragen.

Hauptaufgabe der Verkehrsrechnerzentrale Rüsselsheim war dann bis Ende der 1990er-Jahre im Wesentlichen die Systemüberwachung der per Datenkommunikation angeschlossenen Verkehrserfassungsstellen sowie die Prozesssteuerung und Systemüberwachung der angebundenen Wechselwegweiseranlagen und punktuellen Verkehrsbeeinflussungsanlagen (Stauwarnung, Geschwindigkeitswarnung). Darüber hinaus wurden frühzeitig Verkehrsmeldungen automatisch erstellt und direkt zum Rundfunk übertragen.

Im gleichen Zeitraum entstanden in Deutschland viele Regelwerke zur Festschreibung der technischen Grundlagen zur Planung, Realisierung und zum Betrieb von Verkehrsbeeinflussungsanlagen. Insbesondere im 1999 erschienenen *Merkblatt für die Ausstattung von Verkehrsrechnerzentralen und Unterzentralen (MARZ)* [3, 4] wurden die Aufgaben der Zentralen, deren verkehrstechnische Anforderungen, die Anforderungen an die Hard- und Software sowie die Art der Datenkommunikation zwischen Zentralen erstmals einheitlich beschrieben:

- Datenhaltung, u. a. zur Systemoptimierung,
- Steuerung von Netzbeeinflussungsanlagen,
- Betriebsüberwachung des Gesamtsystems,
- Manuelle Eingriffsmöglichkeiten in Beeinflussungsanlagen,
- Koordinierung der Verkehrsbeeinflussungsmaßnahmen (Gesamtübersicht),
- Bereitstellung und Vermittlung von Informationen an andere Verkehrsteilnehmer (andere VRZ, UZ, Bedienstationen) und Überwachung der Kommunikation zu diesen,
- Verbindung zu Dritten (z. B. Landesmeldestelle),

- Grundversorgung der angeschlossenen Verkehrsbeeinflussungsanlagen,
- Auswertung für verschiedene Zwecke (z. B. Unterstützen verkehrstechnischer Optimierungen).

Das zunehmende Verkehrswachstum auf der Straße – vor allem die hohen Personenverkehrs- und Gütertransportleistungen auf den Autobahnen – führte in den Folgejahren dazu, die vorhandene Straßeninfrastruktur effizienter zu nutzen. Dazu wurden insbesondere hoch belastete Autobahnabschnitte mit Verkehrsbeeinflussungsanlagen ausgestattet, die in erster Linie die Erhöhung der Verkehrssicherheit zum Ziel hatten, aber auch die Optimierung der vorhandenen Kapazität sowie die Reduzierung von Kosten und Umweltbelastungen. In Deutschland erfolgt dieser Ausbau im Rahmen des *Projektplans Straßenverkehrstelematik* des Bundesministeriums für Verkehr und digitale Infrastruktur. Damit einher gingen erhöhte Anforderungen an den operativen Betrieb von Verkehrsrechnerzentralen, die vielerorts in einem 24/7-Betrieb mündeten. Die Wirksamkeit der kollektiven Verkehrsbeeinflussungssysteme und damit einer Verkehrsmanagementzentrale lässt sich vor allem über folgende Anwendungen darlegen:

- Warnung vor situationsbedingten Gefahren wie Baustellen, Unfällen, Fahrbahnsperrungen und Staus,
- Warnung vor witterungsbedingten Gefahren infolge von Nebel, Regen und Schnee,
- Lkw-Überholverbote in Abhängigkeit von der Verkehrsbelastung,
- Harmonisierung des Verkehrsflusses durch eine situationsabhängige Vorgabe von zulässigen Höchstgeschwindigkeiten,
- Verkehrsführung über Alternativrouten bei Überlastung bzw. Sperrung einzelner Streckenabschnitte,
- situations- und verkehrsabhängige Zuteilung von Fahrstreifen,
- verkehrsabhängige Steuerung von Verkehrsströmen,
- temporäre Freigabe der Seitenstreifen bei hoher Verkehrsnachfrage.

Darüber hinaus setzte sich um die Jahrtausendwende vor allem in den Ballungsräumen die Sicht auf ein regionales und zuständigkeitsübergreifendes Verkehrsmanagement durch, das alle relevanten Verkehrs- und Aufgabenträger mit einbezieht. Ein wesentliches Element dabei ist die angemessene Reaktion auf regional bedeutsame Nachfrage- und Kapazitätsveränderungen durch Umsetzung angemessener dynamischer Strategien zur Vermeidung von Überlastungen im Verkehrsnetz sowie der Reduzierung der Auswirkungen von Verkehrsstörungen. Ausgangspunkt für die Entwicklung von Verkehrsmanagementstrategien sind wiederkehrende Problemsituationen, die sich durch bestimmte Verkehrszustände oder Ereignisse wie Verkehrsüberlastungen, Vollsperrungen, Baustellen, Großveranstaltungen, Betriebsstörungen im Öffentlichen Verkehr ergeben. Hierzu bedarf es eines Handlungskonzepts, das sich aus ereignisbezogenen Maßnahmenpaketen zusammensetzt. Dazu zählen unter anderem auch Maßnahmen der Verkehrslenkung und der Verkehrssteuerung auf Autobahnen. Daher lag es nahe, Strategien nicht nur im regionalen Umfeld, sondern auch

Abb. 1.1 Autobahnkorridore für zuständigkeitsübergreifende Strategien [5]

unter Berücksichtigung größerer, länderübergreifender Autobahnkorridore zu betrachten (siehe Abb. 1.1). In diese 2005 von Hessen ausgehende Initiative wurden von Anfang an neben den betroffenen Bundesländern im Zusammenhang mit der Planung, Bewertung und Umsetzung von Verkehrsmanagementstrategien auch die zuständigen Straßenbetreiber in Österreich (ASFINAG) und der Schweiz (ASTRA) eingebunden.

Im Kontext dieser weitestgehend dynamischen Umsetzung von Verkehrsmanagementstrategien rückten die Verkehrsrechnerzentralen insbesondere an der Schnittstelle zwischen Regional- und Fernverkehr in den Fokus der Analyse, Planung, Bewertung und Umsetzung von Maßnahmen auf der technisch-physischen Ebene. In Verbindung mit der Etablierung von Ansätzen eines Baustellen- und Störfall- bzw. Ereignismanagements wurden im Umfeld der Verkehrsrechnerzentralen Aktivitäten sowohl auf der organisatorisch-institutionellen als auch der konzeptionell-funktionalen Ebene entwickelt (siehe Abb. 1.2).

Der Evolutionsschritt von der Verkehrsrechnerzentrale zur Verkehrsmanagementzentrale war getan; dies spiegelte sich auch in den neuen Namensgebungen wie Verkehrszentrale Hessen (VZH) oder Verkehrsmanagement- und Informationssystem (VMIS) wider.

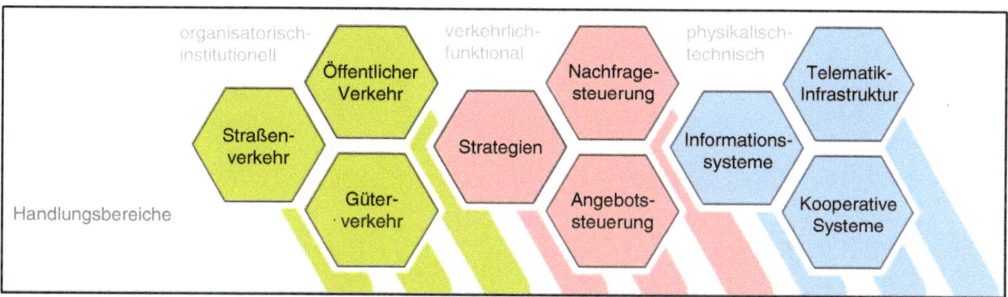

Abb. 1.2 Ebenen der Systemarchitektur und Handlungsbereiche im Verkehrsmanagement [6]

Mit zunehmender Komplexität der sich aus den Anforderungen eines proaktiven Verkehrsmanagements ergebenden Aufgaben in den Verkehrsmanagementzentralen und mit dem Ziel der Optimierung der betrieblichen Abläufe wurden erste sogenannte Betriebskonzepte erstellt. Dazu wurden unter anderem im Zusammenhang mit verkehrs- und betriebstechnischen Funktionalitäten betriebliche Abläufe zusammengestellt und analysiert. Diese umfassten beispielsweise die folgenden Betriebsabläufe:

- … für die Operatoren,
- … für die Ingenieure,
- … für die Instandhaltung der Systemtechnik,
- … übergreifender Prozesse mit Management-Partnern.

Das Ergebnis waren erste Betriebshandbücher, in denen für alle Funktionsbereiche einer Verkehrsmanagementzentrale sämtliche internen und externen Prozesse dokumentiert waren. Daraus ließen sich ferner Beschreibungen und Quantifizierungen für mögliche Aufbauorganisationen ableiten. Im Gegensatz zu den ersten Organisationsformen einer Verkehrsrechnerzentrale aus den 1970er-Jahren, wo man eher über abgesetzte Bedienstationen mit personeller Betreuung sprechen konnte, wurde nun das Ziel verfolgt, Organisationseinheiten mit der Zuständigkeit für die gesamte Prozesslandschaft des Verkehrsmanagements zu schaffen. Ganz entscheidend für einen effizienten Wirkbetrieb von Verkehrsmanagementzentralen für Autobahnen war dabei die Integration der straßenverkehrsbehördlichen Zuständigkeiten, da alle Maßnahmen, die zum Beispiel über die automatische und manuelle Aktivierung von Wechselverkehrszeichen umgesetzt werden, einer straßenverkehrsrechtlichen Anordnung nach Straßenverkehrsordnung (StVO) durch die zuständige Straßenverkehrsbehörde bedürfen. Dies ermöglichte eine Optimierung der Prozessabläufe zwischen den Planern von Verkehrsmanagementstrategien, der Straßenverkehrsbehörde als Hauptträger des Anordnungsrechts nach StVO sowie dem Bereich der Verkehrsbeeinflussung, dem die Operatoren zugeordnet sind und der letztlich als Träger der Straßenbaulast die Maßnahmen umsetzt/aktiviert(siehe Abb. 1.3). In der Praxis ist diese Integration allerdings noch nicht überall gelungen.

Abb. 1.3 Hauptbeteiligte am
Betrieb einer
Verkehrsmanagementzentrale
[7]

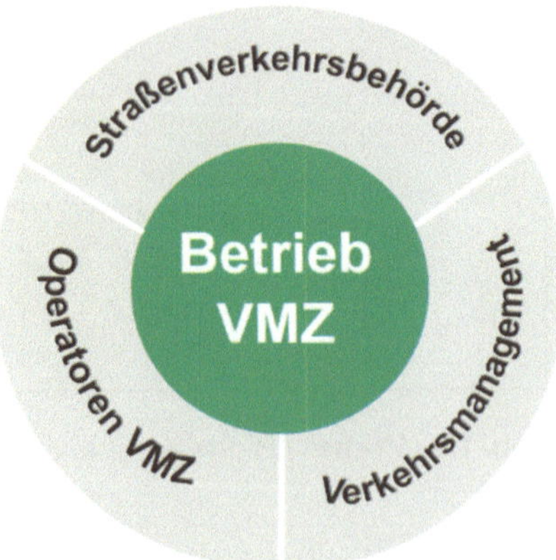

Die Verkehrsmanagementzentralen für Autobahnen bilden das Rückgrat der sogenannten Intelligenten Straße und tragen mit einem Spektrum an IVS-Maßnahmen von der dynamischen Verkehrslenkung über die Verbreitung qualitativ hochwertiger Verkehrsinformationen bis hin zur nachfrageabhängigen Planung von Baustellen dazu bei, Verkehrsströme sicher zu bewältigen sowie durch Steigerung der Effizienz und Vermeidung von Staus die Umwelt zu entlasten. Die Wirkung dieser **kollektiven** Maßnahmen potenziert sich durch die Kooperation mit anderen Verkehrs- und Aufgabenträgern im Rahmen des beschriebenen zuständigkeitsübergreifenden **koordinierten** Verkehrsmanagements.

Es würden aber noch Jahre vergehen, wollte man Verkehrsbeeinflussungssysteme auf Autobahnen flächendeckend errichten – ganz abgesehen von der Frage der Finanzierung. Gleichzeitig werden mittlerweile auf Seiten der Automobilindustrie Fahrzeuge mit Fahrerassistenzsystemen angeboten, die unter anderem permanent Verkehrslagedaten (Reisezeiten) generieren, dynamisch auf Grundlage der aktuellen Verkehrslage geroutet werden, Gefahren selbst erkennen und ihre Geschwindigkeit automatisch anpassen, durch automatische Abstandswarnung und Spurhaltung zu einer harmonischen Fahrweise beitragen.

Aktuell werden die ersten Anwendungen **kooperativer** Systeme, die von einer Vernetzung der Fahrzeuge untereinander und mit der Infrastruktur (Verkehrsmanagementzentralen) ausgehen, im C-ITS-Korridor Rotterdam – Frankfurt am Main – Wien eingeführt. In Verbindung mit Entwicklungen zum **automatisierten** und vernetzten Fahren werden sie dazu beitragen, dass perspektivisch ein Netzwerk Intelligenter Verkehrssysteme entstehen kann, in dem die Fahrzeuge als Sensoren bzw. als Aktoren unterwegs sind und damit eine Virtualisierung der straßenseitigen Verkehrsbeeinflussungssysteme ermöglichen. Die sich damit abzeichnende Wertschöpfung des Verkehrssystems Straße durch digitale Integration zeigt Abb. 1.4 auf.

Den ersten Einführungsszenarien für kooperatives, vernetztes und automatisiertes Fahren liegen überwiegend Autobahnanwendungen zugrunde. Dabei kommt den Verkehrsmanagementzentralen für Autobahnen eine zentrale Rolle zu und die Entwicklungslinie für deren nächste Evolutionsstufe ist damit aufgezeigt.

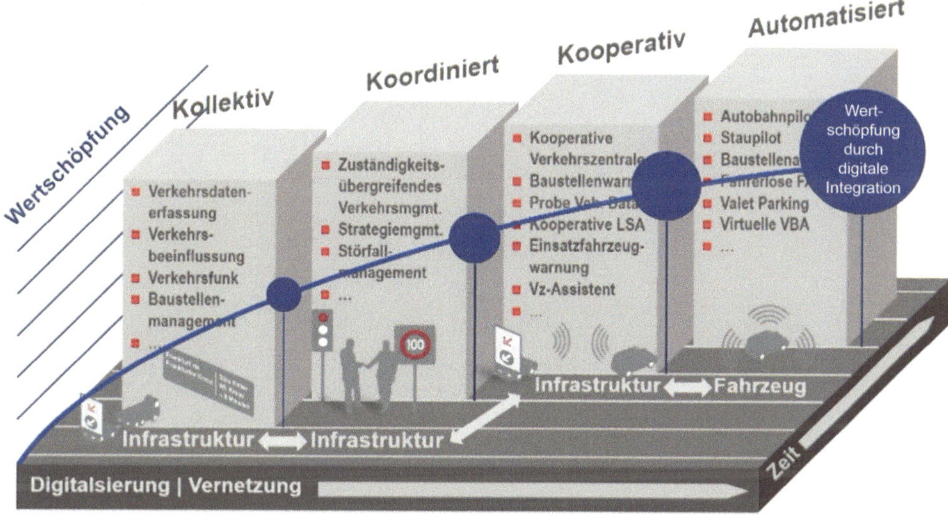

Abb. 1.4 Entwicklung des Verkehrssystems Straße [8]

Literatur

1. Hessisches Ministerium für Wirtschaft und Technologie (1975) Wechselwegweisung in Hessen. Hessisches Ministerium für Wirtschaft und Technologie, Wiesbaden
2. Bundesanstalt für Straßenwesen (2012) Technische Lieferbedingungen für Streckenstationen (TLS 2012). Bundesanstalt für Straßenwesen, Bergisch Gladbach
3. Bundesanstalt für Straßenwesen (1999) Merkblatt für die Ausstattung von Verkehrsrechnerzentralen und Unterzentralen (MARZ 99). Bundesanstalt für Straßenwesen, Bergisch Gladbach
4. Bundesanstalt für Straßenwesen (2018) Merkblatt für die Ausstattung von Verkehrsrechnerzentralen und Unterzentralen (MARZ 2018). Bundesanstalt für Straßenwesen, Bergisch Gladbach
5. Riegelhuth G (2007) Staufreies Hessen 2015 – ein Bundesland als Vorreiter für mehr Mobilität. In: 4. DVWG-Jahresforum „Aus dem Stau – Theorien, Projekte, Visionen. DVWG, München
6. Hessen Mobil – Straßen- und Verkehrsmanagement (2014) Rahmen für Intelligente Verkehrssysteme in Hessen. Hessen Mobil – Straßen- und Verkehrsmanagement, Wiesbaden
7. Riegelhuth G, Glatz M (2015) Zuverlässiger Betrieb von Streckenbeeinflussungsanlagen auf Basis einer antizipierenden, regelbasierten Steuerung. Straßenverkehrstechnik 4:245–258
8. Riegelhuth G (2017) Das automatisierte Verkehrssystem als Perspektive. Zwischenpräsentation des Projekts Ko-HAF, Aschaffenburg

Teil I

Manfred Harrer, Richard Gunitzberger
und Norbert Baumgartner

2.1 Organisationsform und Rahmenbedingungen

2.1.1 Organisation

Die ASFINAG wurde 1982 gegründet und ist eine Gesellschaft des österreichischen Bundes. Die Aufgaben der ASFINAG ist es ca. 2200 Kilometer Autobahnen und Schnellstraßen zu planen, finanzieren, bauen, erhalten, betreiben und bemauten. Die ASFINAG ist organisiert in eine Holding, mehrere Tochtergesellschaften und strategische Beteiligungen.

M. Harrer (✉) · R. Gunitzberger · N. Baumgartner
ASFINAG Maut Service GmbH, Salzburg, Österreich
E-Mail: manfred.harrer@asfinag.at; richard.gunitzberger@asfinag.at; norbert.Baumgartner@asfinag.at

© Springer Fachmedien Wiesbaden GmbH, ein Teil von Springer Nature 2018

11

G. Riegelhuth, M. Sandrock (Hrsg.), *Verkehrsmanagementzentralen für Autobahnen*,
https://doi.org/10.1007/978-3-658-22140-9_2

2.1.2 Rechtliche Grundlagen

Seit 1997 verfügt die ASFINAG über ein sogenanntes Fruchtgenussrecht an den Grundstücken der Autobahnen und Schnellstraßen, die aber weiter im Eigentum des Bundes („öffentliches Gut") verbleiben. Das berechtigt die ASFINAG, Mauten und Benutzungsgebühren einzuheben, um damit ihre Aufgaben zu finanzieren. Im Speziellen ist die ASFINAG gemäß den Bestimmungen des Bundesstraßen-Mautgesetzes 2002 berechtigt, auf allen Autobahnen und Schnellstraßen von den Benützern dieser Straßen, abhängig vom höchstzulässigen Gesamtgewicht des benützten Kraftfahrzeuges, eine zeitabhängige Vignette oder eine fahrleistungsabhängige Maut einzuheben. Das heißt im Besonderen, es gibt keine Zuschüsse aus dem Staatsbudget. Die Mauteinnahmen werden wieder direkt in die Infrastruktur investiert. Mit dem Einsatz neuer Technologien und Innovationen sollen Österreichs Autobahnen und Schnellstraßen zu den sichersten in Europa gemacht werden.

Wesentliche rechtliche Grundlagen für die ASFINAG sind (Auswahl):

- ASFINAG-Gesetz
  Bundesgesetz vom 8. Oktober 1982, mit dem eine Autobahnen- und Schnellstraßen-Finanzierungs-Aktiengesellschaft errichtet wird, mit dem die Planung und Errichtung von Bundesstraßenteilstrecken übertragen wird
- ASFINAG-Ermächtigungsgesetz 1997
  Bundesgesetz über die Einbringung der Anteilsrechte des Bundes an den Bundesstraßengesellschaften in die Autobahnen- und Schnellstraßen-Finanzierungs-Aktiengesellschaft und der Einräumung des Rechts der Fruchtnießung zugunsten dieser Gesellschaft
- Bundesstraßen-Übertragungsgesetz 2002
  Bundesgesetz u. a. über die Auflassung und Übertragung von Bundesstraßen (Bundesstraßen-Übertragungsgesetz)
- Bundesstraßengesetz (BStG 1971 idgF)
  Bundesgesetz u. a. über die Planung, den Bau, Betrieb und die Erhaltung von Bundesstraßen sowie die generelle Definition von Bundesstraßen und deren Teile
- Straßenverkehrsordnung (STVO)
  - § 44b Unaufschiebbare Verkehrsbeschränkungen – ermächtigt Organe der Straßenaufsicht, des Straßenerhalters, der Feuerwehr etc. zur Verkehrsregelung bei unvorhersehbaren Ereignissen
  - § 44c Verkehrsbeeinflussung – ermöglicht der zuständigen Behörde die Verordnung von örtlich beschränkten Verkehrsmaßnahmen beim Auftreten besonderer Verkehrs- oder Fahrbahnverhältnisse
  - § 90 Arbeiten auf oder neben der Straße – regelt den Bewilligungsprozess bei Baustellen
  - Die Abschn. XII und XIII enthalten Vorschriften an Behörden und Straßenerhalter, wobei der Paragraph § 98a–g besondere Vorschriften im Zusammenhang mit der Verkehrsüberwachung und -beobachtung enthält

- Straßentunnelsicherheitsgesetz (STSG) für alle Tunnel mit einer Länge von mehr als 500 Metern
- Richtlinien zur Verkehrssicherheit (RVS) – Empfehlung für die verkehrssichere und technische ausgereifte Ausführung von Verkehrsflächen zur Unterstützung bei Projektierung und Straßenraumgestaltung

2.1.3 Sachliche Zuständigkeit

Das Autobahnen- und Schnellstraßennetz der ASFINAG umfasst derzeit eine Streckenlänge von rund 2200 Kilometern. Entsprechend umfangreich ist das Aufgabengebiet des gesamten Unternehmens. Es reicht von Planung und Bau neuer Straßenprojekte über Betrieb und Erhaltung des Bestandsnetzes bis hin zur Einhebung der Mauten. Wesentlicher Bestandteil des Betriebes ist das Verkehrsmanagement und damit verbunden die Entwicklung telematischer Dienste. Mehr Verkehrssicherheit, eine bessere internationale Anbindung Österreichs an die Nachbarstaaten und die notwendige Verlagerung des Verkehrs auf das hochrangige Straßennetz – das sind die Schwerpunkte der ASFINAG bei Planung und Bau.

Als wirtschaftlich agierendes Unternehmen ist die ASFINAG bemüht, das Erhaltungsmanagement laufend zu optimieren, um die Infrastrukturanlagen wirtschaftlich bestmöglich auszunutzen. Nachhaltigkeit hat dabei oberste Priorität. Dies geschieht im Bewusstsein, dass die Tätigkeit als Bauherr und Infrastrukturbetreiber vielfältige Auswirkungen auf Mensch und Umwelt hat. Es gilt, die Umweltbelastungen möglichst gering zu halten und die Bedürfnisse der Kundschaft sowie der Anrainerinnen und Anrainer ernst zu nehmen. Vor dieser Herausforderung stehen alle Kernbereiche laufend.

Eine weitere Herausforderung ergibt die Frage, wie die Mobilität der Zukunft bewältigt werden kann – ökologisch nachhaltig und sozial verträglich. In Zukunft sollen alle relevanten Verkehrsinformationen von der Straße direkt ins Auto kommen, um den Kundinnen und Kunden rasch und zuverlässig über die Verkehrslage auf dem hochrangigen Straßennetz zu informieren. Gleichzeitig will man z. B. auch punktgenaue Alternativen im öffentlichen Verkehr anbieten. In dieser Vernetzung mit dem öffentlichen Verkehr sieht die ASFINAG die Mobilität der Zukunft.

2.1.4 Prozesse

Die Unternehmensprozesse sind in einem modernen Prozessmanagement integriert verwaltet und durch ein Qualitätsmanagement mit laufenden internen QM-Audits sichergestellt. Diese orientieren sich an den Kernprozessen der operativen Tochtergesellschaften (Bau, Betrieb, Maut) und ergänzenden Prozessen der internen Querschnitts- und Servicebereiche. Die ASFINAG und ihre Töchter sind ISO 9001:2015 zertifiziert.

Die ASFINAG steuert ihre drei Kernbereiche „Bauen", „Bemauten" und „Betreiben" mittels übergeordneter Unternehmenskennzahlen. Diese geben im Wesentlichen einen Überblick über die Relation der umgesetzten Leistung zu den Gesamtkosten.

Die Unternehmenskennzahl des Bereichs Bau nennt sich „BAUTI". Diese Kennzahl gibt Auskunft über das Verhältnis der Bauleistung zu den angefallenen Gesamtkosten im Bau. Pro Geschäftsjahr wird über die Bezugsgröße Fahrstreifenkilometer eine Steuerungsgröße ermittelt, um eine langfristige und nachvollziehbare Dokumentation der Umsetzungsgrade und der Kostenentwicklung im Bau zu erhalten.

Die Unternehmenskennzahl des Bereichs Maut nennt sich „MAUTI". Diese Kennzahl gibt die Relation Gesamtabsatz (Mauttransaktionen, Abfertigungen und Vignetten) zu den Gesamtkosten der Bemautung wieder. Die unterschiedlichen Leistungseinheiten werden gewichtet – somit stellt der „MAUTI" die Gesamtkosten zu den gewichteten Mautabsatzgrößen dar. Ziel dieser Kennzahl ist die langfristige Dokumentation der Kosten je Mautleistungseinheit sicherzustellen.

Die Unternehmenskennzahl des Bereichs Betrieb lautet „FAHRTI". Diese Kennzahl setzt die Gesamtkosten der beiden Betriebsgesellschaften in Relation zum Bestand an Fahrstreifenkilometern (FSKM) des jeweiligen Jahres. Ziel dieser Kennzahl ist die langfristige Dokumentation der Betriebskosten je FSKM.

2.1.5 Verkehrstechnische Ziele

Die ASFINAG ist eine kundenfinanzierte und wirtschaftlich agierende Betreiberin und Erbauerin von Autobahnen und Schnellstraßen. Das übergeordnete Ziel ist es, Kundinnen und Kunden ein verkehrssicher ausgebautes und gut serviciertes Straßennetz, einfache und benutzerfreundliche Mautsysteme und ein den Anforderungen angepasstes gut verfügbares Verkehrsnetz zu bieten. Zu den Grundvoraussetzungen dafür zählen insbesondere das Arbeiten mit wirtschaftlicher, ökologischer und gesellschaftlicher Verantwortung und Stärken des Wirtschaftsstandortes Österreich.

Die ASFINAG will im europäischen Vergleich zu den führenden Autobahnbetreibern zählen. Die Schwerpunkte, um für Kundeninnen und Kunden die bestmögliche Infrastruktur bereitzustellen, sind:

- Verfügbarkeit (also ein gut ausgebautes Netz mit ausreichend Kapazitäten sowie möglichst wenig Verkehrsbehinderungen)
- Verkehrssteuerung
- Verkehrsinformation
- Verkehrssicherheit
- Technologische Neuerungen

Man will dabei bewusst auch über den „Tellerrand" hinausschauen, international agieren und sich mit dem öffentlichen Verkehr vernetzen.

2.1.6   Finanzierung

In Österreich besteht auf allen Autobahnen und Schnellstraßen Mautpflicht. Die Maut wird in Form von Vignette, GO Maut oder Streckenmaut entrichtet (vgl. Abb. 2.1). Die Maut sichert wiederum den Ausbau und Betrieb des hochrangigen Straßennetzes in Österreich.

- Vignette
  Gilt für alle Fahrzeuge bis zu einem höchstzulässigen Gesamtgewicht (hzG) von 3,5 t, also für Pkw, Motorräder und leichte Wohnmobile.
- Lkw-Maut (GO-Maut)
  Gilt für alle Kraftfahrzeuge mit mehr als 3,5 t hzG. Die Abrechnung erfolgt über die sogenannte „GO-Box". Erhältlich ist die GO-Box in zahlreichen gekennzeichneten Vertriebsstellen.
- Streckenmaut
  Für manche Autobahnabschnitte wird eine Streckenmaut eingehoben. Der Grund dafür sind die besonders hohen Errichtungskosten bei speziellen Bauten wie z. B. Tunnel (Tauerntunnel, Gleinalmtunnel). Diese höheren Kosten werden dadurch refinanziert.

Darüber hinaus finanziert sich die ASFINAG über den Kapitalmarkt und ist auf den nationalen und internationalen Finanzmärkten ein bekannter und gut etablierter Emittent von Anleihen. Aufgrund der Staatsgarantie profitiert die ASFINAG von äußerst günstigen Finanzierungskonditionen.

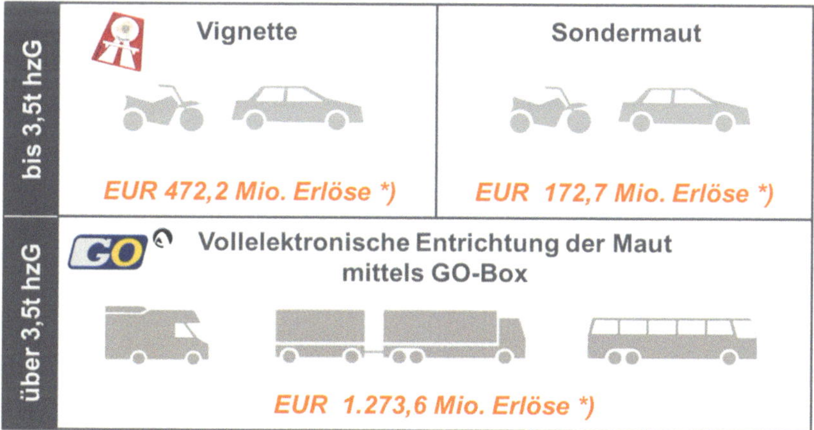

Abb. 2.1 Übersicht und Erlöse 2016 der Mautsystems der ASFINAG (*) Netto-Erlöse 2016, gerundet

2.2   Technische Gestaltung auf Systemseite

2.2.1   Systemanforderungen

Um aus organisatorischer Sicht eine möglichst effiziente Beeinflussung des Verkehrs am hochrangigen Straßennetz zu ermöglichen, betreibt die ASFINAG in Österreich neun regionale Verkehrsmanagementzentralen (VMZ), in welchen OperatorInnen den Verkehr überwachen und steuern. Abb. 2.2 zeigt die Standorte der regionalen VMZ und der nationalen VMZ in Wien im Überblick.

Diese regionalen Verkehrsmanagementzentralen erfüllen folgende wesentliche Anforderungen:

- Überwachung und Analyse des Verkehrsgeschehens
- Regionale Verkehrssteuerung im Freiland (unter Verwendung von Strecken-, tlw. Knotenpunkt-, und Netzbeeinflussungsanlagen sowie dynamischer Verkehrsinformationen)
- Verkehrliches Ereignismanagement
- Überwachung des Betriebszustandes von Tunnel- und Nebenanlagen (z. B. Pumpwerke)
- Steuerung von Tunnel- und Nebenanlagen
- Überwachung der Glättemeldeanlagen und Unterstützung im Winterdienst
- Überwachung der technischen Anlagen und Alarmierung der Instandhaltung

Die regionalen Verkehrsmanagementzentralen werden um eine nationale Verkehrsmanagementzentrale in Wien ergänzt, welche vorrangig folgende Anforderungen erfüllt:

- Generieren, Plausibilisieren, Aufbereiten, und Verteilen von Verkehrsinformationen an Nutzer über verschiedene Kanäle (WTA, App, Verkehrsauskunft Österreich, Radio usw.)
- Interne und externe Informationsdrehscheibe bei Ereignissen
- Verkehrssteuerung (unter Verwendung von Netzbeeinflussungsanlagen, insbesondere regionsübergreifend, sowie dynamischer Verkehrsinformationen)
- Abstimmung und Koordination von „Traffic Management Plans" (TMPs) mit anderen Verkehrsträgern
- Nationale und internationale Zusammenarbeit mit anderen Betreibern
- Qualitätssicherung in der Ereignisdokumentation sowie der ASFINAG eigenen Verkehrsinformationsdienste
- Überregionale Beobachtung des Verkehrsflusses sowie der Verkehrs- und Ereignislage
- Erstellung von Verkehrsprognosen
- Erstellen von Richtlinien und Vorgaben für die Bereiche Netzsteuerung und Verkehrsinformation

Im Umfeld der nationalen Verkehrsmanagementzentrale sind auch vielfältige Anforderungen an die Abgabe von Verkehrsinformationen über verschiedenste Kanäle und die Integration zukünftiger Technologie, wie z. B. kooperative Systeme und automatisiertes Fahren, angesiedelt.

Abb. 2.2 VMZ Betreuungsbereiche und Standorte

Tab. 2.1 Kennzahlen zu Größe und Reichweite des überwachten und gesteuerten Straßennetzes (Stand: 2016/17)

Mengengerüst	Anzahl
Netzlänge in Betrieb	2223 km
Fahrstreifenkilometer	11.900 km
Tunnel	164
Röhrenkilometer	383 km
Regionale/nationale Verkehrsmanagementzentrale(n)	9/1
Unterzentralen/Verkehrsrechenzentrale (nach MARZ)	11/1
Anzahl Nutzer Verkehrsmanagementzentralen	> 200
TLS-Betriebsmittel auf der freien Strecke	18.000
TLS-Steuermodule auf der freien Strecke	1396
Überwachte/gesteuerte Tunnel	159
Rastplätze	94
Parkplätze	223
Baustellen (pro Jahr)	8710
Ereignisse (pro Jahr)	ca. 16.000
Freiland-Kameras	2015
Tunnel-Kameras	6207

Zur Verdeutlichung der Größe und Reichweite des überwachten und gesteuerten Straßennetzes werden in Tab. 2.1 einige Kennzahlen dargestellt.

Aus diesen fachlichen Anforderungen leiten sich eine Vielzahl technischer Anforderungen ab. Hervorzuheben sind die regional verteilte und autark betreibbare Systemlandschaft, die dafür notwendigen Kommunikationswege und die hoch-verfügbare und performante IT-Infrastruktur, auf welche in den folgenden Abschnitten näher eingegangen wird.

2.2.2 Systemarchitektur

Nachdem die Bestandssysteme die oben angeführten Anforderungen – nicht zuletzt im Hinblick auf eine Homogenisierung der Systemlandschaft – nicht mehr ausreichend erfüllen, arbeitet die ASFINAG derzeit an der Einführung eines neuen Verkehrsmanagement- und -informationssystems 2.0 (VMIS 2.0) sowie einer erweiterten Verkehrsinformationsplattform 2.0 (VINFO 2.0). Mit diesen Systemen wird sich auch die Systemarchitektur der Verkehrsmanagementzentralen deutlich ändern, weshalb im Folgenden nur mehr auf die entsprechende Zielarchitektur für das Jahr 2020 eingegangen wird. Abb. 2.3 zeigt die logische Systemarchitektur mit den wesentlichen Komponenten aus Sicht des Verkehrsmanagements – VMIS 2.0, VINFO 2.0 und das bestehende Videosystem der ASFINAG, welches den OperatorInnen ein wichtiges Instrument zur Verkehrsüberwachung und zum Ereignismanagement zur Verfügung stellt. Im Folgenden wird auf die Bestandteile der Architektur näher eingegangen.

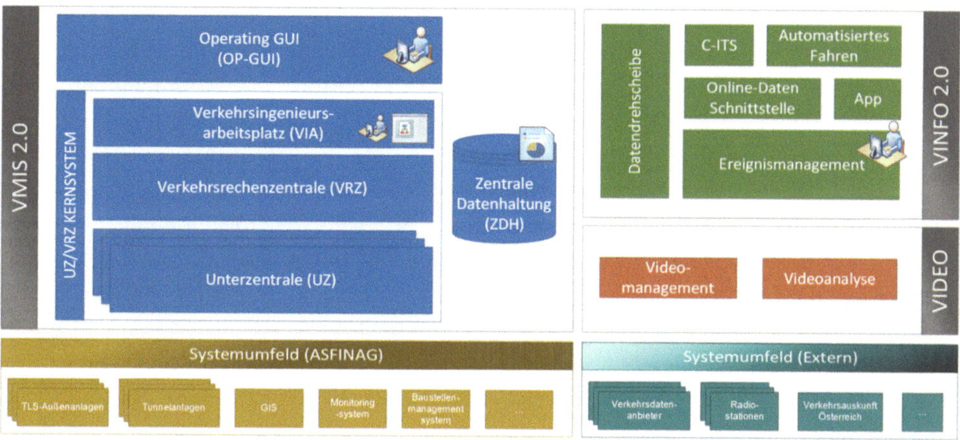

Abb. 2.3 Zielarchitektur 2020

Mit VMIS 2.0 wird die erste Verkehrsmanagementzentrale errichtet, welche sich an der, für das Jahr 2018 für eine Veröffentlichung vorgesehenen, Überarbeitung des MARZ[1] der Bundesanstalt für Straßenwesen (BASt) orientiert. Aus dem „neuen" MARZ 2018 wird in VMIS 2.0 insbesondere das bereits in einem Hinweispapier zu Steuerungsverfahren in der Verkehrsbeeinflussung[2] veröffentlichte, gegenüber dem Vorgänger deutlich flexibleres Steuerungsmodell für Verkehrsbeeinflussungsanlagen (VBA) übernommen, welches die Nutzung neuer Technologien wie kooperativer Systeme vereinfachen soll. Dieses Steuerungsmodell wird im VMIS 2.0 Kernsystem aus technischer Sicht verteilt zwischen – im Vergleich zum MARZ 99 – vereinfachten Unterzentralen und einer gestärkten Verkehrsrechenzentrale betrieben. Ein weiterer wesentlicher Bestandteil von VMIS 2.0 ist die Operating GUI[3] (OP-GUI), welche zukünftig eine einheitliche Überwachung und Steuerung von Verkehrsbeeinflussungsanlagen und Tunnelanlagen ermöglicht. Die Daten sämtlicher Anlagen und Systeme werden für Archivierungs- und Auswertungszwecke in einer zentralen Datenhaltung (ZDH) gesammelt.

Während VMIS 2.0 Werkzeuge zur Verkehrsüberwachung und -steuerung bereitstellt, bietet VINFO 2.0 eine Systemlandschaft zur Bearbeitung und Verbreitung von insbesondere ereignisbasierten Verkehrsinformationen. Im Ereignismanagement dokumentiert das Bedienpersonal verkehrliche Ereignisse und bereitet diese für die Informationsabgabe vor. Verkehrsinformationen werden aus verschiedensten Quellen empfangen und im Rahmen der Ereignismanagements so weit wie möglich automatisch aufbereitet. Die Datenabgabe

---

[1] Überarbeitung und Aktualisierung des „Merkblattes für die Ausstattung von Verkehrsrechner- und Unterzentralen" (MARZ 1999), Bundesanstalt für Straßenwesen, Deutschland, für Veröffentlichung im Jahr 2018 vorgesehen.

[2] FGSV 2012: Hinweise zum Einsatz von Steuerungsverfahren in der Verkehrsbeeinflussung; FGSV-Verlag, Heft 304/1, Köln, 2012.

[3] Graphical User Interface (GUI).

an Dritte erfolgt z. B. im Falle von Content-Partnern wie dem öffentlich-rechtlichen Radiosender Ö3 über die Online-Daten-Schnittstelle oder bei Verkehrsteilnehmern über die ASFINAG App. Die Datendrehscheibe stellt die performante Kommunikation zwischen den Komponenten als auch mit VMIS 2.0 sicher.

Das Videosystem ermöglicht dem Bedienpersonal die fast nahtlose Überwachung (Abdeckung des hochrangigen Straßennetzes ca. 80 %, mit Stand 2017) des Verkehrszustandes auf dem hochrangigen Straßennetz. Darüber hinaus wird die automatisierte Videoanalyse (z. B. Videodetektion) stetig ausgebaut, um einen zusätzlichen betrieblichen Nutzen aus dem dichten Videokameranetz zu ziehen.

Im Umfeld des Verkehrsmanagements werden noch viele weitere Systeme mit hoher betrieblicher Relevanz betrieben, z. B. das Betriebsüberwachungssystem, das Baustellenmanagementsystem, der Leitstand für den intelligenten Warnleitanhänger (IMIS), ein System zur Verwaltung von Sondertransporten etc.

Diese umfangreiche und komplexe Systemlandschaft bedarf einer entsprechenden IKT-Infrastruktur. Die ASFINAG betreibt seit vielen Jahren ein eigenes Glasfasernetz, welches die Basis für das gesamte Corporate Network (CN.as) bildet. In den vergangenen Jahren wurde diese TK-Infrastruktur zusehends um von der ASFINAG selbst betriebene, professionelle IT-Infrastruktur in verteilten Rechenzentren ergänzt – Ziel ist die IT-Infrastruktur zu homogenisieren und bestmöglich auszunutzen. Im Rahmen des entsprechenden Projekts PRISE wird die IT-Infrastruktur auf die Anforderungen der „NIS-Richtlinie"[4] der Europäischen Kommission vorbereitet.

2.2.3 Technische Grundlagen und Basistechnologien

2.2.3.1 Datenerfassung

Die Erfassung von Verkehrs- und Umfelddaten erfolgt im Wesentlichen anhand stationärer Sensorik, welche flächendeckend entweder im Zuge der Errichtung einer Verkehrsbeeinflussungsanlage oder unter Verwendung der Überkopfbrücken des Mautsystems der ASFINAG verbaut wird (Abb. 2.4). Zur Erfassung von Verkehrsdaten kommen verschiedenste Technologien zum Einsatz – Induktionsschleifen sowie Radar-, Infrarot- und Ultraschall-Detektoren. Die erfassten Verkehrsdaten werden für die Zwecke der Verkehrsbeeinflussung allgemeinhin als Kurzzeitdaten (Fahrzeugklassifizierung „2 + 0" in PKW bzw. LKW gemäß TLS Funktionsgruppe 1) mit einem Erfassungszyklus von einer Minute bzw. zukünftig 15s erfasst und übertragen (analog Umfelddaten mit TLS FG 3). Langzeitdaten werden mit einer Fahrzeugklassifizierung „2 + 0" oder „8 + 1" (Detektion zusätzlicher Fahrzeugklassen) hauptsächlich für statistische Zwecke verwendet.

Zukünftig werden im Rahmen von VMIS 2.0 auch Daten mobiler Sensorik (Intelligenter Warnleitanhänger) und der Verkehrsdatensensorik im Tunnel für die Verkehrssteuerung

---

[4]Richtlinie über Maßnahmen zur Gewährleistung eines hohen gemeinsamen Sicherheitsniveaus von Netz- und Informationssystemen in der Europäischen Union.

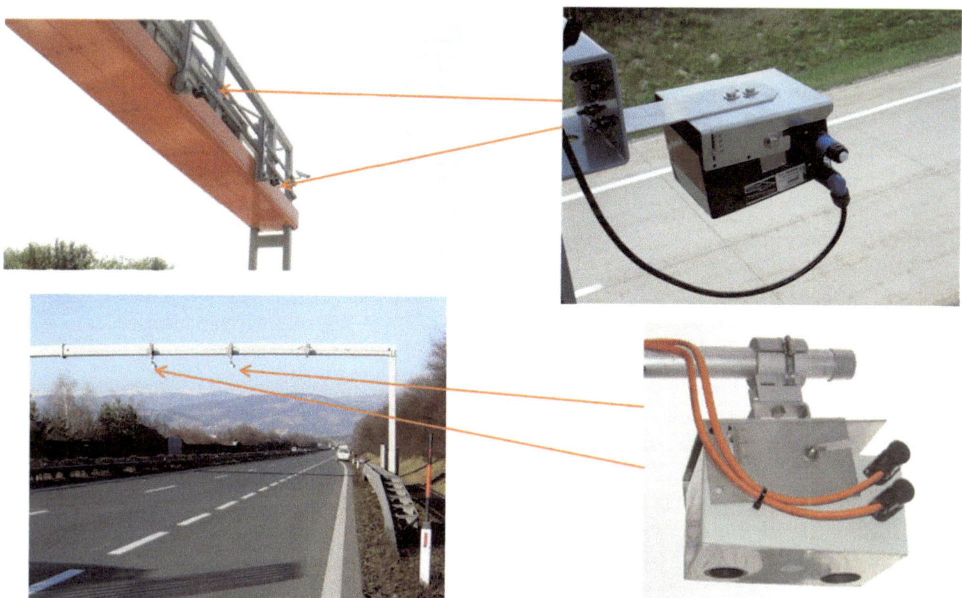

Abb. 2.4 Verkehrsdatendetektoren montiert an einer VBA- bzw. Mautbrücke

herangezogen, welche im selben nachfolgend beschriebenen Schema verarbeitet werden. Mit der Entwicklung des automatisierten Fahrens wird zukünftig auch der fahrzeugbasierten Sensorik ein großer Stellenwert beigemessen. Die ASFINAG arbeitet darüber hinaus an der Einführung neuer stationärer Sensorik.

Punktuell kommen darüber hinaus auch dynamische Achslastwaagen (WiM „Weigh in Motion") zur Anwendung, diese werden allerdings nicht zur Verkehrssteuerung verwendet.

2.2.3.2 Datenverarbeitung

Der erste Datenverarbeitungsschritt von stationären Sensordaten erfolgt entsprechend der MARZ bzw. TLS bereits in der Streckenstation, ein Daten- und Stromverteilerschrank am Straßenrand. Die dort auf Kurzzeit- bzw. Langzeitdaten aggregierten Werte werden in die für den jeweiligen Sensor zuständige Unterzentrale übertragen bzw. von dieser abgerufen.

Die weiteren Datenverarbeitungsschritte orientieren sich an dem oben angeführten FGSV-Hinweispapier, wobei im Kontext von VMIS 2.0 eine veränderte Zuteilung der Verantwortlichkeiten auf UZ und VRZ erfolgt. Die Tab. 2.2 zeigt die Datenverarbeitungsschritte mit den wesentlichen Systemübergängen zwischen UZ (Unterzentrale) und VRZ (Verkehrsrechenzentrale).

Die VRZ bietet darüber hinaus spezifische Schnittstellen zur Öffnung des Verkehrssteuerungsmodells. Abb. 2.5 zeigt die wesentlichen Interaktionen zwischen der VMIS 2.0 und VINFO 2.0 Systemlandschaft.

Tab. 2.2 Datenverarbeitungsschritte mit den wesentlichen Systemübergängen zwischen UZ und VRZ

Unterzentrale (UZ)	Verkehrsrechenzentrale (VRZ)
1. Datenübernahme	**5. Situationsabgleich** unter Einbeziehung
a. Kommunikation mit Außenanlagen	a. im System erkannter Situationsobjekte
b. Plausibilitätscheck	b. manuell erstellter Situationsobjekte
c. Ersatzwertbildung	c. externer Situationsobjekte (z. B. aus
d. Güteermittlung	kooperativen Systemen)
2. Datenaufbereitung	**6. Maßnahmenauswahl**
a. Messwertglättung	a. Regelbasierte Auswahl von
b. Ermittlung abgeleiteter Kenngrößen	Maßnahmen auf Basis der
(Umfelddaten)	abgeglichenen Situationsobjekte
c. Zeitliche Aggregation	b. Automatische Erzeugung von
3. Situationserkennung	Maßnahmenobjekten
a. Anwendung verschiedener	**7. Maßnahmenabgleich** unter
Situationserkennungsverfahren zur Bildung	Einbeziehung
von Situationsobjekten	a. automatisch erzeugter
b. Ermittlung der räumlichen und zeitlichen	Maßnahmenobjekte
Gültigkeit der Situationsobjekte	b. manuell erstellter Maßnahmenobjekte
c. Ermittlung der Ergebniswertgüte der	c. externer Maßnahmenobjekte
Situationsobjekte	**d. Maßnahmenabgleich**
4. Übermittlung der erkannten Situationsobjekte	**8. Schaltbildermittlung**
an VRZ	a. Ableitung von Schaltbildern aus den
	ausgewählten Maßnahmenobjekten
	b. Bestimmung Vor- und Nachtrichter
	c. Quer- und Längsabgleich
	d. Ableitung von Schaltanforderungen
	9. Übermittlung der Schaltanforderungen
	an die entsprechenden **UZen**
10. Übermittlung der Schaltanforderungen **an**	
Außenanlagen und Fehlerbehandlung	

Zum einen werden sämtliche Betriebs- und Stammdaten von VMIS 2.0 (z. B. abgeglichene Situationsobjekte, ausgewählte Maßnahmenobjekte, TLS-Außenanlagenkonfiguration, Verkehrs- und Umfelddaten) an die VINFO 2.0 Systemlandschaft bzw. dessen Datendrehscheibe (DDS) abgegeben. In VINFO 2.0 erfolgt die Aufbereitung der Verkehrsinformationen zur Publikation über verschiedene Kanäle und Nutzung in verschiedenen Diensten.

Zum anderen werden von VINFO 2.0 externe Verkehrs- und Umfelddaten sowie Situations- und ggf. Maßnahmenobjekte an VMIS 2.0 übermittelt. Zukünftig werden über diese Schnittstelle beispielsweise die aus kooperativen Systemen bzw. dem automatisierten Fahren gewonnenen Informationen in das Verkehrsmanagement eingebracht.

Der Fokus dieser Schnittstelle liegt auf der Beeinflussung der Verkehrssteuerung anhand von externen Situationsobjekten. Externe Maßnahmenobjekte sollen nur in Ausnahmen eingebracht werden können, um das Risiko inkonsistenter Maßnahmenobjekte im Maßnahmenabgleich so weit wie möglich zu reduzieren. Von VINFO 2.0 oder anderen externen Systemen können darüber hinaus punktuell auch direkt Verkehrs- und Umfelddaten in

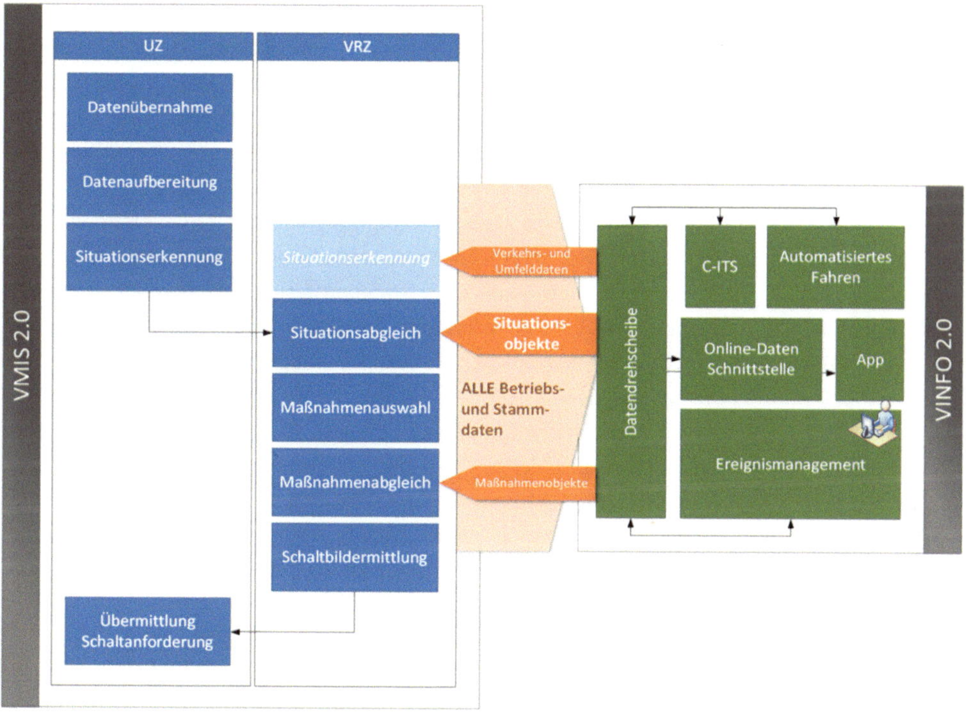

Abb. 2.5 Datenaustausch zwischen VMIS 2.0 und VINFO 2.0

VMIS 2.0 eingebracht werden, wenn eine Situationserkennung außerhalb von VMIS 2.0 als nicht zielführend erachtet wird (z. B. weil zu den Verkehrs- und Umfelddaten passende Situationserkennungsverfahren bereits in VMIS 2.0 verfügbar sind).

Für das Verkehrsmanagement relevante Datenverarbeitung erfolgt über VMIS 2.0 und VINFO 2.0 hinaus auch im Videosystem der ASFINAG. Im Rahmen der Videodetektion werden – bisher noch mit einem starken Fokus auf Tunnelanlagen – verkehrsrelevante Ereignisse in Videobildern erkannt und dem Operator in der Verkehrsmanagementzentrale bzw. den „Tunnelköpfen" übermittelt. Zukünftig soll die Videodetektion auch im Freiland weiter ausgebaut werden, diese wird als weitere Quelle für Situationsobjekte in VMIS 2.0 betrachtet.

2.2.3.3 Kommunikation und Datenübertragung

Die ASFINAG betreibt entlang der Autobahnen und Schnellstraßen ein dediziertes Glasfasernetzwerk, das Corporate Network der ASFINAG (CN.as). Zur Daten- und Energieanbindung verkehrstechnischer Außenanlagen werden sogenannte standardisierte „Access Points" verwendet. Planungs- und Ausführungsvorgaben an Komponenten des CN.as sind in der von der ASFINAG veröffentlichten Technischen Richtlinie „PLaNT 120.01.1000 – CN.as-LINIE Standard" zu entnehmen.

Die Videoüberwachung stellt die größten Qualitätsanforderungen an das CN.as der ASFINAG. Mehrere tausend Videokameras erlauben den Operatoren in den regionalen

Verkehrsmanagementzentralen den Verkehr durchgängig zu überwachen und auf Ereignisse kurzfristig zu reagieren. Die „Streams" der Videokameras werden im CN.as unter Verwendung von Multicast verteilt, um die verfügbare Bandbreite möglichst effizient zu nutzen. Details zur Datenübertragung finden sich in der Technischen Richtlinie „PLaNT 170.010.1000 Videosysteme und videobasierte Detektionssysteme" bzw. dessen Anlagen.

Die Kommunikation mit den zur Verkehrssteuerung eingesetzten Außenanlagen erfolgt anhand der „Technischen Lieferbedingungen für Streckenstationen" (TLS) der BASt, genau über TLS-over-IP auf Basis des CN.as. Jede TLS-Streckenstation ist entweder direkt oder über einen Access Point mit dem CN.as verbunden und kann somit von der zuständigen Unterzentrale bzw. dem Kommunikationsrechner Inselbus (KRI) über TCP-IP adressiert werden. Detaillierte Anforderungen an die Kommunikation mit der technischen Infrastruktur im Freiland sind dem veröffentlichten Planungshandbuch „PLaPB 800.552.1000 Technische Infrastruktur Freiland" zu entnehmen.

Im Bereich der Tunnelsteuerung erfolgt die Kommunikation zwischen der VMIS 2.0 OP-GUI in der regionalen Verkehrsmanagementzentrale mit der Tunnelleittechnik bzw. den sogenannten „Tunnelköpfen" zukünftig standardisiert über OPC-UA (siehe „PLaPB 800.566.2600 Katalog Tunnelobjekte"), um eine einheitliche Überwachung und Steuerung aller Tunnel zu gewährleisten.

Für die verschiedenen Verkehrsinformationsdienste nutzt die ASFINAG eine redundante Internet-Backbone-Anbindung, welche sowohl hohe Verfügbarkeit als auch entsprechende Bandbreite sicherstellt.

Zukünftige Anwendungen verwenden verstärkt drahtlose Kommunikationskanäle. Im Bereich kooperativer Systeme kommt im Rahmen des grenzüberschreitenden ITS-Korridors Wien-Rotterdam beispielsweise die WLAN-Technik IEEE 802.11p (auch bekannt als „ITS-G5") zum Einsatz.

2.2.3.4 Räumliches Referenzierungssystem

Die ASFINAG unterstützt und nutzt den österreichweiten Verkehrsgraphen der „Graphintegrations-Plattform", kurz GIP.[5] Im Rahmen mehrerer Projekte wurde in den letzten Jahren mit breiter Unterstützung durch Bundesländer und Verkehrsträger eine umfassende digitale Karte für das österreichische Verkehrsnetz geschaffen. Die ASFINAG bringt ihrerseits das hochrangige Straßennetz in die GIP ein. Die GIP hat viele Nutzer in der österreichischen Verwaltung und stellt unter anderem die Basis für die digitale Grundkarte Basemap[6] oder den Routenplaner der Verkehrsauskunft Österreich VAO[7] dar.

Die ASFINAG verfügt über eine eigene GIS-Abteilung, welche den GIP-Graphen der ASFINAG pflegt und organisationsweit für verschiedene Anwendungen bereitstellt.

---

[5] http://www.gip.gv.at/.

[6] https://www.basemap.at/.

[7] https://verkehrsauskunft.at/.

Sämtliche Systeme im Umfeld des Verkehrsmanagements sollen zukünftigen diesen GIP-Graphen als räumliches Referenzierungssystem verwenden.

Neben dieser sehr detaillierten Möglichkeit der räumlichen Referenzierung kommen im Umfeld des Verkehrsmanagements noch weitere Bezugssysteme zum Einsatz:

- Betriebskilometer (diese entsprechen den blauen Schildern entlang der Autobahnen und Schnellstraßen)
- Referenzkennzeichnung (RKZ, Kodierung der Straßenbezeichnung, Richtungsfahrbahn und Betriebskilometrierung – vorwiegend zur standardisierten Kennzeichnung von Anlagen)
- ALERT-C Location Coding unter Verwendung von RDS/TMC Location Code Listen (LCL, wird in Österreich von der ASFINAG verwaltet)[8]

Jedes dieser Referenzierungssysteme wird durch die GIS-Abteilung der ASFINAG auf den GIP-Graphen abgebildet, um eine durchgängige räumliche Referenzierung zu ermöglichen.

2.2.3.5 Standards zum Daten- und Informationsaustausch

Der wesentliche in der ASFINAG zum Einsatz kommende Standard zum Daten- und Informationsaustausch mit dritten Verkehrsmanagementzentralen ist DATEX II.[9] DATEX II ist ein Standard des CEN Technical Committee 278 (CEN/TC278) und besteht aus verschiedenen Teilen. Teil 1 befasst sich mit Vorgaben zur Modellierung, Teil 2 gibt Vorgaben zur Abbildung von Ortsreferenzen und Teil 3 legt die Basis für die Weitergabe von Verkehrsdaten und -informationen.

Die ASFINAG nutzt die Möglichkeiten zur flexiblen Anpassung des Datenmodells um eigene spezifische Aspekte. Eine wichtige derartige Anpassung ist die Nutzung des oben angeführten räumlichen Referenzierungssystems GIP zur Verortung von Verkehrsinformationen. Diese Erweiterung bietet die Möglichkeit zur Festlegung eines Ortes eine Menge von Kanten des GIP-Graphen zu selektieren bzw. zur weiteren Detaillierung diese Kanten prozentuell einzuschränken.

Dieses DATEX II-Profil der ASFINAG wird insbesondere für folgende Kanäle verwendet:

- Austausch von Verkehrsdaten (aufbereitete Messwerte und Statistiken stationärer Sensorik, Floating Car Daten) mit Kommunen und Bundesländern in Österreich (wird aktuell im Rahmen des Projekts „Echtzeit Verkehrsinformation im österreichischen Straßennetz" – EVIS[10] errichtet)
- Weitergabe von aktuellen Verkehrsinformationen (Verkehrslage, Ereignisinformationen) an die Verkehrsauskunft Österreich

---

[8] http://services.asfinag.at/web/trafficdata/location-code-list-at.

[9] http://www.datex2.eu.

[10] http://evis.gv.at/.

Tab. 2.3 Standards zum Daten- und Informationsaustausch

Bezeichnung	Beschreibung	Einsatz
TLS	Technische Lieferbedingungen für Streckenstationen	Überwachung und Steuerung verkehrstechnischer Außenanlagen im Freiland durch die zuständige Unterzentrale
OPC-UA	OPC Universal Architecture	Überwachung und Steuerung von Tunnelanlagen („Tunnelköpfen") durch die zuständige Tunnelleittechnik bzw. zukünftig VMIS 2.0 Operating GUI
ONVIF	Open Network Video Interface Forum	Überwachung und Steuerung von Videokameras durch das zentrale Videomanagementsystem
CAM/DENM	Cooperative Awareness Message (CAM) Decentralized Environmental Notification Message (DENM)	Kommunikation verschiedener Mess- und Statuswerte sowie von Ereignisinformationen zwischen Komponenten kooperativer Systeme

Die Datenübertragung erfolgt allgemeinhin über Web Services (http), FTP oder spezialisierte Nachrichten-basierte Middleware.

Zur Kommunikation innerhalb der ASFINAG-Systemlandschaft kommt DATEX II nur eingeschränkt zur Anwendung, da der Standard für operative Zwecke im Verkehrsmanagement oft einen zu großen Overhead darstellt und zu Gunsten höherer Performance auf proprietäre Lösungen oder andere Standards zurückgegriffen wird.

Der Auszug in Tab. 2.3 bietet einen Überblick zu den innerhalb der ASFINAG zum Einsatz kommenden Standards zum Daten- und Informationsaustausch.

2.2.3.6 Verkehrsmodelle

Auf der Basis einer Spezialsoftware für Verkehrsplanung, wird in Zusammenarbeit mit dem BMVIT und den ÖBB ein österreichweites Verkehrsmodell für die Langfristprognose gepflegt. Hauptergebnis ist die Bereitstellung von Belastungswerten (Durchschnittlicher täglicher Verkehr für Pkw bzw. Lkw) für Bestand und Prognose auf dem A&S-Netz (Bestands- und Planungsstrecken einschl. geplanter ASt). Im Sinne eines Gesamtansatzes berücksichtigt das Verkehrsmodell auch die Verkehrsmittel des ÖV bzw. den Verkehrsträger Schiene (bimodales Verkehrsmodell). Die Verkehrsmodellierung erfolgt über einen 4-Stufen-Algorithmus (Verkehrserzeugung, Verkehrsverflechtung, Verkehrsmittelwahl und Umlegung). Die Szenarien umfassen in 5-Jahresschritten 2005 bis 2025 (Referenzszenarien) und 2015 bzw. 2025 (Maßnahmenszenarien), wobei die Maßnahmenszenarien u. a. von einer erhöhten Preisentwicklung im Straßenverkehr und von einem weiterentwickelten Zielnetz Schiene ausgehen.

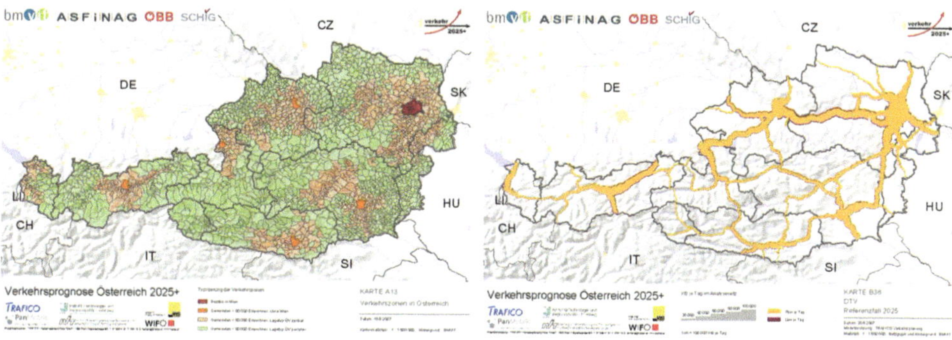

Hauptziele sind die Modellierung von Verkehrsangebot und -nachfrage, die Prüfung und Validierung extern erstellter Verkehrsprognosen, die Herbeiführung von abgestimmten Datengrundlagen für extern zu erstellende Verkehrsprognosen und die Erstellung eigener Verkehrsprognosen. Derzeit wird an einer umfassenden Aktualisierung des Verkehrsmodells für den Prognosehorizont 2030+ gearbeitet.

2.2.3.7 Verkehrs- und betriebstechnische Funktionen

Im Umfeld des Verkehrsmanagements kommen zukünftig folgende verkehrs- und betriebstechnischen Funktionen zum Einsatz:

- Verkehrs- und Umfelddatenerfassung
- Videobasierte Verkehrsüberwachung
- Steuerung von klassischen Verkehrsbeeinflussungsanlagen
  - Punktsteuerung – punktuelle Verkehrsbeeinflussung bei Unfällen, Baustellen etc.
  - Liniensteuerung – verkehrs-, witterungs- und immissionsabhängige Geschwindigkeitsbeeinflussung und Überholverbote; Aufbau von Geschwindigkeitstrichtern zur Beeinflussung des Verkehrsflusses bei Verkehrsstörungen (gesetzlich verordnet)
  - Netzsteuerung – Netzbeeinflussung durch Wechselwegweisung (WWW) – anlassbezogene großräumige Umleitung des Verkehrs im Regelfall am hochrangigen Netz
  - Knotenpunktsteuerung – variable Geschwindigkeitssteuerung und Fahrstreifenzuteilung bei Ein- und Ausfahrten, Zuflussregelungsanlagen – dynamische Rampenzuflusskontrolle (bisher nur am Standort Linz)
- Dynamische Verkehrsinformationen – Bekanntmachung von Informationen über den Verkehrszustand und verkehrliche Ereignisse via Wechseltextanzeigen (WTA) bzw. WTV (vollgrafische Wechseltextanzeigen)
- Dynamische LKW-Stellplatzinformation – dynamische Anzeige zur aktuellen Auslastung der Stellplätze an ausgewählten Rastanlagen der ASFINAG
- Intelligente Warnleitanhänger (IMIS) – mobile Warnleitanhänger mit der Möglichkeit zur textlichen und grafischen Anzeige von Information
- Einheitliche Bedienoberfläche zur Steuerung von Freiland- und Tunnelbetriebsmitteln
- Verkehrsingenieursarbeitsplatz zur Analyse und verkehrstechnischen Parametrierungen

2.2.3.8 Betriebsüberwachung

Zur Sicherstellung einer entsprechenden Systemverfügbarkeit der Systeme VMIS 2.0 und VINFO 2.0 nimmt die IKT-technische Betriebsüberwachung einen wichtigen Stellenwert ein. Im Kontext der IKT-Betriebsüberwachung wird bei der ASFINAG zwischen zwei wesentlichen Anwendungsfällen unterschieden:

- Überwachung der Systemlandschaft
- Abwicklung von Systemstörungen

In Bezug auf die Überwachung der Systemlandschaft setzt die ASFINAG zukünftig auf ein neues Monitoringsystem. Das System soll die Möglichkeit bieten Abhängigkeiten zwischen betriebenen Services zu modellieren und somit komplexe Störfälle in kürzester Zeit zu analysieren. Ziel ist es, alle verkehrstechnischen Außenanlagen und alle zentralen Systeme des Verkehrsmanagements in einem System zu überwachen.

Hinsichtlich der Abwicklung von Systemstörungen und Überwachung von Instandhaltungsaktivitäten hat die ASFINAG darüber hinaus ein umfangreiches System auf Basis von ITIL® und der ISO 20000 aufgebaut, welches die wesentlichen Anforderungen aus dem IT Service Management abdeckt:

- Erfassung von Störungen („Störungstickets") und Zuordnung zu Auftragnehmern
- Überwachung von Service Level Agreements (SLAs)
    - Reaktions- und Wiederherstellungszeiten
    - Systemverfügbarkeiten
- Management von Instandhaltungsverträgen

2.3 Verkehrsmanagement

2.3.1 Verkehrssteuerung/-lenkung

Die ASFINAG steuert und lenkt den Verkehr am hochrangigen Straßennetz Österreichs unter Verwendung aller Möglichkeiten der Verkehrsbeeinflussung. Aufgrund der Topologie des österreichischen Straßennetzes und der rechtlichen Grundlagen liegt allerdings ein starker Fokus auf der Verwendung von Streckenbeeinflussungsanlagen. In den folgenden Abschnitten werden die einzelnen Herangehensweisen und deren rechtliche Grundlage im Detail beleuchtet.

2.3.1.1 Netzbeeinflussung

Die klassische Netzbeeinflussung unter Verwendung von dynamischen Wechselwegweisern hat in der ASFINAG nur mittleren Stellenwert, da das hochrangige Straßennetz in Österreich nur bedingt Netzmaschen aufweist, welche zur Netzbeeinflussung herangezogen werden können (Abb. 2.6). Ein Beispiel für eine derartige Netzmasche ist das Autobahndreieck Linz

Abb. 2.6 Schematische Abbildung einer beeinflussten Netzmasche unter Verwendung einer Wechseltextanzeige (WTA bzw. WTV) und zwei Wechselwegweisern (WWW)

(A1/A25) – Wels (A8/A25) – Voralpenkreuz (A1/A8) im oberösterreichischen Zentralraum. Als dynamische Wechselwegweiser kommen an derartigen Netzmaschen vorrangig Prismenwender sowie dynamische Informationstafeln (vollgrafische Wechseltextanzeigen) zum Einsatz.

Das niederrangige Straßennetz Österreichs kann vom ASFINAG Verkehrsmanagement nicht beliebig für Ab- und Umleitungen des Verkehrs genutzt werden, da hierfür situativ die Einbindung der Exekutive und ggf. eine Abstimmung mit den regionalen Kommunen notwendig ist, welche im Ereignisfall selbstverständlich erfolgt – Automatismen sind derzeit allerdings nicht möglich. Die Kommunikation von solchen Ab- und Umleitungen an die Verkehrsteilnehmer erfolgt zunehmend über vollgrafische Wechseltextanzeigen (WTVs) und bereits etablierte Verkehrsinformationskanäle. Als Beispiele seien hier der öffentlich-rechtliche Radiosender Ö3, der eine eigene Verkehrsredaktion in der nationalen Verkehrsmanagementzentrale in Wien betreibt, und das Portal „Verkehrsauskunft Österreich", welches Ereignisinformationen direkt von der ASFINAG erhält, sowie eigenen Informationsdienste über App und Web genannt.

Im Zuge des oben angesprochenen Projektes EVIS werden darüber hinaus derzeit standardisierte Ausweichrouten unter Einbeziehung des niederrangigen Straßennetzes österreichweit mit Bundesländern und Kommunen abgestimmt. Diese sollen zukünftig die Ab- und Umleitung auf das niederrangige Straßennetz im Ereignisfall vereinfachen.

2.3.1.2 Streckenbeeinflussung

Streckenbeeinflussungsanlagen (SBAs) nehmen im Verkehrsmanagement der ASFINAG einen wichtigen Stellenwert ein und sind in allen verkehrsstarken Gebieten des hochrangigen Straßennetzes (in unterschiedlicher Dichte) verfügbar. Die Abb. 2.7 gibt einen

Abb. 2.7 Streckenbeeinflussungsanlagen (SBAs) auf Autobahnen und Schnellstraßen

Überblick der SBAs in Österreich. Die in roter Farbe markierten „VBA-Gebiete" stellen vollwertige SBAs auf Basis entsprechender Verordnungen dar, wohingegen in den in grüner Farbe markierten Gebieten eine Umsetzung der Vorgaben aus dem „Immissionsschutzgesetz Luft" (IG-L) erfolgt.

Die rechtliche Grundlage für die VBA-Gebiete („rot") stellen regional spezifische Verordnungen dar, welche vom österreichischen Bundesministerium für Verkehr, Innovation und Technologie (BMVIT) mit Unterstützung der ASFINAG erarbeitet werden. Diese Verordnungen basieren auf den § 43 Abs. 1 und § 44c der österreichischen Straßenverkehrsordnung (StVO) und geben Rahmenbedingungen (z. B. Verkehrslage) für folgende verkehrsbeeinflussenden Maßnahmen vor:

- Harmonisierung des Verkehrsablaufs
- Stauwarnung und -absicherung
- Lkw-Überholverbot
- Verkehrsbeeinflussung bei ungünstigem Fahrbahnzustand, Sichtbehinderungen, starkem Seitenwind

Diese Maßnahmen umfassen Geschwindigkeitsbeschränkungen mit/ohne Warnhinweise (Abb. 2.8) und mit/ohne dem Aufbau eines Geschwindigkeitstrichters sowie Lkw-Überholverbote. Die Kommunikation dieser Steuerungsmaßnahmen an die Verkehrsteilnehmer erfolgt über Anzeigequerschnitte mit entsprechenden Wechselzeichengebern (z. B. „A-Schilder" zur Verordnung von Geschwindigkeitsbeschränkungen).

Im Rahmen der Einführung von VMIS 2.0 werden die bestehenden Verordnungen grundlegend überarbeitet, um die Möglichkeiten des neuen Steuerungsmodells nutzen zu können. Im Sinne des Steuerungsmodells wird ein sogenannter flexibler „Situations- und Maßnahmenkatalog" geschaffen, über welchen Verkehrstechniker die Möglichkeit haben,

Abb. 2.8 Schematische Abbildung eines SBA-Anzeigequerschnitts

verkehrssteuernde Maßnahmen und deren Auslöser regelbasiert in das Verkehrsmanagementsystem einzubringen bzw. anzupassen.

In Bezug auf die oben angesprochenen IG-L Gebiete („grün") erfolgt eine entsprechend mit „IG-L" gekennzeichnete dynamische Geschwindigkeitsbeschränkung auf 100 bzw. 80 km/h. Die Geschwindigkeitsbeschränkungen treten in Kraft, wenn die Luftqualität (i.W. Stickoxide, Feinstaub) oder der Beitrag der Pkw-ähnlichen Fahrzeuge zur Gesamtimmission bestimmte Grenzwerte überschreiten.

2.3.1.3 Knotenbeeinflussung

Die ASFINAG betreibt als Pilotanlage an einer Anschlussstelle eine Knotenbeeinflussung, im Rahmen einer Streckenbeeinflussungsanlage. In Abhängigkeit des Verkehrsaufkommens auf der Hauptfahrbahn und der zufließenden Verkehrsmenge an der Anschlussstelle, wird die erlaubte Höchstgeschwindigkeit auf dem ersten Fahrstreifen auf 80 km/h und auf dem Überholfahrstreifen auf 100 km/h reduziert. Lenker sollen dadurch zum Fahrstreifenwechsel motiviert werden und damit größere Zeitlücken zur Erleichterung des Einfädelns schaffen.

2.3.1.4 Zuflussregelung

Die Zuflussregelung (vom niederrangigen Netz) hat bei der ASFINAG bisher eine untergeordnete Rolle, da die rechtlichen Grundlagen dafür derzeit nicht gegeben sind. Bisher ist eine Pilotanlage (A7 Stadtgebiet Linz/Oberösterreich, Auffahrt Franzosenhausweg) in Betrieb, wofür eine Ausnahmebewilligung erwirkt wurde. Diese Zuflussregelungsanlage (ZFR) agiert weitgehend autonom und unabhängig vom übergeordneten Verkehrsmanagementsystem (VMIS). Die ZFR basiert auf dem weit verbreiteten „ALINEA"-Algorithmus und schaltet die Ampelanlage auf der Rampe auf Basis mehrerer Verkehrsdatensensoren.

2.3.1.5 Tunnelsteuerung

Die Steuerung von Straßentunnel (d. h. auch die Verkehrslenkung) unterliegt in Österreich dem Straßentunnelsicherheitsgesetz (STSG) und den Richtlinien zur Verkehrssicherheit für Tunnelausrüstung (RVS 09.02.22). Im Zuge der Planung der Errichtung einer Tunnelanlage wird als Teil der für die Genehmigung geforderten Tunnel-Sicherheitsdokumentation eine Verkehrssteuerungsmatrix für die Tunnelanlage erstellt. Diese Verkehrssteuerungsmatrix wird, insofern sich der Tunnel in einem VBA-Gebiet befindet, um die relevanten Betriebsmittel der VBA erweitert.

Anzeigequerschnitte, welche zum Portal bzw. Vorportal des Tunnels gehören, können vom Verkehrsmanagement zur Streckenbeeinflussung verwendet werden, insofern seitens der Tunnelanlage (konkret der „Tunnelkopfrechner") keine lt. Verkehrssteuerungsmatrix höher priorisierten Tunnelprogramme aktiv sind. Zu diesem Zweck sind die Betriebsmittel der Anzeigequerschnitte im (Vor-)Portal-Bereich meist über TLS ansteuerbar (wie Anzeigequerschnitte im Freiland). Die Tunnelanlage kann über eine von der ASFINAG eingeführten Lösung („KRI_2C") auch direkt auf diese Betriebsmittel zugreifen, um im

Notfall unabhängig von der Verfügbarkeit des Verkehrsmanagementsystems Schaltanforderungen absetzen zu können.

Sämtliche Verkehrssteuerungsmaßnahmen – unabhängig ob im Tunnel oder im Freiland – werden von demselben Betriebspersonal innerhalb einer regionalen Verkehrsmanagementzentrale durchgeführt. Mit der Einführung von VMIS 2.0 hat der Betrieb den wesentlichen Vorteil, alle Anlagen auch anhand derselben grafischen Bedienoberfläche zu überwachen und zu steuern.

2.4   Verkehrsinformationen

2.4.1   Mobilitätsdatenmarktplatz

Die Mobilitaetsdaten.gv.at Plattform fungiert als nationaler Zugangspunkt für Österreich im Sinne Bundesgesetzes über die Einführung intelligenter Verkehrssysteme im Straßenverkehr IVS-G. Hier werden Informationen über Mobilitätsdaten von privaten und öffentlichen Datenhaltern gesammelt präsentiert, um einen Überblick zu generieren und den Datenzugang für Servicebetreiber deutlich zu erleichtern. Gleichzeitig dient die Mobilitaetsdaten.gv.at Plattform der Datenweiterleitung von statischen LKW Stellplatzinformationen an das Europäische Datenportal im Rahmen der „Safe and Secure Truck Parking"-Initiative. Die Mobilitaetsdaten.gv.at Plattform wird von der AustriaTech,[11] als neutrale Stelle, betrieben. Das Projekt wird im Rahmen der INEA (Innovation and Networks Executive Agency) teilfinanziert.

Mobilitaetsdaten.gv.at bietet staatlichen sowie privaten Organisationen und Unternehmen die Möglichkeit Ihre mobilitätsbezogenen Daten zu präsentieren und zu bewerben (Abb. 2.9).

Die Präsentation und Beschreibung der Daten auf der MD-Plattform reduziert den Aufwand für Datenanbieter und beschleunigt die Informationsgewinnung für Servicebetreiber.

Datenanbieter erhalten zudem die Möglichkeit neben der Datensatzbeschreibung durch die Metadaten, auch Beispiel Daten oder einen kompletten Datensatz zur Verfügung zu stellen. Durch die Nutzung der Mobilitaetsdaten.gv.at Plattform für die Datenbereitstellung können Kosten für einen eigenen Webspeicher gespart werden.

Durch die enge Zusammenarbeit mit Opendataportal[12] und Data.gv.at[13] können die Daten und die dazugehörigen Metadaten zusätzlich unter Einhalten der dort gültigen Bestimmungen auch dort veröffentlicht werden.

---

[11] http://www.austriatech.at.

[12] https://www.opendataportal.at.

[13] https://www.data.gv.at.

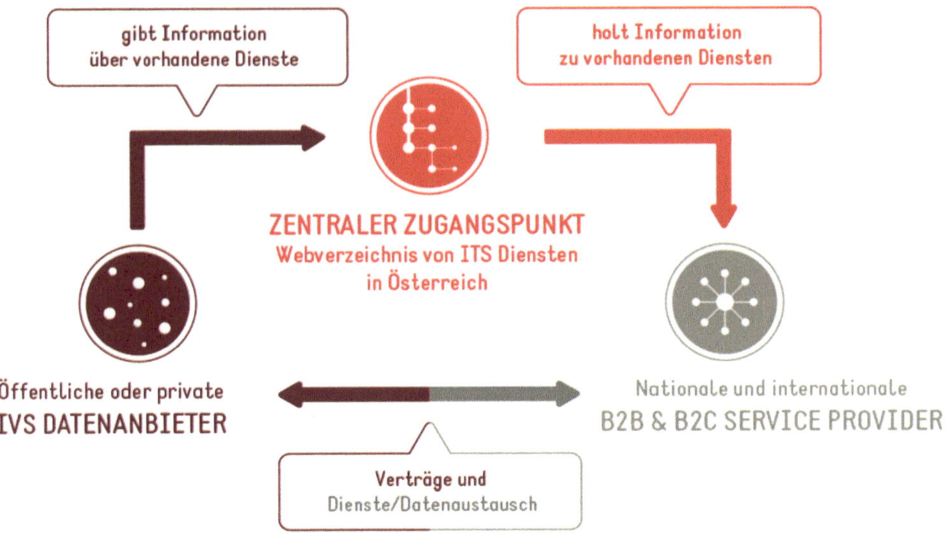

Abb. 2.9 Überblick Mobilitätsdatenplattform

2.4.2 Pre-Trip-Informationen

Im Bereich Pre-Trip-Informationen stellt die ASFINAG die folgenden webbasierten Dienste zur Verfügung:

- **Routenplaner**: In Kooperation mit den wichtigsten österreichischen Verkehrsinfrastrukturbetreibern können Nutzerinnen und Nutzer von www.asfinag.at auf eine intermodale, österreichweite Tür-zu-Tür-Auskunft zugreifen. Vorteil gegenüber anderen bekannten Routenplanern ist es, eine verkehrsträgerübergreifende Route zu berechnen; so kann der Nutzer übersichtlich und rasch vergleichen ob eine Strecke beispielsweise mit dem Öffentlichen Verkehr schneller befahren werden könnte. Als weiteres Highlight des ASFINAG Routenplaners wird dieser durch Verkehrsdaten der jeweils zuständigen Betreiber stets mit aktuellen Echtzeitdaten versorgt.
- **Baustelleninformation**: Die Zielgruppe von Frächter und Sondertransportunternehmen wird seitens ASFINAG auf www.asfinag.at speziell zu Baustellen auf dem Autobahnen- und Schnellstraßennetz detailliert beauskunftet. In übersichtlicher Form werden Details zu aktuellen und zukünftigen Baustellen dargestellt. Neben Informationen zu maximalen Durchfahrtsbreiten werden beispielsweise die Spurführungen und Geschwindigkeitslimits ausgewiesen. Sondertransporte sind bewilligungspflichtig. Die Einholung entsprechender Bescheide bei der Behörde wird von der ASFINAG unter Verwendung einer individuellen Softwarelösung unterstützt.
- **Webcams**: Die Bilder der über 1000 ASFINAG Webcams gehören zu den beliebtesten und meist besuchten Inhalten auf www.asfinag.at. Jährlich über 500 Millionen Zugriffe von Kundinnen und Kunden zeigen das große Interesse. Speziell in Ballungsräumen

und den Transitrouten kann das Streckennetz optimal eingesehen werden. Neben den Webcams der ASFNAG wurden über 450 Partnerkameras aus Bayern, Slowenien und Ungarn in das Webcam System integriert, damit sich Kundinnen und Kunden auch über die Landesgrenzen hinweg ein eigenes Bild über die aktuelle Verkehrslage in Echtzeit machen können.

2.4.3   On-Trip-Informationen

Im Bereich On-Trip-Informationen stellt die ASFINAG die folgenden Dienste zur Verfügung:

2.4.3.1 Reisezeitermittlung

Für den typischen Verkehrsteilnehmer stellt weder die Verkehrsdichte noch Verkehrsstärke eine leicht interpretierbare Größe dar. Die Angabe einer Reisezeit für einen bestimmten Streckenabschnitt ist, insbesondere während der Fahrt, hingegen schneller und einfacher zu interpretieren. Reisezeiten bilden einen sehr guten Indikator über den aktuellen verkehrlichen Zustand und zusätzlich eine weitere Grundlage für Verkehrslageberechnungen.

Zur Ermittlung von Reisezeiten kommt auf Fokusstrecken eine straßenseitig installierte Sensorik zum Einsatz. In den letzten Jahren wurden unterschiedliche Systeme zur straßenseitigen Erfassung von Reisezeiten installiert. Dazu zählen Bluetooth, Bluetooth/Wi-Fi oder auch kamerabasierte Systeme. Ergänzend dazu werden aber auch prognostizierte Reisezeiten zwischen den Landeshauptstädten basierend auf dem ASFINAG Routenplaner (VAO) bereitgestellt.

Um diese unterschiedlichen Systemvarianten zukünftig zu vereinheitlichen, ist es geplant die notwendige Sensorik standardisiert zu spezifizieren und zu beschaffen. Zusätzlich sollen auch die aktuell eingesetzten unterschiedlichen Zentralsysteme durch ein gemeinsames zentrales System abgelöst und somit konsolidiert werden. Das bietet den Vorteil notwendige Parametrierungen als auch ergänzende Algorithmen einheitlich und zentral umsetzen zu können. Auch für eine Erfassung von zukünftigen, aktuell aber noch nicht definierten, Abschnitten bzw. geografische Regionen (Ferien-Reiseverkehr, Blockabfertigung, Großereignisse etc.) bietet eine standardisierte Systemlandschaft große Vorteile.

Die so ermittelten Reisezeiten und weitere „on-trip" relevante Verkehrsinformationen werden dem Kunden in unterschiedlichen Diensten bereitgestellt. Dazu zählen beispielsweise:

- ASFINAG Unterwegs APP/Website
- ÖBB/ASFINAG Kooperation
- Wechselverkehrszeichen/Wechseltextanzeigen/Infoscreens
- Intelligente Warnleitanhänger (IMIS)

2.4.3.2 ASFINAG App „Unterwegs"

Über eine halbe Million Kunden nutzen mittlerweile das umfangreiche Informations- und Service-Angebot der ASFINAG App „Unterwegs". Die App ist seit 2011 der verlässliche Begleiter für alle Fahrten und diese Downloadzahl zeigt, wie beliebt die App bei den Kunden ist. Um diese Zufriedenheit zukünftig noch weiter zu steigern finden Neuerungen lediglich Einzug in die App, wenn sie direkt auf Kundenanregungen basieren. Damit kann das Adressieren der aktuellsten Kundenprobleme sichergestellt werden. Die folgenden Highlights wurden – neben einer generellen Modernisierung der App – im Jahr 2016 integriert:

- **Live Bilder:** Neben der Verdopplung ASFINAG-Webcams auf rd. 1000 Kameras wurden in 2016 auch auf über 300 Kameras aus den Nachbarländern (Bayern, Ungarn und Slowenien) eingebunden. Hintergrund ist das bereits über mehrere Jahre hinweg stetig steigende Interesse der AutofahrerInnen an den Live-Bildern. Allein in 2016 verzeichnete ASFINAG rd. 500 Millionen Zugriffe auf die angebotenen Webcams. Egal, ob Pendler oder Urlaubsreisender – mit den ASFINAG-Webcams kann man sich jederzeit schnell und unkompliziert ein Bild vom aktuellen Verkehrsgeschehen machen.
- **Verkehrsinfos:** Mit der Einführung von personalisierten Ereignisbenachrichtigungen informiert die ASFINAG App „Unterwegs" aktiv über Verkehrsbehinderungen auf persönlich relevanten Strecken. Dazu wurde die Möglichkeit geschaffen individuell relevante Strecken in der App zu hinterlegen. Die Kunden werden danach in Echtzeit informiert, sobald auf einer dieser Strecken eine Verkehrsbehinderung eintritt. Parallel dazu wurde in 2016 ein neues Werkzeug zur internen Erfassung und redaktionellen Aufbereitung von Verkehrsbehinderungen eingeführt. Durch diesen Schritt konnte einerseits die Qualität aber auch die rasche Veröffentlichung von Verkehrsmeldungen sichergestellt werden.

2.4.3.3 ÖBB-ASFINAG-Kooperation

Als ein Highlight der ASFINAG Verkehrsinformation wurde 2016 in einem Kooperationsprojekt zwischen ASFINAG und ÖBB ein gegenseitiger Informationsaustausch im Ereignisfall vereinbart und mit November 2016 für eine Pilotstrecke (Knoten Wien Prater bzw. Bahnhof Wien Hauptbahnhof/Bahnhof Wien Mitte jeweils zum Flughafen Schwechat) umgesetzt.

Ziel der Kooperation ist ein Austausch von Informationen zwischen den beiden Verkehrsleitzentralen der ASFINAG und ÖBB über wesentliche Störungen auf dem jeweiligen Straßen- bzw. Schienennetz. Dieser Austausch dient als Grundlage zur Bereitstellung einer übergreifenden Kundeninformation und kann auch für innerbetriebliche Zwecke wertvoll sein (z. B. bei Einrichtung eines Schienenersatzverkehrs).

Mehrwert dieser Kooperation für jeden einzelnen Autofahrer:

- Bei wesentlichen Ereignissen im Pilotbereich erhält der Kunde in allen ASFINAG Verkehrsinfodiensten den Status der Zugverbindungen zwischen Wien und Flughafen.

Dies stellt die optimale Ergänzung für den bereits sehr gut abgedeckten Streckenabschnitt (mit Verkehrsmeldungen, Reisezeiten und Webcams) dar.

- Kommt es zu Störungen auf dem Schienennetz (im Pilotbereich), wird in den ÖBB Infodiensten die aktuelle Verkehrslage der A4 ergänzt.
- Somit haben ASFINAG und ÖBB Kunden bei schwerwiegenden Ereignissen in den vertrauten Infodiensten auch die Situation des jeweils anderen Verkehrsträgers verfügbar und können so mögliche Alternativen optimal einschätzen.

2.4.3.4 ASFINAG Kompagnon – der digitale Begleiter unterwegs

Das klassische Angebot an Verkehrsinformation der in Österreich bekanntesten Stakeholder ist bisher für die Nutzung vor Fahrtantritt konzipiert. Mit dem Kompagnon wagt sich ASFINAG nun in neue Gewässer vor und erweitert das bisherige ASFINAG Angebot zur Nutzung von Verkehrsinformation während der Fahrt.

Damit wird die ASFINAG App „unterwegs" zum ganz persönlichen „Informationsradar" wie man es vom Umgebungsradar aus einem Flugzeug kennt (Abb. 2.10). Das Service zeigt die nächsten 20 bis 30 Kilometer Strecke inklusive aller relevanten Informationen entlang einer Fahrt auf dem Autobahnen- und Schnellstraßennetz – beispielweise Rastmöglichkeiten oder aktuelle Verkehrsbehinderungen wie etwa Staus oder Baustellen.

Die ASFINAG hat bei der Entwicklung dieses Dienstes auf Verkehrssicherheit besonderen Wert gelegt. Das gilt insbesondere für die einfache Handhabung und Bedienung. Wenn der Kompagnon gestartet wurde, ist seitens Autofahrerinnen und Autofahrer keine zusätzliche Aktion nötig. Die aktuelle Straße wird automatisch erkannt – Ereignisse auf

Abb. 2.10 ASFINAG Kompagnon

der aktuellen Strecke automatisch ohne weitere Bedienungsschritte angezeigt. Für sicherheitskritische Ereignisse gibt es sogar eine Sprachausgabe – das macht den Blick auf das Handy während der Fahrt überflüssig.

2.4.3.5 Wechseltextanzeigen

Die ASFINAG betreibt als Teil ihrer Strecken- und Netzbeeinflussungsanlagen ca. 90 dynamische Informationstafeln, sogenannte Wechseltextanzeigen, auf denen allgemeine Gefahrensymbole in Kombination mit Freitext-Information angezeigt werden können (Abb. 2.11). In den nächsten Jahren werden weitere Standorte errichtet, sodass Ende 2018 in Summe ca. 120 Anzeigequerschnitte am ASFINAG Streckennetz zur Verfügung stehen. Die neueste Variante der Wechseltextanzeige ist vollgrafisch, d. h. Text, Symbole, Verkehrszeichen und Bilder können beliebig positioniert und angezeigt werden.

Auf den Wechseltextanzeigen werden dem Verkehrsteilnehmer verkehrlich relevante Informationen direkt auf der Strecke angezeigt. Dies sind u. a. allgemeine Informationen zur Verkehrssicherheit und StVO, Ankündigungen von Baustellen oder anderen geplanten Behinderungen (z. B. Sperren bei Veranstaltungen), Informationen zur Parkplatzsituation auf den Rastplätzen, Informationen zu aktuellen Ereignissen (z. B. Unfälle) und Verkehrsbehinderungen, wenn möglich/sinnvoll Empfehlungen zur optimalen Verkehrsabwicklung, und ggf. weitere Informationen des Straßenbetreibers.

Derzeit wird ein Projekt zur Erweiterung der Anzeigen um Reisezeitinformationen umgesetzt. Um möglichst zeitnahe zur Veröffentlichung einer Verkehrsmeldungen die entsprechende Informationen auf den WTAs anzuzeigen, ist eine Schnittstelle zwischen der Ereignisdatenbank/Verkehrsmeldungsredaktion und dem Steuerungssystem der WTAs geplant. Für einen Teil der WTAs erfolgt dies bereits seit einiger Zeit in Kooperation mit dem nationalen Radiobetreiber ORF-Ö3.

Für die Anzeige von Informationstexten wird ein standardisierter Aufbau der Meldungen verwendet, der sich nach den Empfehlungen einer internationalen Expertengruppe richtet. Die Vorgaben hierfür sind im Schaltkonzept für WTAs zusammengefasst, welches

Abb. 2.11 Wechseltextanzeige

für alle VMZen gilt. Österreich hat einen im internationalen Vergleich sehr komplexen Mix an Verkehrsteilnehmern (Pendlern, Fernfahrern, Urlaubern etc. aus vielen unterschiedlichen Ländern). Zukünftig soll daher noch mehr auf Piktogramme und Symbole gesetzt werden, um die (internationale) Verständlichkeit zu erhöhen.

2.4.3.6 Intelligentes Mobiles Informationssystem (IMIS)

In der ASFINAG werden derzeit verschieden Typen von Vorwarnanhängern und Warnanhängern zur Baustellenabsicherung und zur Anzeige von aktuellen Verkehrsinformationen eingesetzt (Abb. 2.12). Die neuen ASFINAG Vorwarnanhänger als auch Overhead Vorwarnanhänger werden nun mit mehr „Intelligenz" ausgestattet. Zusammen mit einem Leitstand bilden sie ein Intelligentes Mobiles Informationssystem (IMIS).

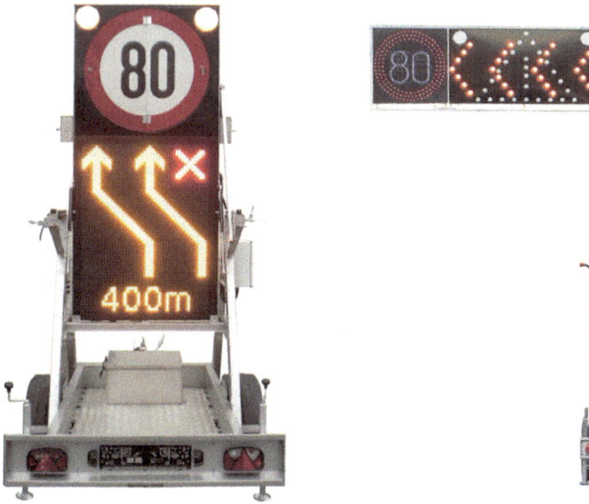

Abb. 2.12 Verschiedene Ausführungen von Vorwarnanhängern

Dieses System

- informiert das Verkehrsmanagement und das Baustellenmanagement über den aktuellen Standort der Vorwarner,
- generiert Sensordaten und aktuelle Reisezeiten,
- ermöglicht die Anzeige verschiedener Schaltbilder zur Verkehrssteuerung und -information.

Darüber hinaus werden Vorwarner mit Kameras ausgestattet, die in das ASFINAG Videosystem eingebunden sind. Schließlich werden über eine Car2X-Komponente digitale Informationen in vorbeifahrende Fahrzeuge übertragen und Informationen von Fahrzeugen empfangen. Die IMIS-Warnleitanhänger sind somit sowohl Informations- als auch Sensorikplattform.

2.5 Managementprozesse

2.5.1 Strategiemanagement

Die ASFINAG hat in einem internen Prozess zur Strategieentwicklung folgende wesentliche strategische Ziele festgelegt:

- **Finanzen**: Die zentralen Vorgaben sind stabile Jahresüberschüsse, ein reibungsloser Übergang auf die neue Generation der Lkw- und Busmauttechnik (GO Maut 2.0.), eine verstärkte Inanspruchnahme von EU-Zuschüssen sowie eine kostenverlässliche und effiziente Umsetzung des Infrastruktur-Investitionsprogramms.
- **Verkehrssicherheit/Kundinnen und Kunden**: Die Ziele sind noch weniger schwere Unfälle mit Verletzten oder Getöteten durch Bewusstseinsbildung, mehr Kontrollen beim Schwerverkehr sowie bauliche Verbesserungen gegen gefährliche Rückstaus bei Anschlussstellen.
- **Verfügbarkeit**: Unfälle und Baustellen sollen möglichst wenig Stau verursachen. Dies gilt vor allem auch für die Ballungsräume Wien und Linz.
- **Mautsysteme**: Das Ziel ist höchste Zufriedenheit der Mautkundinnen und -kunden. Aus diesem Grund wurden 2016 die Vorarbeiten für die Einführung der Digitalen Vignette gestartet – eingeführt wurde dieses neue Produkt mit dem Vignettenjahr 2018.
- **Gezielte Verkehrsinformation**: Die ASFINAG will – vor allem durch die Verkehrsauskunft Österreich (VAO) – optimale verkehrsträgerübergreifende Informationen bereitstellen, die Lkw-Stellplatzinformationen flächendeckend erweitern und das Webcam-Angebot stärker ausbauen.
- **Vernetzung mit dem öffentlichen Verkehr**: Die ASFINAG schafft eine Vernetzungsplattform mit der ÖBB-Infrastruktur AG und setzt auf ständigen Austausch und verstärkte Kooperation, etwa bei der Planung und Koordinierung von Baustellen

Abb. 2.13 Verkehrssicherheitsprogramm 2020

- **Noch besserer Service**: Vor allem über die ASFINAG App will das Unternehmen künftig noch stärker und präziser Informationen zum Verkehrsgeschehen kommunizieren.

Aus den strategischen Zielen wurden konkrete Ziele und Maßnahmen für die operativen Einheiten abgeleitet die laufenden überwacht und bei Bedarf angepasst werden.

Als ein Beispiel Punkt (b) wurde ein ASFINAG Verkehrssicherheitsprogramm 2020 erarbeitet (Abb. 2.13).

Im Bereich der Verkehrsinformation wurden folgende strategischen Ziele und Maßnahmen erarbeitet:

- **Bereitstellung hochqualitativer Verkehrsinformationsdienste** sowie Routenplaner (Verkehrsauskunft Österreich, Apps, Internet etc.), welche von unseren Kunden auch als solche wahrgenommen werden. Dies wird im Zuge der „Customer Satisfaction Index"-Umfrage bestätigt.
  - Bereitstellung von personalisierten Verkehrsinformationen basierend auf persönlichen Reiseverhalten der Kunden
  - Darstellung der aktuellen und prognostizierten Reisezeit bezogen auf Autobahnabschnitte und die Qualitätskontrolle durch kennzeichenbasierte Reisezeitermittlung auf der Strecke Wien Zentrum – Flughafen
  - Bereitstellung einer kurz-, mittel- und langfristigen Prognose der Verkehrslage basierend auf aktuellen und historischen Verkehrsdaten, aktuellen Ereignissen und geplanten Baustellen
  - Aufsetzen einer gemeinsamen Plattform für Echtzeit-Verkehrsdaten aus den Fahrzeugen im gesamten Straßennetz in Österreich gemeinsam mit den Bundesländern

- Bereitstellung von Verkehrsdaten der ASFINAG für Diensteanbieter und zum nationalen und internationalen Austausch mit Straßenbetreibern
- Anbieten **kooperativer Dienste** entlang von zumindest einem Hauptkorridor in Österreich sowie Vorliegen eines Masterplans für den weiteren Roll-Out.
  - Erstellung der Systemspezifikation für kooperative Dienste im nationalen Umsetzungsprojekt Eco-AT und Harmonisierung im Korridor mit DE und NL
  - Verfolgen von alternativen Umsetzungskonzepten für das Roll-Out der spezifizierten Use-Cases (insb. „Cloud"-Lösungen mittels Apps bzw. „Connected Vehicles")
  - Erarbeiten eines Standards zur Koexistenz der Frequenznutzung für Maut und ITS in Abstimmung mit den ASECAP Partnern und der Fahrzeugindustrie und setzen von weiteren Maßnahmen zum Schutz der Mautfrequenz
  - Aktives Verfolgen der ASFINAG Interessen in Europäischen Gremien und Beteiligung an den relevanten Arbeitsgruppen
- **Verdichten der Verkehrslage mit Video und Sensorik**
  - Weiteres Attraktivieren des WebCam-Services durch zusätzliche Nutzung von betrieblichen (schwenk-, neig- und zoombaren) Videokameras
  - Ausbau von Video und Webcams: Weitere Verbesserung der Qualität und des Angebots des Video- und WebCam-Services durch Erhöhung der Auflösung (HD-Format) und Einbindung von Videoquellen von nationalen und internationalen Partnern
  - Berechnung der Verkehrslage aus Video- und WebCam-Bilder zur Verwendung in der Verkehrsinformation und im Ereignismanagement
  - Optimierung der Videodetektion von Ereignissen in Tunnels und Freiland zur betrieblichen Verwendung
  - Betreuung des Produkts „Akustisches Tunnelmonitoring" (AKUT) in Tunnels und die Sicherstellung der Verfügbarkeit durch Einführung eines Monitorings. Gemeinsame Übertragung und Speicherung von Video- und Audiostreams.
  - Betreuung des Produkts „Umfelddatenerfassung", Plausibilisierung der Messwerte
- Sicherstellung, dass **technologische Neuerungen** entsprechend bekannt sind und aufgegriffen wurden.
  - Vorbereiten der stufenweisen Einführung von automatisierten Fahrzeugen auf Autobahnen und Definition der Rolle und Anforderungen an den Straßenbetreiber
  - Weiterentwicklung des Angebotes von Informationen der ASFINAG für „Connected Vehicles" und Abstimmung der Anforderungen neuer Technologien mit der Fahrzeugindustrie (neuer Mobilfunkstandard G5, Vehicle Clouds etc.)
  - Einrichten einer Teststrecke für automatisiertes Fahren mit Schwerpunkt alpine Straßenverhältnisse in Österreich
  - Erarbeiten einer F&E Roadmap und konsequente Umsetzung der vereinbarten Ziele
  - Fokussieren der F&E auf anwendungsorientierte Projekte und Überführung der Ergebnisse in den beiden Folgejahren in den Betrieb
  - Etablieren von strategischen Partnerschaften mit der Automobilindustrie, Forschungseinrichtungen und benachbarten Betreibern

2.5.2 Ereignismanagement

Ereignismanagement bezieht sich auf planbare Ereignisse. Die ASFINAG unterschiedet bei der Behandlung von planbaren Ereignissen zwischen dem Baustellenmanagement und dem Verkehrsmanagement im Zuge von Veranstaltungen.

2.5.2.1 Baustellenmanagement

Baustellen sind sowohl im Voraus geplante als auch spontane Ereignisse. Betrachtet werden die in Zusammenhang mit der Verwaltung von Baustellen vorkommenden Prozesse, wobei zur Unterscheidung der Prozessschritte verschiedene Baustellentypen und Maßnahmenarten herangezogen werden.

- Unterscheidung nach Baustellentyp (anhand der erwarteten Dauer)
  - Langzeitbaustelle (>7 Tage)
  - Kurzzeitbaustelle (≤7 Tage)
  - Tagesbaustelle (<24 Stunden)
- Unterscheidung nach Maßnahmenart:
  - Baustellen mit verkehrlicher Beeinträchtigung/Auswirkung (Beispiele sind Totalsperren und Spursperren bzw. Spurverschwenkungen)
  - Baustellen ohne verkehrliche Beeinträchtigungen/Auswirkung bzw. lediglich Beeinträchtigung der Geschwindigkeitsbeschränkung (Beispiele sind Mäharbeiten, Holzschlägerungen und sonstige Baustellen am Pannenstreifen)
  - Räumbare Baustellen, d. h. Baustellen, die innerhalb von dreißig Minuten entfernt werden können

Bei der Verwaltung von Baustellen sind aus Sicht des Straßenbetreibers die verkehrlichen Auswirkungen von Spursperren bzw. die mit den Absicherungen einhergehenden Geschwindigkeitsbeschränkungen abzuschätzen. Des Weiteren ist auf die Einhaltung der vorliegenden Regelungen und Prozesse und die zeitgerechte Information der Stakeholder zu achten.

Auf dem gesamten österreichischen A+S Straßennetz werden pro Jahr ca. 8000 geplante Maßnahmen durchgeführt, was die Einführung eines Baustellenmanagementsystems rechtfertigt. Ungeplante Arbeiten wie Aufräumarbeiten nach einem Unfall werden im Baustellenmanagementsystem nicht erfasst, sondern fallen unter das Störfallmanagement.

Das Baustellenmanagement umfasst folgende Prozessschritte:

- Workflows definieren
  - Von welchen Stellen sind Genehmigungen einzuholen?
  - Muss eine Baustelleninformation veröffentlicht werden?
- Überblick verschaffen
  - Wie viele Baustellen sind aktiv?

- Wie viele Baustellen werden nächste Woche eingerichtet?
  - Liegen Baustelleninformationen vor, die zu veröffentlichen sind?
  - Wo werden die Vorgaben des Straßenbetreibers ggf. nicht eingehalten?
- Baustellen planen
  - Auswirkung abschätzen (Verfügbarkeit, Arbeits- und Verkehrssicherheit, Baukosten, …) – Beispiel: Wie viele Staustunden sind bei einer Reduktion, um eine Fahrspur zu erwarten?
  - Werden die strategischen Kundenkriterien eingehalten (z. B. max. Zeitverlust)
  - Sind Durchfahrtskorridore nur eingeschränkt/gar nicht benutzbar?
  - Sind Alternativrouten anzukündigen?
- Baustellen monitoren
  - Laufende Kontrolle der Verkehrsführung durch die Örtliche Bauaufsicht
  - Wie viele Staustunden/Staukilometer verursacht eine Baustelle derzeit?
  - Gibt es ein auffälliges Unfallgeschehen in der aktuellen Verkehrsführung aufgrund der Baustelle
  - Liegen Kundenbeschwerden vor?
- Verkehrsinformation
  - Informationen über Statusänderungen der Baustellentätigkeit werden vom Baustellenmanagementsystem ASFINAG-internen Empfängern und anderen Verkehrsinformationssystemen zur Verfügung gestellt.
  - Die Information des Verkehrsteilnehmers über zukünftige oder aktuell bestehende Baustellen ist vor allem in Bezug auf verkehrliche Einschränkungen wichtig.
  - Aus Sicht des Straßenbetreibers wird durch entsprechende Verkehrsinformation die Aufmerksamkeit und damit die Verkehrssicherheit rund um den Baustellenbereich erhöht.
- Netzsteuerung
  - Lange geplante Baustellen mit überregionaler verkehrlicher Auswirkung werden in einem dafür erarbeiteten Traffic Management Plan (TMP) berücksichtigt.
  - Spontane Baustellen aufgrund nicht planbarer Ereignisse führen nach Kategorisierung der verkehrlichen Auswirkung zur Aktivierung eines TMP (z. B. Überschwemmungen, Muren, umgefallene Bäume auf der Fahrbahn)

2.5.2.2 Verkehrsmanagement bei Veranstaltungen

Veranstaltungen zeichnen sich durch erhöhten Verkehrsfluss zum/vom Veranstaltungsort in einem bestimmten Zeitraum aus. Besonders groß ist die Auswirkung auf den Verkehr am Autobahnen und Schnellstraßennetz bei Veranstaltungen mit hohen Besucherzahlen, wenig Übernachtungen/vielen Tagesbesuchern oder einem Veranstaltungsort nahe am hochrangigen Straßennetz.

Um den Überblick bewahren zu können und gezielt verkehrsflussverbessernde Maßnahmen setzen zu können, werden die Termine und wichtigsten Grundinformationen der Veranstaltungen (mit spürbarem Einfluss auf den Verkehr am ASFINAG Netz) in einem Kalender, dem Veranstaltungskalender, festgehalten. Die Termine des Großteils der Veranstaltungen sind weit im Vorhinein bekannt, da es sich hierbei um jährlich wiederkehrende Veranstaltungen handelt. Zudem werden auch die Termine der Ferienbeginne bzw. -enden und Feiertage der Nachbarländer im Kalender eingetragen, da auch diese großen Einfluss auf das Verkehrsgeschehen (insbesondere bei den Grenzübergängen) haben können.

Veranstaltungen werden folgendermaßen grob eingeteilt:

- **Keine gesonderten Maßnahmen:** Ein Teil der Veranstaltungen wird zwar im Veranstaltungskalender eingetragen – die Leistungsfähigkeit der Straße ist für das erhöhte Verkehrsaufkommen ausreichend, weswegen keine gesonderten Maßnahmen gesetzt werden müssen.
- **ASFINAG-interne Maßnahmen:** Bei manchen Veranstaltungen sind Maßnahmen der ASFINAG wie zum Beispiel Verstärkung des Streckendienstes, Vorbereitung von Blockabfertigung, Aufschaltungen nach einem speziellen Leitkonzept oder WTA Schaltungen sinnvoll/notwendig.
- **Behördlich angeordnete Maßnahmen:** Bei sehr großen Veranstaltungen werden Maßnahmen wie z. B. Rampensperren von der Behörde angeordnet und von der ASFINAG umgesetzt.

2.5.3 Störfallmanagement

Unter dem Motto verlässlicher Mobilitätsdienstleister investiert die ASFINAG viel in die Erhöhung der Verkehrssicherheit und der Verfügbarkeit. Neben dem Aus- und Weiterbau des hochrangigen Straßennetzes wurden zu diesem Zweck viele Aktivitäten im Bereich der Ereignisbewältigung, der Verkehrssteuerung und -information, sowie der Nutzung und Weiterentwicklung neuer Technologien gesetzt. So wurde beispielsweise die Präsenz bei der Ereignisabwicklung bzw. die Zusammenarbeit mit Exekutive und Einsatzkräften intensiviert und optimiert.

Ein wichtiges Werkzeug bildet in diesem Zusammenhang das ASFINAG intern entwickelte Ereignismanagementsystem, welches seit Dezember 2014 im Betrieb ist. Das Ereignismanagementsystem ermöglicht das rasche Aufnehmen, Verarbeiten, Dokumentieren und Aufbereiten der wesentlichen Ereignisinformationen. Im Einklang mit der IVS Direktive bildet dieses Werkzeug damit die Grundlage für die zeitnahe Bereitstellung von sicherheitskritischen Meldungen am österreichischen Autobahnen- und Schnellstraßennetz. Hier unterstützt das System durch einen automatisierten Vorschlag für eine Verkehrsmeldung, welche jedoch vom jeweiligen Chef vom Dienst der nationalen Verkehrsmanagementzentrale vor der Veröffentlichung jedenfalls plausibilisiert sowie um Zusatzinformationen und Empfehlungen angereichert wird. Durch die Bereitstellung auf einer zentralen Datendrehscheibe werden interne sowie externe Partner mit den ASFINAG Ereignismeldungen versorgt.

Die ASFINAG forciert darüber hinaus die permanente Weiterentwicklung der Systemmodule mit Partnern aus Forschung und Wirtschaft, um die Qualität, Quantität und Aktualität der Verkehrsinformation zu verbessern. Beispielsweise wird permanent an der Verbesserung einer Kurzfristprognose für Verkehrslage und Reisezeit gearbeitet, die mit dem Ereignismanagementsystem und den daraus resultierenden Verkehrsmeldungen verbunden wird.

In einer Weiterentwicklung wurden neben der Optimierung der Bedienoberfläche auch zugrunde liegende Prozesse und das Alarmmanagement wesentlich verbessert (Abb. 2.14). Daten von Kooperationspartnern und automatisierter Staudetektionstechnologien können nun automatisiert als Ereignis übernommen und zur Ereignisabwicklung und Information der Kunden direkt verwendet. Das Ereignismanagementsystem dient nicht mehr nur zur Ereigniserfassung, sondern auch zur Qualitätssicherung von Verkehrsprognosen, Verkehrslage, Reisezeitinformationen und Verkehrsmeldungen. Davon profitiert vor allem die Qualität der Verkehrsinformationsdienste und in der Folge die Kunden.

Durch diese wesentlichen Optimierungen können Verkehrsmeldungen mit noch genaueren Informationen über Staulänge, Stauprognosen, Sperren und Umleitungsempfehlungen versorgt werden. Darauf aufbauend wurden alle Verkehrsinformationsdienste (ASFINAG Unterwegs APP, Homepage, Routenplaner) und Datenschnittstellen für Kooperationspartner (Datex2-Schnittstelle, VAO, ECO.AT, EVIS etc.) adaptiert sowie damit in Zusammenhang stehende Versorgungsdaten (GIP, TMC-LCL, Umleitungsrouten) grundlegend verbessert und überarbeitet.

2.5.4 Kooperative Systeme

2.5.4.1 C-ITS Korridor: 3 Länder, 2 Use Cases, 1 Spezifikation

Staus erkennen bevor man sie sieht. Riskante Situationen erfassen bevor sie zur Gefahr werden. Sicher und entspannt ans Ziel kommen. Diese Vision von sicherer und intelligenter Mobilität kann mit sogenannten Kooperativen Intelligenten Transport Systemen (C-ITS) Wirklichkeit werden (Abb. 2.15). Mit diesen wird direkte Kommunikation zwischen Fahrzeugen, Straßeninfrastruktur und Verkehrsmanagementzentralen möglich.

In den nächsten Jahren soll C-ITS für erste Anwendungen im kooperativen ITS Korridor Rotterdam – Frankfurt – Wien aufgebaut werden. Dies geschieht in enger Kooperation der EU-Mitgliedstaaten Niederlande, Deutschland und Österreich, die dazu ein Memorandum of Understanding unterzeichnet haben.

Die Use Cases „Baustellenwarnung" und „Fahrzeugdaten für das Verkehrsmanagement" wurden aufgrund ihrer sehr frühen und hohen Wirksamkeit selbst bei noch geringer Verbreitung der Technologie ausgewählt, um als erste im C-ITS Korridor umgesetzt zu werden (Abb. 2.16).

Baustellenwarnung (Road Works Warning)

Annähernde Fahrzeuge werden in Ergänzung zur statischen Beschilderung direkt vor der Baustelle über fahrzeugeigene Anzeigesysteme gewarnt bzw. über die Baustelle und deren Verlauf informiert. Darüber hinaus wird die exakte Lage der Baustelle in die Verkehrszentrale übermittelt. Diese Information liegt heute dort noch nicht flächendeckend vor.

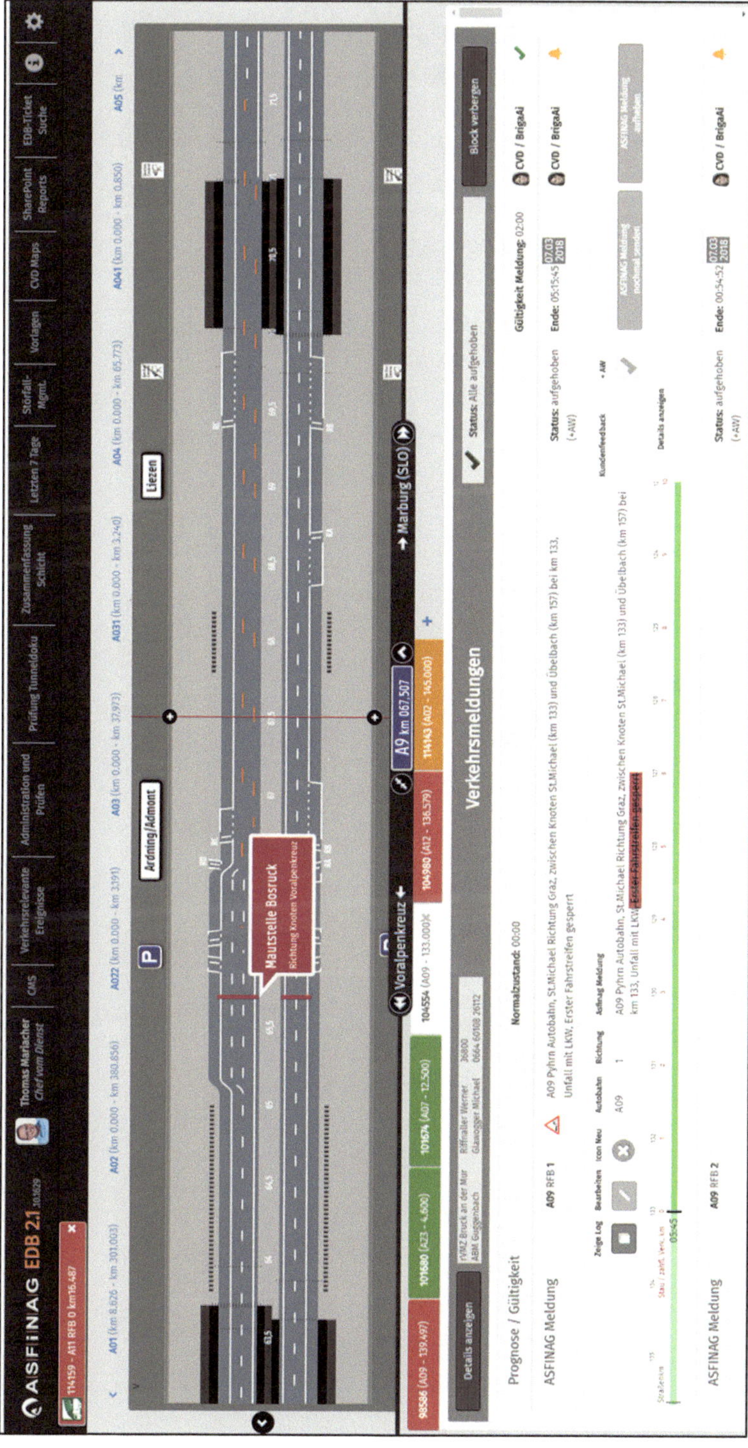

Abb. 2.14 Ereignismanagementsystem

Vorteile der automatischen Baustellenwarnung über C-ITS

- Mehr Sicherheit für das Baustellenpersonal durch Warnung der sich nähernden Fahrzeuge.
- Erhöhung der Verkehrssicherheit durch frühzeitige Baustellenhinweise im Autobahnnetz.
- Bessere Kenntnis der Verkehrszentrale über die aktuelle Lage von Tagesbaustellen und Langzeitbaustellen (Phasen).

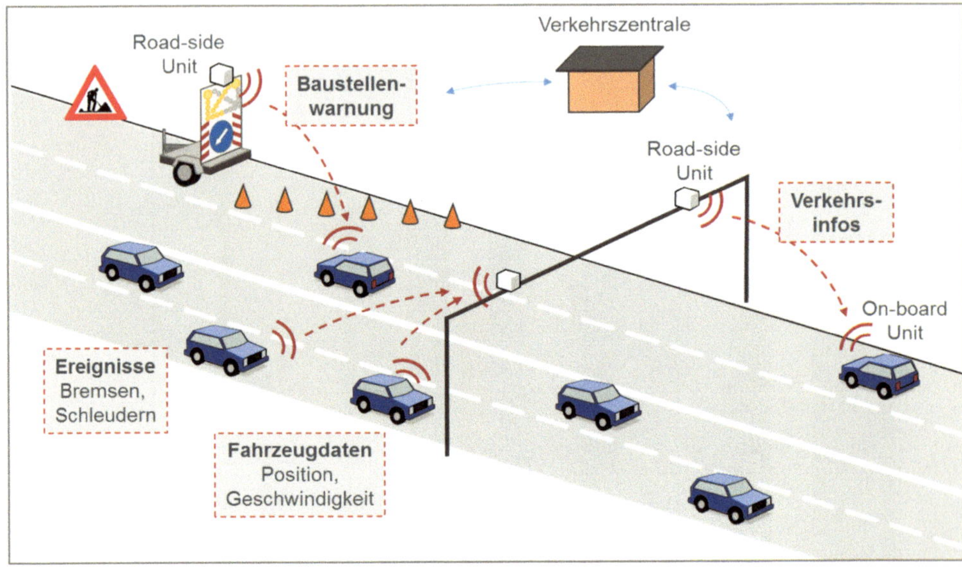

Abb. 2.15 C-ITS Architektur

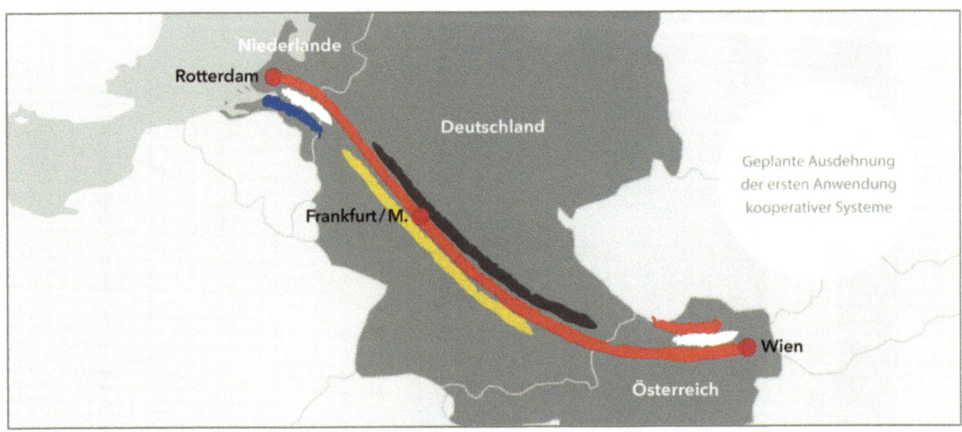

Abb. 2.16 C-ITS Korridor

Fahrzeugdaten für das Verkehrsmanagement

Aktuell können Daten über die Verkehrsbelastung nur mit Hilfe von extra hierfür installierter Verkehrsdatenerfassung erhoben werden. Ereignisorientierte Informationen (z. B. Warnungen bei Vollbremsungen) können überhaupt nicht erfasst werden. Über straßenseitige C-ITS Infrastruktur können künftig Daten aus dem Fahrzeug und Ereignisse auf der Straße erfasst und in die Verkehrszentrale übertragen werden. Bisher liegen diese nicht oder in einem nicht ausreichenden Detaillierungsgrad vor.

Vorteile der automatischen Erfassung von Fahrzeugdaten über C-ITS

- Verbesserung der Strecken- und Netzbeeinflussung und dadurch Vermeidung von Staus durch umfassendere Daten über die Verfügbarkeit der Straße (z. B. Reisezeiten, Störungen).
- Verbesserung des Störfallmanagements durch frühzeitige Verfügbarkeit von exakten Störungs- und Ereignisinformationen im Straßennetz.
- Schaffung eines von kommerziellen Anbietern unabhängigen Zugangs zu Fahrzeugdaten durch direkte Erfassung im Rahmen der Straßeninfrastruktur.
- Unterstützung der Verbreitung von C-ITS Technologie im Fahrzeug, sodass diese vom Straßenbetreiber später für weitere Anwendungen genutzt werden kann.

ECo-AT: der österreichische Beitrag zum C-ITS Korridor

Im Projekt ECo-AT (*European Corridor – Austrian Testbed for Cooperative Systems*) werden in Österreich harmonisierte und standardisierte kooperative C-ITS Anwendungen (C-ITS steht für *Cooperative Intelligent Transport Systems*) entwickelt und umgesetzt. ECo-AT ist Teil des „C-ITS Korridors". Diese Vorgangsweise wurde 2013 in einem Memorandum of Understanding (MoU) zwischen den Verkehrsministern dieser Länder festgelegt. ECo-AT ist das nationale Umsetzungsprojekt Österreichs für diesen Korridor. Das Konsortium von ECo-AT besteht aus ASFINAG, Kapsch TrafficCom AG, Siemens AG Österreich, SWARCO AG, High Tech Marketing, Volvo Technology AB, FTW, ITS Vienna Region und der deutschen Bundesanstalt für Straßenwesen (BASt).

Zentrales Ziel von ECo-AT ist es, für die Einführung kooperativer C-ITS Dienste die Lücke zwischen Forschung und Entwicklung und Umsetzung zu schließen. Dies erfolgt durch:

1. Technische Spezifikation der für eine „Day 1"-Umsetzung notwendigen Elemente in Zusammenarbeit mit der Industrie
2. Test und Validierung der Systeme in einem „Living Lab"
3. Umsetzung der „Day 1"-Dienste auf dem österreichischen Teil des C-ITS Korridors

Folgende Use Cases werden in ECo-AT umgesetzt:

- *Road Works Warning* (*RWW*): Informiert Fahrende über Baustellen auf dem Streckenverlauf, deren relevante Daten sowie eventuell damit verbundene Behinderungen (z. B. gesperrte Fahrstreifen).
- *In-Vehicle Information* (*IVI*): Damit erhalten Fahrende Informationen über Geschwindigkeitsbeschränkungen oder Gefahren, die ansonsten mittels dynamischen Verkehrszeichen angezeigt werden, direkt ins Fahrzeug übermittelt.
- *Probe Vehicle Data* (*PVD*): Hier werden anonymisierte Daten von den Fahrzeugen, aus denen auf Verkehrszustände geschlossen werden kann und die als Erweiterung der Datengrundlage in das Verkehrsmanagement einfließen, gesammelt.
- *Intersection Safety* (*ISS*)*:* Kooperative Verkehrslichtsignalanlagen informieren Fahrende auf Basis des SPAT/MAP Standards über den aktuellen Status ihrer Signalphase, erlauben damit das Einhalten einer gleichmäßigen Fahrgeschwindigkeit und sorgen für einen harmonisierten Verkehrsfluss
- *Hazardous Location Warnings and Events* (*Other DENM Applications*): Verkehrsereignisse und Gefahrenstellen werden zwischen Fahrzeugen und Verkehrsinfrastruktur in beiden Richtungen ausgetauscht.

ECo-AT ist in zwei Phasen konzipiert: Das Ergebnis von Phase 1 (2013–2017) ist die Erstellung einer kompletten Systemspezifikation für C-ITS, die von den ECo-AT Industriepartnern sowie Drittpartnern getestet und freigegeben wird. In Phase 2 (ab 2018) geht ASFINAG eigenständig in Richtung Umsetzung des C-ITS-Systems im C-ITS Korridor. Beide Phasen werden in Österreich vom Klima- und Energiefonds (KLIEN)[14] gefördert.

Die in Phase 1 erstellten Spezifikationen wurden in insgesamt 7 Releases entwickelt, die jeweils zur öffentlichen Abstimmung publiziert wurden. Darüber hinaus gab es insgesamt sechs ECo-AT Testzyklen und einen ETSI[15] Plugtest mit ECo-AT Beteiligung. Erstmals wurde bei diesen Tests „sichere" Kommunikation umfassend getestet: die zwischen Straße und Fahrzeug ausgetauschten Nachrichten wurden in beiden Richtungen verschlüsselt, um sicherzustellen, dass wirklich nur gewünschte und vertrauenswürdige Informationen ausgetauscht werden und es zu keiner Verfälschung kommen kann. Die Tests waren erfolgreich: alle von ECo-AT definierten Nachrichten konnten erfolgreich und verständlich an die Fahrzeuge versendet bzw. auch von diesen empfangen werden. Die Ergebnisse dieser Tests sind in der finalen Systemspezifikation (Release 4.0) der Phase 1 veröffentlicht worden.

Durch C-ITS auf Basis der ECo-AT Spezifikationen wird die Verkehrssicherheit ohne aufwendige Umbauten erhöht und zusätzliche Verkehrskapazität durch verbesserte Effizienz gewonnen (Abb. 2.17). Zudem ist C-ITS eine wesentliche Informationskomponente zur Unterstützung von automatisiertem Fahren.

---

[14] https://www.klimafonds.gv.at/.

[15] Europäisches Institut für Telekommunikationsnormen, http://www.etsi.org/.

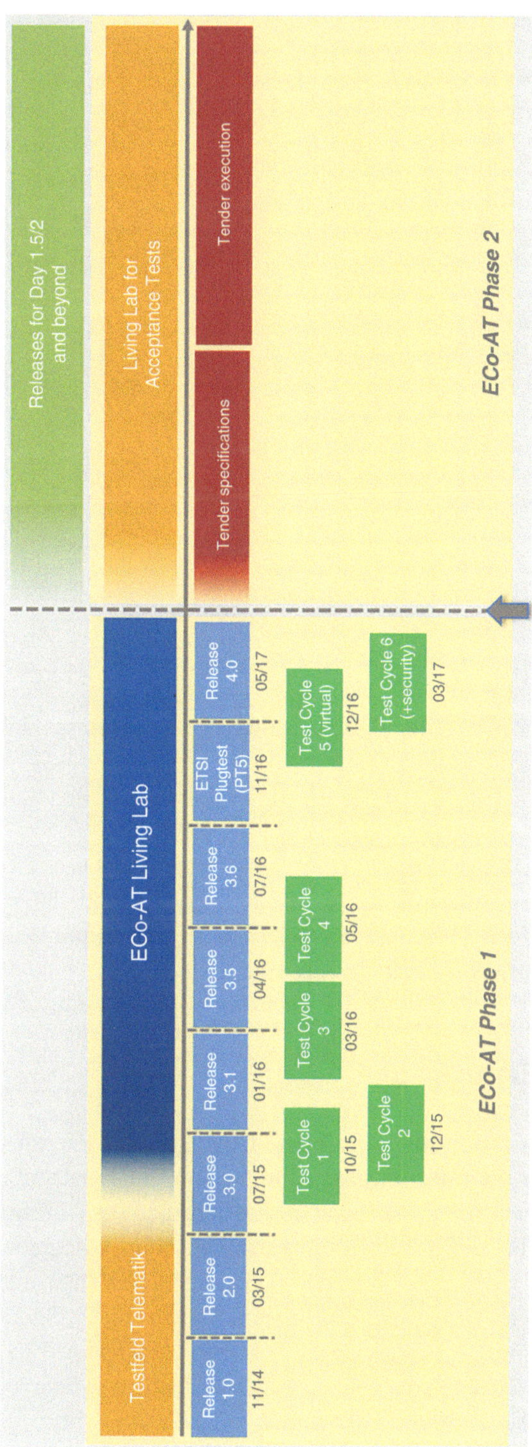

Abb. 2.17 ECo-AT Phasen mit Releases und Testzyklen

Abb. 2.18 ECo-AT Phasen mit Releases und Testzyklen

Weitere Informationen und der aktuelle Releases der Systemspezifikation können über http://www.eco-at.info/ abgerufen werden.

Living Lab

Das ECo-AT Living Lab Konzept ist der einzigartige Beitrag Österreichs zum C-ITS Korridor (Abb. 2.18). Im Rahmen dessen wird einmalig in Europa allen Interessierten eine voll funktionsfähige Testinfrastruktur zur Verfügung gestellt, um neue Technologien auf Basis gemeinsamer Spezifikationen zu entwickeln und testen.

2.5.5 Automatisiertes Fahren

Selbstfahrende Autos sind mittlerweile keine Utopie mehr. Getestet wird aber in Österreich auf öffentlichen Straßen zunächst nicht so sehr auf Landstraßen oder in Städten, sondern auf Autobahnen. Denn Autobahnen sind aufgrund der Abfolge von verkehrlichen Standardsituationen die logischen Testumgebungen beim automatisierten Fahren. Die digitale Infrastruktur kann dabei die automatisierten Fahrzeuge durch ein integriertes Angebot an zahlreichen Daten zum Verkehrsaufkommen (Staus, Behinderungen etc.) und zum Straßenzustand (Wetter, Baustellen etc.) unterstützen. Die ASFINAG geht davon aus, dass rund um das Jahr 2020 das sogenannte hochautomatisierte Fahren unserer Kundinnen und Kunden auf den Autobahnen in Österreich möglich sein wird.

In diesem Zusammenhang sind aus derzeitiger Sicht folgende Herausforderungen zu nennen:

- Unterschiedliche Automatisierungslevels im Verkehrssystem (sog. „Mischverkehr")
- Neue Verkehrsmanagementstrategien für den Mischverkehr (automatisiert/nicht automatisiert)
- Modernisierung der Infrastruktur zur weitgehender Digitalisierung und Vernetzung mit den Fahrzeugen
- Anpassung der Gesetze/Verordnungen (KFG, StVO, Testverordnungen etc.)
- Neue, teilweise sehr unterschiedliche Betätigungsfelder für Straßenbetreiber entstehen
- Testphasen sind erforderlich, um Experimente zu vermeiden

Eine moderne digitale Infrastruktur auf der Autobahn und bedarfsgerechte Testmöglichkeiten auch für Mischverkehr sind somit ein wichtiger der Beitrag der ASFINAG zur Einführung des automatisierten Fahrens. Das vorrangige Ziel ist es, sich rechtzeitig auf die Einführung des automatisierten Fahrens vorzubereiten. Der langfristige Nutzen dieser Technologien für die Kundinnen und Kunden soll zu mehr Sicherheit und weniger Staus führen. Ein wesentlicher Beitrag eines Autobahnbetreibers ist die Erweiterung des sog. „Elektronischen Horizonts", also die Bereitstellung von Informationen über die Reichweite der fahrzeugseitigen Sensorik hinaus.

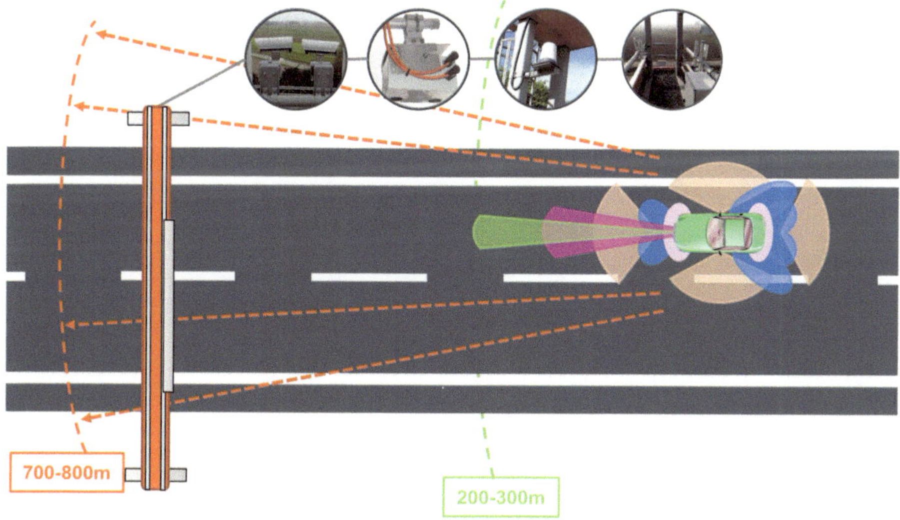

Die ASFINAG gestaltet einen Abschnitt auf der A 2 Süd Autobahn zu einer europaweit einzigartigen Teststrecke für das automatisierte Fahren. Zwischen den Anschlussstellen Laßnitzhöhe, Graz-Ost und Graz-West wird im Echt-Betrieb getestet, wie sich selbstfahrende Autos im Straßenverkehr integrieren und wie Fahrzeuglenker auf solche Autos reagieren. Auf diesem Abschnitt verfügt man über europaweit einzigartige Bedingungen für diese Testläufe. In diesem Bereich wurde die Autobahn bereits mit modernster Sensorik (Fernbereichsradar, Video-detektion, Fahrzeugsensoren etc.) und zusätzlichen hochauflösenden Videokameras aufgerüstet, um wichtige Bewegungs- und Einzelfahrzeugdaten zu sammeln. In dieser Testumgebung will die ASFINAG vor allem wesentliche Erkenntnisse beim sogenannten Mischverkehr gewinnen, d. h. wie reagieren Fahrerinnen und Fahrer auf automatisiert gesteuerte Autos und wie ist deren Verhalten im gemeinsamen Verkehr mit Fahrzeuglenkern. Erfahrungen in einem Echtbetrieb sind dabei unschätzbar für die weiteren Schritte auf dem Weg zum automatisierten Fahren und helfen, ein effizientes Miteinander im Mischverkehr sicherzustellen.

Die Sensorik auf der Teststrecke umfasst

- HD-Videokameras mit Videodetektion, die Ereignisse speichern und für spätere Unter-suchungen zugänglich machen
- Verkehrssensoren zur spurbezogener Erfassung von Einzelfahrzeugdaten mittels kom-binierter Ultraschall-/Radar-/Infrarottechnologie
- neuartige Fernbereichs-Radarsensoren zur Erfassung der einzelnen Fahrzeugpositio-nen im Erfassungsbereich.

Diese Daten werden zu einem dynamischen Verkehrslagebild mit Einzelfahrzeugen sowie Ereignissen aus unterschiedlichen Datenquellen fusioniert. Darüber hinaus erfolgt eine Verknüpfung dieser Infrastrukturdaten mit den Positions- und Sensordaten aus den Test-fahrzeugen zur Gesamtsicht der Datenwelten von Auto und Straßenbetreiber. Nur dadurch entsteht ein Gesamtbild, das eine optimale Analyse des automatisierten Fahrens hinsicht-lich Effizienz und Sicherheit ermöglicht.

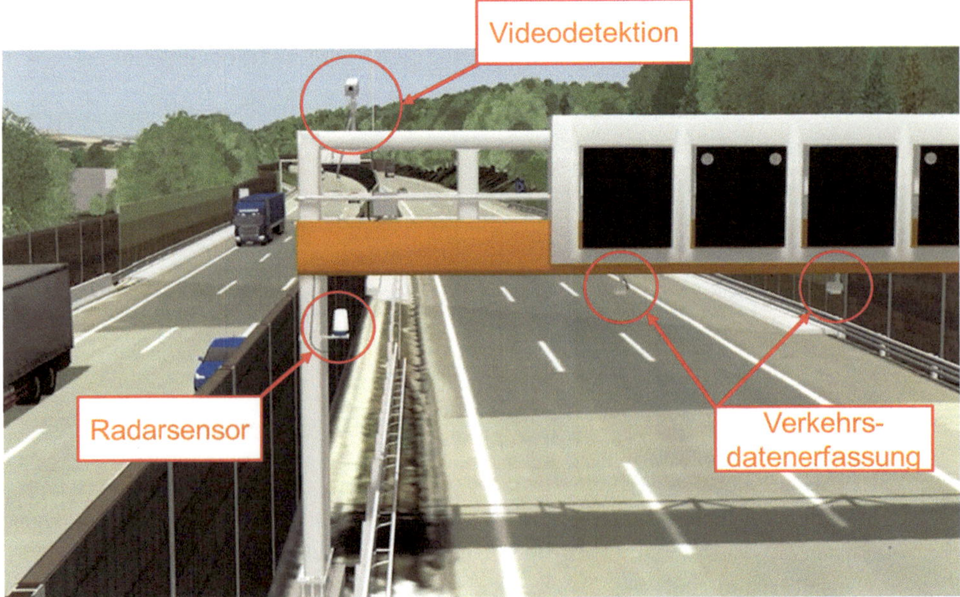

Vorerst lassen sich aus der Perspektive der ASFINAG folgende Folgerungen ableiten:

- Straßenbetreiber haben eine wichtige Rolle beim Testen und Einführen von automatisierten Fahrzeugen
- Digital Infrastruktur und Vernetzung sind wichtige Faktoren für das Management der Test- und Einführungsphase
- Automatisierte Fahrzeuge müssen ins Verkehrssystem und Verkehrsmanagement integriert werden
- Die Interaktion von Fahrzeugen und Straßeninfrastruktur erfordert eine neuartige Zusammenarbeit der Fahrzeugindustrie und Straßenbetreiber

2.6   Kooperation

2.6.1   Grundlagen und Formen der Zusammenarbeit

In Bezug auf den Straßenverkehr kooperiert die ASFINAG sowohl auf regionaler Ebene (z. B. Länder) als auch auf städtische Ebene mit dem Ziel Verkehrssteuerung und Verkehrsinformation für die Verkehrsteilnehmer unter Berücksichtigung verkehrsstrategischer Rahmenbedingungen bestmöglich zu gestalten. In diesem Kontext ist insbesondere die Kooperation mit der Polizei, Rundfunkanstalten, Automobileclubs (ÖAMTC, ARBÖ) und privaten Dienstleistern (z. B. Navigationssystemhersteller) hervorzuheben.

Die zweite wesentliche Form der Kooperation erfolgt mit anderen Verkehrsträgern zur Optimierung der multi- bzw. intermodalen Mobilität. Dies umfasst Kooperationen mit Verkehrsverbünden (z. B. im Rahmen der Verkehrsauskunft Österreich) sowie den großen Verkehrsinfrastrukturbetreibern in Österreich wie z. B. den Österreichischen Bundesbahnen (ÖBB) oder dem Flughafen Wien.

Als aktuelles Leuchtturmprojekt in Bezug auf die Kooperation im Straßenverkehr ist das oben bereits angeführte Projekt EVIS.AT („Echtzeit Verkehrsinformation im österreichischen Straßennetz“) hervorzuheben, welches eine Brücke zu verschiedenen Kooperationspartnern bildet und im Folgenden detaillierter vorgestellt wird.

2.6.1.1 Echtzeit Verkehrsinformation im österreichischen Straßennetz (Projekt EVIS.AT)

Dank EVIS.AT soll es für den Großteil des österreichischen Bundes- und Landesstraßennetzes eine österreichweite Verkehrslage, Reisezeiten und Ereignismeldungen in vereinheitlichter und hoher Qualität geben. Diese Daten sollen in einheitlichen Formaten und über harmonisierte Schnittstellen ausgetauscht und die Kooperation systemisch in einem dauerhaften Betrieb sichergestellt werden.

Damit werden bis 2020 integriertes Verkehrsmanagement und umfangreiche Verkehrsinformation über die Netzgrenzen hinweg ermöglicht. Das einheitliche Verkehrslagebild wird auf der Verkehrsauskunft Österreich („VAO“) von allen Kunden kostenlos genutzt werden können. Die VAO stellt bereits Routinginformationen für die meisten Verkehrsmittel zur Verfügung und wird durch die Ergebnisse von EVIS im Bereich des motorisierten Individualverkehrs weiter verbessert und ausgebaut.

Das Projekt EVIS hat mit Ende Jänner 2017 einen wesentlichen Meilenstein erreicht: die Fertigstellung des Rolloutplanes, d. h. der Detailplanung mit Festlegung der

- zu harmonisierenden Daten,
- des betrachteten Verkehrsnetzes,
- von Kennzahlen und Zielwerten,
- inhaltlichen Zuständigkeiten der Partner auf Basis Datenpakete und Region,
- der Umsetzungsmaßnahmen und übergreifenden Maßnahmen zur Erreichung der festgelegten Ziele,
- des Betriebsmodell sowie
- der Detailprojektplanung der Umsetzungsphase (Budget und Terminplan sowie Arbeitspakete).

Die Umsetzungsphase erfolgt von 2017 bis 2020 und beinhaltet neben dem Ausbau der Datengrundlagen (Sensorik, Floating Car Data – FCD, Meldungserfassung), der Definition von Umleitungsstrecken, auch Auf- und Ausbau der Verkehrslage- und Prognosesysteme sowie der Ereignismanagementsysteme. Des Weiteren werden die übergreifenden zentralen Dienste errichtet, die der Datenharmonisierung sowie der Sammlung, Verteilung und Prüfung dienen.

EVIS.AT baut auf den Ergebnissen von früher durch den Klima- und Energiefonds geförderten Lösungen auf, so werden Daten beispielsweise auf die Grapheninterrations-plattform (GIP) referenziert.

Das Projekt EVIS.AT zeichnet sich durch eine breite Beteiligung der Verkehrsinfrastruktur-Betreiber und deren gemeinsamen Festlegung zur Harmonisierung und Hebung der Qualität von Verkehrsinformationen aus. Neben der ASFINAG sind die österreichischen Bundesländer sowie die großen Städte (z. B. Wien und Graz) beteiligt, die in ihrem Bereich Echtzeit Verkehrsinformation erheben. Das Bundesministerium für Inneres (BMI) und der ÖAMTC ergänzen dies im Bereich der Ereignismeldungen. Durch die Einbeziehung vieler relevanter Beteiligter – auch die ITS Organisationen ITS Vienna region, Salzburg Research, RISC Software und Logistikum OÖ sind Projektpartner – werden die Projektfestlegungen und -ergebnisse langfristig sichergestellt.

Weitere Informationen finden sich auf der Projektwebsite unter http://www.evis.gv.at/.

2.6.2 Regionale Verkehrszentralen (VMZ)

Die ASFINAG betreibt 9 regionale und 1 nationale Verkehrsmanagementzentralen (VMZ). Bei Ereignissen ist die regionale VMZ in direktem Kontakt mit den Einsatzleitern auf der Strecke. Jede regionale Verkehrsmanagementzentrale steht in ständigem Kontakt mit der nationalen Verkehrsmanagementzentrale und gibt Informationen zu Ereignissen sowie zur Verkehrslage weiter. Die nationale VMZ ist für die Aufbereitung und Verteilung der Verkehrsmeldungen verantwortlich, sie stellt dabei die Schnittstelle zu internen und externen Partnern dar. Die nationale VMZ koordiniert darüber hinaus überregionale Steuerungsmaßnahmen und steht bei Bedarf in Kontakt mit den Straßenbetreibern der Nachbarländer. Für überregionale und internationale Steuerungsmaßnahmen wurden im Vorfeld Szenarien und Voraussetzungen in sogenannten Traffic Management Plans vorabgestimmt und vorbereitet.

2.6.3 Städtische Verkehrszentralen

Die Zusammenarbeit mit städtischen Verkehrszentralen erfolgt sowohl bei der Planung verkehrstechnischer Maßnahmen (z. B. Zuflussregelungsanlagen) als auch im Betrieb bei kritischen Ereignissen. Zukünftig wird mit dem Projekt EVIS.AT auch für den städtischen Bereich ein regelmäßiger Datenaustausch zur Optimierung der Verkehrssteuerung und Verkehrsinformation geschaffen.

2.6.4 Verkehrsunternehmen im Öffentlichen Verkehr

Die Verkehrsauskunft Österreich (siehe auch http://www.verkehrsauskunft.at) wurde im Rahmen dreier, aufeinander aufbauender, durch den Klima- und Energiefonds geförderten Umsetzungsprojekte mit einer Reihe von Projektpartnern unter der Leitung von ASFINAG umgesetzt. In den Projekten wurden organisatorische, technische und rechtliche Schritte für die Schaffung einer österreichweiten, intermodalen, durch die Verkehrsinfrastruktur-, Verkehrsmittel- und Verkehrsredaktionsbetreiber autorisierten Verkehrsauskunft umgesetzt.

Folgende Ziele wurden über die Projektphasen verfolgt und auch erreicht:

- Es wurde eine intermodale, österreichweite Tür-zu-Tür-Auskunft entwickelt.
- Diese wird durch Verkehrsdaten der zuständigen Betreiber stets mit aktuellen Informationen versorgt. Wo vorliegend, fließen bereits flächendeckend Echtzeitdaten mit ein.
- Ergänzende Daten zu Parkplätzen, Parkraumzonen und weiteren POIs dienen zur gesamtheitlichen Abbildung auch des ruhenden Verkehrs.
- Die Verkehrsauskunft steht Endnutzern über diverse Auskunftsportale und Smartphone-Apps zur Verfügung. Ergänzende Applikationen wie eine Verkehrsmeldungsansicht, Widgets und Programmierschnittstellen vervollständigen das Portfolio. Die Dienste sind entsprechend des aktuellen Standes der Technik implementiert und sind erweiterbar.
- Basis für den Betrieb stellen eine stabile, skalierbare Architektur und entsprechend erweiterbare Softwarepakete dar.

- Betriebsprozesse und Interaktionen mit Datenlieferanten sowie Kunden und Anbietern von Endnutzerinteraktionen sind aufgesetzt
- Der Betrieb erfolgt professionell und unabhängig durch die im Projekt errichtete VAO GmbH. Die Gesellschafter (ASFINAG, ARGE ÖVV, ÖBB, BMVIT und ÖAMTC) haben den Betrieb langfristig zugesichert.

Für die Phase nach den Förderprojekten haben die Gesellschafter sich in einer Vereinbarung dazu bekannt, die VAO und ihre Dienste auch in Zukunft gemeinsam weiterzuentwickeln.

2.6.5 Polizei

Die Kooperation mit der Polizei ist gerade im Ereignismanagement von zentraler Bedeutung. Die regionalen Verkehrsmanagementzentralen der ASFINAG stehen mit den Leitzentralen der Polizei in laufendem Kontakt. Die Kommunikation erfolgt via Telefon oder Funk. Die Polizei ist wichtige Informationsquelle über die Lage vor Ort und Anforderer von diversen Schaltungen der telematischen Anlagen (SBA, NBA, WTA/WTV, Tunnel).

Bei Verkehrsbehinderungen setzt die Polizei entsprechende Verkehrsmeldungen über ein Verkehrsinformationssystem (VIS) ab und stellt diese Meldungen Medien und ASFINAG zur Verfügung. Diese VIS-Meldungen sind im Ereignismanagementsystem der ASFINAG integriert und werden vom Chef vom Dienst der nationalen Verkehrsmanagementzentrale qualitätsgesichert. In Zukunft ist eine systemtechnische Vernetzung des ASFINAG-Ereignismanagementsystems mit dem neuen zentralen Einsatzleit- und Kommunikationssystem (ELKOS) der Polizei geplant, um noch schneller relevante Informationen austauschen zu können.

2.6.6 Rundfunkanstalten

Die ASFINAG arbeitet eng mit dem nationalen, öffentlichen Radiobetreiber Ö3 zusammen. Ein Kooperationsvertrag regelt dabei Rechte und Pflichten. Ö3 betreibt einen RDS-TMC Kanal und stellt über diesen sowie über gesprochene Verkehrsmeldungen jede halbe Stunde Informationen für die Verkehrsteilnehmer bereit. Die ASFINAG stellt direkt oder indirekt über ihre eigenen Informationsdienste Verkehrsmeldungen auch den lokalen und den privaten Rundfunkanstalten zur Verfügung.

2.6.7 Private Dienstleister

Die ASFINAG stellt seit 2015 alle verkehrsrelevanten Daten der Autobahnen und Schnellstraßen Österreichs im Format DATEX II auf einer Echtzeit-Datenschnittstelle im Internet zur Verfügung. Autobahnbetreiber angrenzender Länder werden diese Daten in der näheren Zukunft für übergreifendes Verkehrsmanagement nutzen. Proponenten der Automobilindustrie beziehen die Daten zur Vorbereitung der Serieneinführung von Fahrerassistenzsystemen bis hin zum automatisierten Fahren.

Die Schnittstelle erlaubt es, Daten einzelner technischer Kategorien unabhängig voneinander als DATEX II Services abzurufen unter Verwendung von DATEX II Profilen, die die übermittelten Daten auf die Kategorie eingrenzen. Beispiele für DATEX II Profile sind Ereignismeldungen, Baustelleninformationen, Verkehrszeichen, Verkehrslage u. a. m.

Die technischen Spezifikationen für die DATEX II Profile der ASFINAG stehen auf der EU-Webseite www.datex2.eu (DEPLOYMENTS/DII PROFILE DIRECTORY) zur Verfügung und werden von der ASFINAG ausschließlich dort gewartet, um ständige Aktualität zu gewährleisten. Seit 2016 ist die Schnittstelle, wie von der Europäischen Kommission vorgesehen, über den National Access Point http://mobilitaetsdaten.gv.at und http://mobilitydata.gv.at erreichbar (vgl. Abschn. 2.4.1).

Die ASFINAG bietet damit ein europäisches Alleinstellungsmerkmal bezüglich Verkehrsdaten: DATEX II Profile, die spezialisiert für Autobahn- und Straßenbetreiber nach technischen Effizienzkriterien erarbeitet wurden und vollständig EU-konform standardisiert sind. Sie stellen eine Referenz für die europaweite Umsetzung dar, um der Industrie diskriminierungsfrei Infrastrukturdaten in der gebotenen Qualität zur Implementierung der neuen Verkehrstechnologien zu liefern.

Aktuell werden die Serviceformate zu „DATEX II Services AUSTRIA" erweitert, um auch Informationen des untergeordneten Straßennetzes aufnehmen zu können. Es werden Lokalisierungsreferenzen auf die Graphenintegrationsplattform GIP, Umleitungsempfehlungen und Prognosedaten aufgenommen. Ab 2018 werden im Zuge des Projekts EVIS. AT die Services nach und nach mit Daten befüllt. Ab 2020 sollen die Daten flächendeckend für alle wesentlichen Straßen Österreichs zur Verfügung stehen.

Für die ASFINAG eröffnet dieser Datenkanal die Möglichkeit sicherheitsrelevante und verkehrssteuernde Informationen direkt in die Fahrzeuge zu senden. Die Operatorfunktion bleibt dadurch auch im Umfeld fortschreitender Automatisierung vollständig erhalten.

Zur Begleitung der Automatisierung wird die Testapplikation „Technical Exercise" entwickelt, die des Einspielen simulierter Verkehrsereignisse aller Art in die DATEX II Services ermöglicht und auf die nur spezielle Testapplikationen der Industriepartner Zugriff haben. Somit kann die ASFINAG in enger technologischer Zusammenarbeit mit der Industrie die Auswirkungen aller möglichen Ereignisse und Sonderfälle überprüfen.

2.6.8   Bedeutende Verkehrserzeuger

Großveranstaltungen: Die Zusammenarbeit bei größeren Veranstaltungen erfolgt meist auf lokaler Ebene durch die zuständige Autobahnmeisterei bzw. der regionalen VMZ mit der zuständigen Polizei. Hier kommen teilweise Parkleitstrategien sowie gezielte Informationen zur Anreise entlang der Strecke zum Einsatz. Ein verstärkter Einsatz der ASFINAG Kräfte zur rascheren Ereignisbewältigung sowie zur Unterstützung der Verkehrslenkung vor Ort ist bei ausgewählten Großveranstaltungen in Absprache mit der Polizei und dem Veranstalter vorhanden.

Flughafen Wien: In Kooperation mit dem Betreiber gibt es am Flughafen Wien Schwechat als großen Verkehrserzeuger ein besonderes Service der ASFINAG. Monitore zeigen im Parkhaus 4 die aktuellen Fahrzeiten vom Flughafen zum Autobahnknoten Prater in Wien, ins Stadtzentrum Wiens (Schwedenplatz) und zum Knoten Vösendorf in Niederösterreich an. Live-Bilder der ASFINAG Webcams und aktuelle ASFINAG Ereignismeldungen aus dem Großraum Wien liefern zusätzliche Informationen.

In einem zweiten Ausbauschritt soll die Reisezeitinformation auch im Flughafengebäude bei der Gepäckausgabe angezeigt werden. Rund 22,8 Millionen Menschen frequentieren jährlich den Flughafen Wien, über 21.000 Parkplätze stehen dort zur Verfügung. Die ASFINAG unternimmt viel, um den Fluggästen die An- und Abfahrt so rasch und angenehm wie möglich zu machen. Beispielsweise wurde die Ausfahrt Flughafen auf zwei Spuren ausgebaut. Die Reisezeitinfo ist ein weiter Baustein für noch mehr Kundenservice.

2.6.9 Betreiber von Verkehrsanlagen

Die ASFINAG kooperiert auch mit privaten Betreibern von Verkehrsanlagen. Ein konkretes Beispiel ist die A5 Süd und Teile der S1 bzw. S2 im Norden Wiens, welche insgesamt 51 km lang ist und im Rahmen eines PPP (Public Private Partnership) Projekts durch die Bonaventura Straßenerrichtungs-GmbH geplant, finanziert und gebaut wurde. Die Eröffnung erfolgte 2009.

Die Kooperation mit Bonaventura reicht bis zur Verkehrs- und Tunnelsteuerung – die entsprechenden Anlagen sind in die Systemlandschaft der ASFINAG integriert bzw. weisen umfangreiche Schnittstellen zu den Systemen der ASFINAG auf.

2.7 Qualität und Wirkungen

2.7.1 Qualitätsmanagement organisatorischer Prozesse

Für organisationsspezifische Geschäftsprozesse ist ein entsprechendes Qualitätsmanagement nach ISO 9001 definiert. Das Qualitätsmanagement umfasst alle Tätigkeiten und Zielsetzungen zur Sicherung der Produkt- und Prozessqualität. Berücksichtigt sind hierbei Aspekte der Wirtschaftlichkeit, Gesetzgebung, Umwelt und Forderungen der Kunden. Im Bereich Verkehrsmanagement wurden zu diesem Zweck die in Abb. 2.19 dargestellten Prozesse eingeführt.

2.7.2 Qualitätsmanagement technischer Prozesse

Verkehrsmanagement-, Verkehrssteuerungs- und Verkehrsinformationsprozesse sind ohne den Einsatz von Software nicht mehr denkbar. Daraus ergibt sich, dass entsprechende IT-Services zur Verfügung gestellt werden müssen, um die vielfältigen, täglichen Aufgaben zu bewältigen.

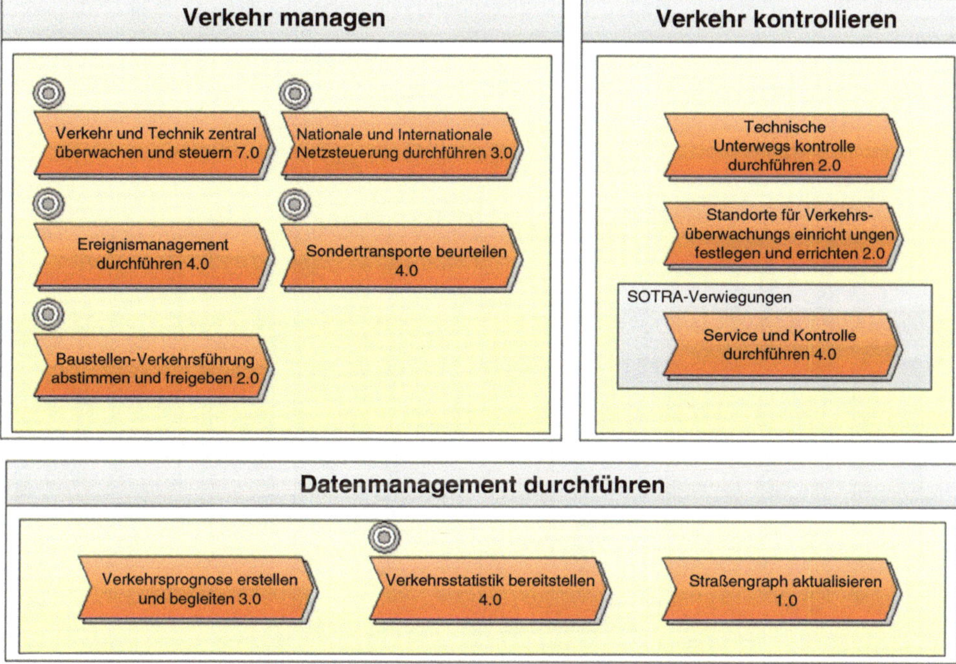

Abb. 2.19 Geschäftsprozesse der ASFINAG im Bereich Verkehrsmanagement, -kontrolle und -datenmanagement

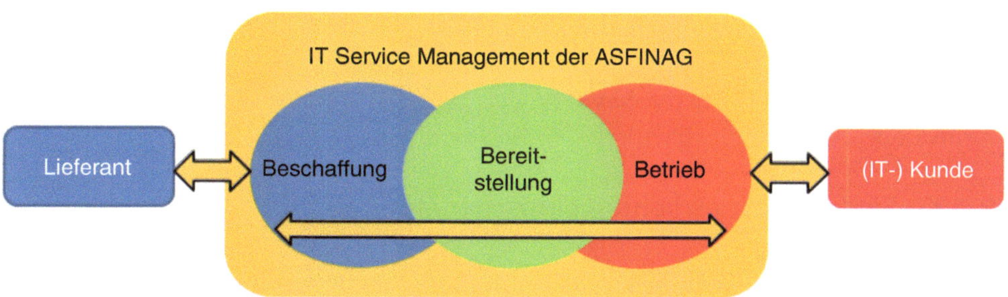

Abb. 2.20 ITSM der ASFINAG

IT-Service-Management stellt eine Methodik dar, um bestmöglich die Bedürfnisse von IT-Kunden zu erfüllen. In vielen Geschäftsprozessen spielt die Verfügbarkeit von unterstützender IT eine zentrale Rolle, sodass die organisierte Bereitstellung der benötigten IT gewährleistet werden muss. Dies entspricht der klassischen Wertschöpfungskette in Produktionsbetrieben (Abb. 2.20).

Das IT-Service-Managementsystem der ASFINAG umfasst alle Systematiken und Methoden für die Erfassung von IT-Anforderungen, deren gesteuerte und definierte Umsetzung sowie des kontrollierten Betriebs der resultierenden IT-Services. Es ist in das ASFINAG-weite Managementsystem entsprechend dem Organisationshandbuch eingebettet:

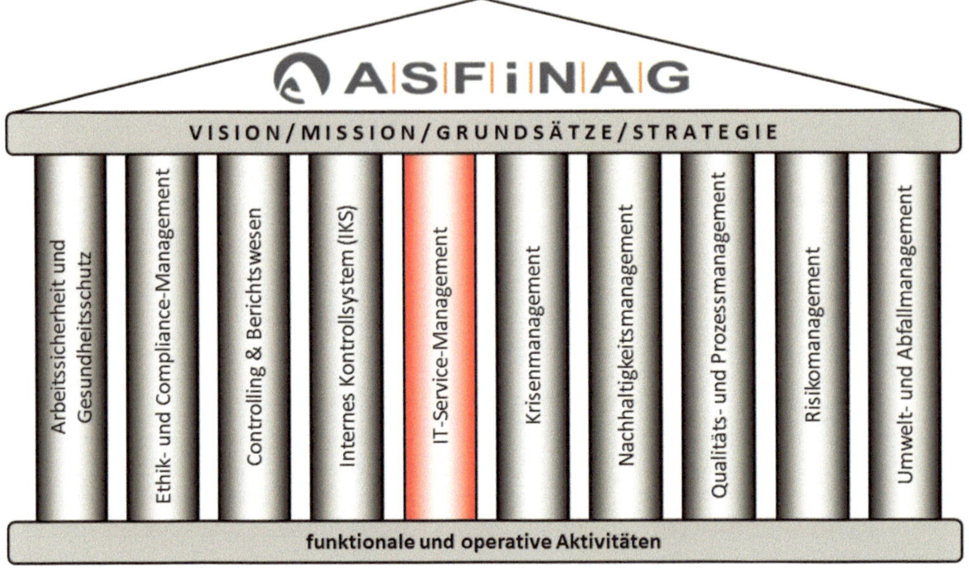

Auf Basis einer gemeinsamen Unternehmensstrategie stützen unterschiedliche Managementsysteme („Säulen") das gemeinsame ASFINAG-Managementsystem. Damit ist das IT-Service-Managementsystem ein integraler Teil des gesamten Managementsystems und steht dadurch in enger Wechselbeziehung mit den anderen Teilen des Gesamtsystems.

In der ASFINAG kommen im Kontext des technischen Qualitätsmanagement ITIL® und ISO/IEC 20000-1:2011 zur Anwendung. Insbesondere die Verkehrsinformations- und Videodienste sind bereits durch den TÜV nach ISO 20000 zertifiziert worden und werden darüber hinaus regelmäßig überprüft.

2.7.3   Evaluierung verkehrstechnischer Maßnahmen

Die ASFINAG ermittelt monatlich die Verfügbarkeit der Strecken und dokumentiert diese im Rahmen eines Managementberichts. Die Evaluierung der Streckenverfügbarkeit anhand verschiedener Statistiken von „Staueinheiten" und der baulichen Verfügbarkeit:

- Eine **Staueinheit** ist eine Strecke von einem Kilometer Länge, die für eine Stunde gestaut ist.
- Die **bauliche Verfügbarkeit** ist das Verhältnis der im Betrachtungszeitraum verfügbaren Fahrstreifenkilometer zur Gesamtanzahl der Fahrstreifenkilometer.

Die Evaluierung verkehrstechnischer Maßnahmen erfolgt in diesem Kontext durch die Berechnung der betrieblichen bzw. baulichen Netzverfügbarkeit.

2.7.3.1 Betriebliche Verfügbarkeit

Datengrundlage Verkehrslage

Die Verkehrslage ist wesentlicher Bestandteil der ASFINAG Verkehrsinformationsdienste auf www.asfinag.at bzw. bei der Verkehrsauskunft Österreich und gibt eine Übersicht über die aktuelle Situation auf der Straße. Sie wird derzeit aus zwei wesentlichen Datenquellen ermittelt: Einerseits aus den zwischen zwei Mautportalen errechneten Reisezeiten aller mautpflichtigen Fahrzeuge in Österreich (LKW und Busse ab 3,5 t hzG), andererseits aus den Verkehrsdaten lokaler Sensoren auf Verkehrsbeeinflussungsanlagen (VBA) und der flächendeckenden Verkehrsdatenerfassung (FVE).

Beide Datenquellen bringen Vorteile, Nachteile und Einschränkungen mit sich, die Fusion beider Datenquellen liefert jedoch eine bessere Qualität als die jeweilige Einzelbetrachtung. An der weiteren Qualitätsverbesserung der Verkehrslage wird kontinuierlich gearbeitet, so werden beispielsweise Daten von Drittanbietern auf deren Potenzial zur Optimierung der Qualität der Verkehrslage getestet.

Datengrundlage Ereignisdatenbank

Eine weitere wesentliche Quelle für ASFINAG Verkehrsinformationen und die Verfügbarkeitsberechnung ist die Ereignisdatenbank. In dieser Datenbank werden alle wesentlichen Ereignisse am A&S-Netz dokumentiert und zu Verkehrsmeldungen verarbeitet. Die Dokumentation umfasst neben den Auswirkungen und Einschränkungen vor allem den Ereignistyp und, falls bekannt, eine Ereignisursache.

Datengrundlage Stauursachen

Für die Ursachenanalyse und die Ereignisauswertung werden die operativ erfassten Ereignisse aus der Ereignisdatenbank herangezogen. Diese Ereignisse werden den fünf Hauptkategorien Unfall, Panne, Baustelle, Überlastung und Sonstiges zugeordnet. Die Zuordnung Baustelle bezieht sich hier auf tatsächliche Verzögerungen aufgrund einer Baustelle.

Bei Stau in einer Baustelle aufgrund eines Unfalls wird beispielsweise der Stau dem Unfall und nicht der Baustelle zugeordnet. Die Zuordnung Sonstiges beinhaltet unter anderem Staus durch Grenzkontrollen, Sondertransporten, Höhenkontrollen oder witterungsbedingte sonstige Ereignisse.

Stau

Die Verfügbarkeit wird anhand von Behinderungen durch Staus ermittelt. Hierfür werden aus der Verkehrslage durchschnittliche Geschwindigkeitswerte in 5-Minuten-Intervallen für Segmente mit einem Kilometer Länge bestimmt. Fällt die Geschwindigkeit unter 30 km/h, wird das Segment im betroffenen Zeitintervall als gestaut gewertet.

Staueinheit

Für jeden Richtungsfahrbahnkilometer wird für jedes 5 Minuten Intervall geprüft, ob ein Stau laut obiger Definition vorliegt. Die Staueinheiten bilden die Summe der 5 Minuten Intervalle pro Kilometer. Zur besseren Darstellung und Vergleichbarkeit wird die Staueinheit anschließend als (gerundeter) Stundenwert dargestellt.

$$\text{Staueinheit}\left[\text{km h}\right] = \frac{\textit{Anzahl der gestauten 1km 5Minuten Intervalle}}{12}$$

Eine Staueinheit bezeichnet somit eine Strecke von 1 km Länge, die für eine Stunde gestaut ist. Die Aufteilung der zeitlichen und räumlichen Ausdehnung ist dabei nicht relevant, z. B. können 5 Staueinheiten von einem Staureignis mit 1 km Länge und 5 Stunden Dauer, von einem 5 km langen Stau mit 1 Stunde Dauer, oder jeder anderen Kombination herrühren. Im Wesentlichen beschreibt die Anzahl der Staueinheiten die zugrunde liegende Staufläche eines Staureignisses (vgl. Abb. 2.21).

Staueinheiten normiert
Normierte Staueinheiten berücksichtigen die Länge der betrachteten Autobahn bzw. des betrachteten Streckenabschnittes.

$$\text{Staueinheit normiert}\left[\text{km h}\right] = \frac{\textit{Staueinheiten}}{\textit{Länge Abschnitt/Autobahn}}$$

Stauindex
Der Stauindex gibt den Quotient aus gestauten Intervallen zur Grundgesamtheit an. Die Grundgesamtheit setzt sich aus dem zu betrachtenden Zeitraum und Straßennetz zusammen.

$$\text{Stauindex}\left[\%\right] = \frac{\textit{Staueinheiten}}{\textit{Anzahl Tage *Anzahl Stunden *Autobahn Kilometer}}$$

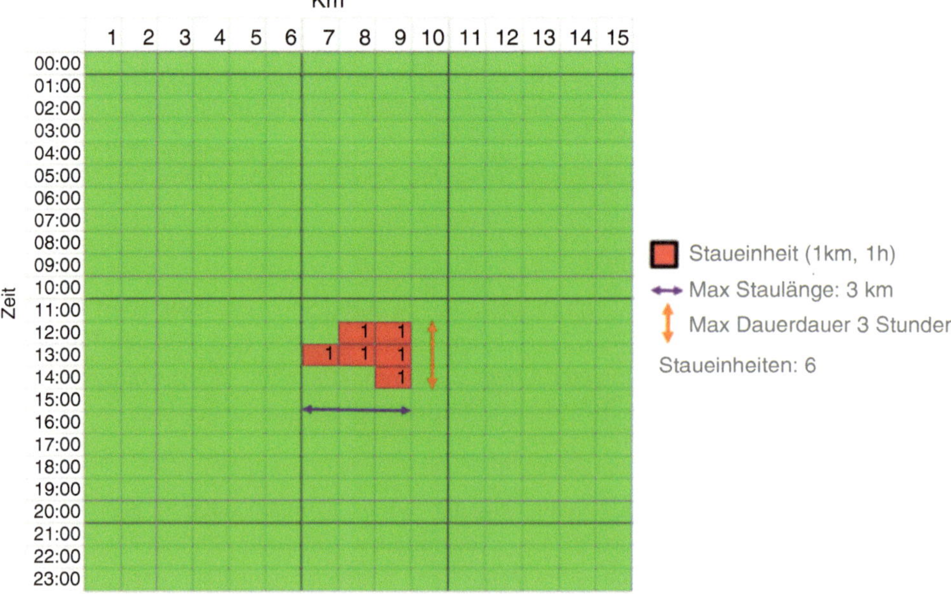

Abb. 2.21 Staueinheiten eines Staureignisses

2.7.3.2 Bauliche Verfügbarkeit

Datengrundlage

Bei der geometrischen Verfügbarkeit wird beurteilt, wie viel des im Verantwortungsbereichs der ASFINAG liegenden Streckennetzes in zeitlicher und räumlicher Ausdehnung bereitgestellt wird. Die Infrastruktur-Bereitstellung wird in Form der Verfügbarkeit einzelner Fahrstreifenkilometer beurteilt. Einschränkungen der Verfügbarkeit sind durch Reduktion von Fahrstreifen oder Totalsperren infolge von Sanierungsmaßnahmen, Instandhaltungsarbeiten oder sonstigen baulichen Tätigkeiten zu erwarten. Als Kennzahl wird das Verhältnis der im Betrachtungszeitraum verfügbaren Fahrstreifenkilometer zur Gesamtanzahl der Fahrstreifenkilometer herangezogen. Das betrachtete Netz ist uneingeschränkt verfügbar, wenn für den gesamten Betrachtungszeitraum alle Fahrstreifenkilometer des Netzes zur Verfügung stehen. Die absolute Einschränkung der Verfügbarkeit wird in [Fahrstreifenkilometer * Sperrzeitraum] gemessen.

Kennzahl

Die geometrische Verfügbarkeit (gSV) wird in Prozent angegeben:

$$\text{gSV}\left[\%\right] = \left(1 - \frac{\textit{gesperrte Fahrstreifenkm * Sperrdauer}}{\textit{Gesamt Fahrstreifen km * Beobachtungszeitraum}}\right) * 100$$

Folgende Rahmenbedingungen werden bei der Berechnung berücksichtigt:

- Sperre des Pannenstreifens führt zu keiner Einschränkung
- Wird bei Spurführungsänderungen die gleiche Anzahl an Fahrstreifen wie im Normalbetrieb zur Verfügung gestellt, ist keine Einschränkung vorhanden
- Bei Fahrstreifensperren gilt die tatsächliche Distanz als nicht verfügbar
- Wanderbaustellen werden auf den jeweils tatsächlich betroffenen Bereich eingeschränkt

Als Datengrundlage für die Auswertung wird das Baustellenmanagementsystem (BMS) herangezogen. Bei der Interpretation der Kennzahl zur geometrischen Verfügbarkeit ist zu beachten, dass die Qualität und Aussagekraft der Kennzahl direkt von der Qualität der Baustellendaten abhängig ist und diese teilweise unvollständig bzw. mangelhaft sind. An der Verbesserung dieser Daten wird konzernweit gearbeitet. Als Bezugsbasis dient die Gesamtanzahl der Fahrstreifenkilometer. Diese Gesamtanzahl an Fahrstreifenkilometer bezieht sich nur auf die Hauptfahrbahnen des A&S-Netzes, Rampen und Rastplätze werden nicht berücksichtigt. Eine Abschätzung der Fahrstreifenkilometer der Hauptfahrbahnen wurde aus dem ASFINAG GIS erhoben.

2.8 Perspektiven

2.8.1 Strategische Entwicklungslinie

Dienste in vernetzten Fahrzeugen

Vernetzte Fahrzeuge werden während der Fahrt bereits über sogenannte „Connected Solutions" über Mobilfunk (3G, 4G) laufend mit Daten versorgt. Die ASFINAG liefert dazu bereits Verkehrslage-, Verkehrszeichen-, Ereignis- und Baustellendaten sowie Videobilder der Webcams. In Kürze werden darüber hinaus Baustelleninformationen und -warnungen (insbesondere für Tagesbaustellen) sowie Verkehrs- und Ereignisdaten durch Kommunikationseinrichtungen an der Strecke bereitgestellt (C-ITS). Ergänzend dazu liefern Autos selbst Daten über Ereignisse, Reisezeit und Verkehrsfluss an die ASFINAG. Langfristig wird es zu einer kooperativen Verkehrssteuerung zwischen Fahrzeugen und dem Verkehrsmanagement auf Basis der aktuellen Verkehrslage und der erforderlichen Verkehrssteuerungsstrategien unter Einbeziehung von Einzelfahrzeugdaten und individuellen Routenempfehlungen kommen. Dabei steuern Automatisierungsfunktionen wie Stau- und Autobahnpilot die Fahrzeuge auf Basis einer Digitalen Verordnung, die über Daten- und Kartendienste bereitgestellt wird. Eine wichtige Grundlage für die Weiterentwicklung sind der Austausch der Anforderungen zwischen Straßenbetreibern und Fahrzeugindustrie in Pilot- und Demonstrationsprojekten und das gemeinsame Lernen aus den Erfahrungen.

Die wesentliche zukünftige Herausforderung stellt das automatisierte Fahren dar. Dies wird sehr hohe Ansprüche an die Verfügbarkeit und Qualität der statischen, quasi-statischen und dynamischen Daten von Straßenbetreibern verlangen, die Vorbereitung dazu beginnt bereits in ersten Pilotprojekten mit der Auto- und Zulieferindustrie.

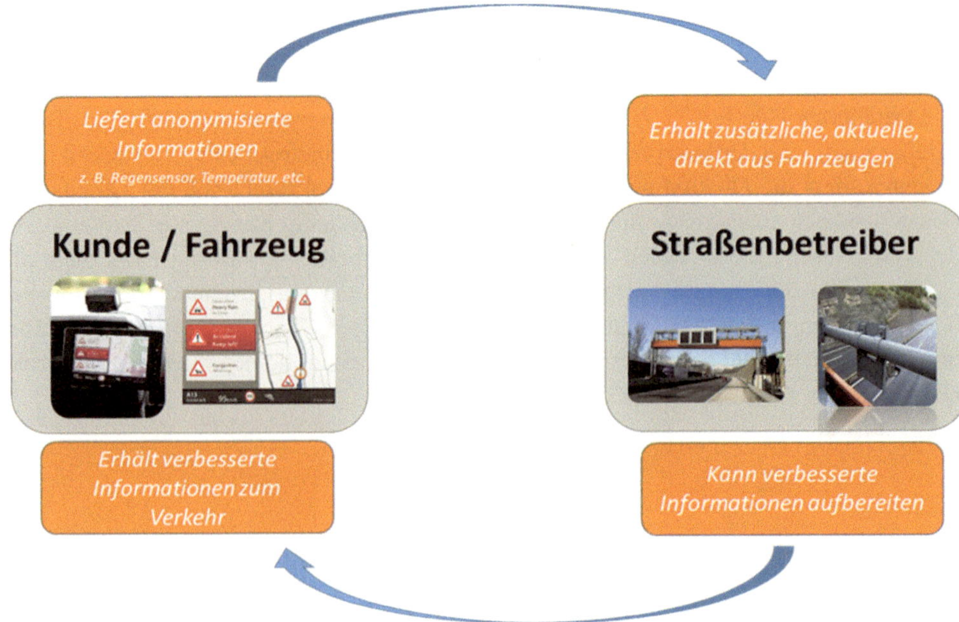

Technologieeinsatz

Die Einführung von Fahrzeug-Fahrzeug bzw. Fahrzeug-Infrastruktur-Kommunikation über straßenseitige Einrichtungen (C-ITS Vernetzung über „ITS-G5" auf 5,9 GHz) für sicherheits- und zeitkritische Meldungen werden die bestehenden „Connected Solutions" über Mobilfunk ergänzen. Zusätzlich werden sich Dienste aus Cloud-Services im Auto etablieren, einerseits für Verkehrsinformationen (analog zu Assistenz-, Video- und Musik-diensten im Auto) sowie andererseits für Automatisierungsfunktionen für bedingte (Level 3) bzw. hohe Automatisierung (Level 4) für bestimmte Straßen und Strecken (z. B. Auto-bahnen). Die Verkehrsbeeinflussungsanlagen müssen in den nächsten Jahren bzgl. der Steuerungsalgorithmen auf Einzelfahrzeugdaten und Automatisierung erweitert werden. Österreichische Industriebetriebe, die teilweise europa- bzw. weltweit in der Telematik führend sind, entwickeln auf Basis der intensiven Zusammenarbeit mit der ASFINAG dazu CCAD[16]-Technologien.

Nationale und internationale Zusammenarbeit

Die ASFINAG zählt in diesem Bereich aufgrund der engen Zusammenarbeit mit anderen Autobahnbetreibern und der Fahrzeugindustrie in Europa zu den führenden europäischen Autobahnbetreibern. Wesentliche Aktivitäten sind die C-ITS Korridor-Projekte innerhalb des C-ROADS Projektes im Rahmen der CEF[17] Projekte der Europäischen Kommission. Der Korridor Rotterdam-Frankfurt-Wien, der in enger Zusammenarbeit mit Deutschland und den Niederlanden etabliert wird, stellt aus der österreichischen Perspektive die wesentliche Aktivität dar.

Die ASFINAG ist intensiv mit allen wesentlichen Stakeholdern in diesem Bereich ver-netzt, insbesondere durch Mitgliedschaft bzw. Zusammenarbeit mit einschlägigen Interes-sensverbänden (Car2Car Communication Consortium,[18] Standardisierungsorganisationen, ERTICO ITS Europe,[19] TISA,[20] ASECAP[21] und CEDR[22] Arbeitsgruppen zu ITS und CCAD etc.) sowie eigenen F&E-Aktivitäten und ihre Mitgliedschaften in den Automo-bilcluster in Oberösterreich[23] und der Steiermark.[24]

Die nationale Kooperation mit der Testorganisation ALP.Lab,[25] welche im Großraum Graz gezielt Tests im Bereich des automatisierten Fahrens durchführt, stellt einen rich-tungsweisenden Beitrag im europäischen Kontext dar. Die Teilnahme der ASFINAG an

---

[16] Cooperative Connected and Automated Driving.

[17] Connecting Europe Facility (https://ec.europa.eu/inea/en/connecting-europe-facility).

[18] https://www.car-2-car.org.

[19] http://ertico.com.

[20] http://tisa.org.

[21] http://asecap.com.

[22] http://www.cedr.eu.

[23] http://www.automobil-cluster.at.

[24] http://www.acstyria.com.

[25] http://www.alp-lab.at.

den diversen öffentlichen Diskussionsplattformen sowie die Unterstützung von F&E-Projekten, aber auch die Mitwirkung in den Aktivitäten des ATTC[26] sind ergänzend dazu wichtige Instruments zum inhaltlichen Austausch und Förderung der Entwicklung.

Auch in der jährlich stattfindenden Ausschreibung mit BMVIT, ÖBB und FFG zur Verkehrsinfrastrukturforschung (VIF)[27] finden sich immer wieder Themen aus dem CCAD-Technologiebereich. Darüber hinaus ist die ASFINAG am Test eines neuen Vergabeverfahrens, dem sogenannten „Pre-Commercial Procurement"[28] in Form eines Piloten beteiligt. Ziel ist es, neben der Lösung der Forschungsfrage auch gleichzeitig einen Anbietermarkt für die geplante nachfolgende Beschaffung zu etablieren. Hier sind zahlreiche Österreichische Unternehmen, insbesondere auch KMUs, beteiligt.

Internationale Standards

Die Standardisierung wird durch die entsprechenden Organisationen ISO, CEN und ETSI vorangetrieben, dazu gibt es ein entsprechendes Mandat der Europäischen Kommission. Mit derzeitigem Stand ist im Bereich C-ITS eine grundlegende Standardisierung für die Basiskommunikation zwischen Fahrzeugen und der Infrastruktur erreicht. Aktuell wird intensiv an der Definition der Anwendungsszenarien („Use-Cases") der nächsten und übernächsten Generation (Day 1,5 und Day 2) und deren Umsetzung bei Straßenbetreibern und der Autoindustrie gearbeitet.

Ausrüstungsvoraussetzungen

Dateninhalte der ASFINAG sind im Auto schon derzeit grundsätzlich nutzbar. Über die bereits genannten „Connected Solutions" von Service Providern im Auftrag der Fahrzeugindustrie bzw. (voraussichtlich ab 2019) über zusätzliche Kommunikationseinrichtungen („ITS-G5", dies entspricht einem WLAN für fahrende Autos untereinander bzw. mit der Straßeninfrastruktur) stehen in weiterer Folge Verkehrsteilnehmern auf verschiedenen Wegen Daten der ASFINAG während der Fahrt zur Verfügung. Diese kooperativen Dienste werden von der Autoindustrie zukünftig in Fahrzeugen als Zusatzfunktionen angeboten.

Ebenfalls werden in Zukunft über den neuen Mobilfunkstandard 5G, der derzeit in Standardisierung ist und ab voraussichtlich 2025 großflächig verfügbar sein wird, neue Cloud- und Automotive-Dienste bereitgestellt. Derzeit ist zu erwarten, dass sowohl PKWs als auch LKWs annähernd zeitgleich ausgerüstet werden, allerdings werden sich voraussichtlich die Use-Cases durchaus unterscheiden. Die Weiterentwicklung von Cloud-Services mit der Fahrzeugindustrie ist aktuell eine wesentliche Aktivität der ASFINAG mit dem Ziel ASFINAG Content für alle Servicedienstleister in Fahrzeugen anzubieten.

---

[26] http://www.attc.at.

[27] https://www.bmvit.gv.at/innovation/publikationen/verkehrsinfrastrukturforschung.html.

[28] https://www.ffg.at/news/pre-commercial-procurement-ein-neues-instrument-zur-beschaffung-von-innovation.

2.8.2 Zielarchitektur

Wenn heute über die Zukunftstrends der Mobilität gesprochen wird, rückt das „automatisiertes Fahren" in den Fokus. Auch seitens der ASFINAG wird dieses Thema mit der schon angesprochenen Teststrecke für automatisierte Fahrzeuge vorangetrieben. Derzeit wird mit Hochdruck an der Finalisierung der initialen Ausstattung der 1. Teststrecke auf den Autobahnabschnitten A2 Laßnitzhöhe – Graz Ost – Graz West gearbeitet.

Mit der Einrichtung der Teststrecke verfolgt die ASFINAG das Ziel, die Digitale Infrastruktur für die mittel- bis langfristige Weiterentwicklung zu testen und betriebliche Erfahrungen in der Zusammenarbeit mit der Fahrzeugindustrie zu sammeln. Mit ihrer Fertigstellung wird die Basis geschaffen, um die vorhandenen Verkehrsdaten der digitalen Infrastruktur mit den Fahrzeugdaten zusammenzuführen. Somit können die fusionierten Daten der Testfahrten in vielfältiger Weise analysiert und u. a. für Simulationen weiterverwendet werden.

Dieses Projekt wird auch seitens der Europäischen Kommission im Rahmen der „C-Roads Plattform" gefördert. Dieses auf 5 Jahre angesetzte, europaweite Vorhaben soll einen wesentlichen Beitrag leisten, dass die Kommunikation zwischen Fahrzeugen und Straßeninfrastruktur harmonisiert und die Weiterentwicklung der Automatisierung im Straßenverkehr gefördert wird. Dies wird die digitalen Architekturen der europäischen Autobahnbetreiber in der nächsten Systemgeneration stark beeinflussen.

Aus derzeitiger Sicht wird ein Autobahnbetreiber zukünftig auch in der hochverfügbaren Bereitstellung qualitätsgesicherter Dateninhalte gemessen. Diese Daten entspringen sowohl aus den digitalisierten Geschäftsprozessen als auch aus weiterentwickelten Sensoren und anderen Elemente der Digitalen Infrastruktur. Im Zuge einer bevorstehenden massiven Digitalisierung und Vernetzung der relevanten Bestandteile der Gesamtarchitektur wird derzeit eine neuartige, „disruptive" Entwicklung innerhalb und außerhalb des Autobahnbetriebes gestartet. Vernetzte und hochautomatisierte Fahrzeuge werden diese Entwicklung und damit die Gesamtarchitektur im Straßenbereich prägen.

Diese vollständige Vernetzung wird ganz besonders bei den wichtigsten Elementen der Autobahn, den Leit- und Sicherheitseinrichtungen, der Straßeninfrastruktur von Baustellen, den Verkehrsbeeinflussungsanlagen, den Betriebsfahrzeugen (Warnleitanhänger, Straßendienstfahrzeuge, Schneepflüge etc.) und der Sensorik selbst Einzug halten und ganz neue Möglichkeiten und Chancen für Straßen- und Autobahnbetreiber ermöglichen.

Aus derzeitiger Sicht werden in dieser Entwicklung voraussichtlich die Echtzeitfähigkeit, die Fehlertoleranz und die Datenintegrität der Architekturelemente eine wichtige Rolle spielen. Darüber hinaus wir es auf höchste betriebliche Anforderungen, wie Autokonfiguration, Qualitätsselbstüberwachung und funktionale bzw. systemische Mehrfachredundanz ankommen. Die Vernetzung der verschiedenen Lebensbereiche untereinander („Internet of Things") bedingt dabei eine Architektur, die aus den einschlägigen „Silos" tritt und sich an möglichst vielen Stellen, strukturiert, ad-hoc, heilbar, technologie- und serviceredundant etc. integriert. Auf zukünftige System- bzw. Business-Architekten kommen damit sehr große und v. a. neuartige Herausforderungen zu.

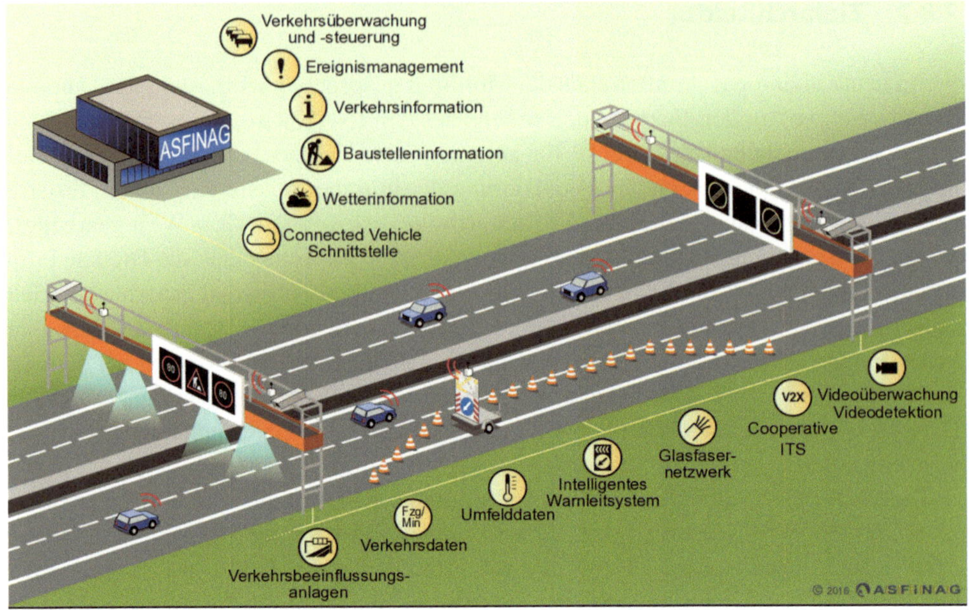

2.8.3   Konzeptionell-inhaltliche Weiterentwicklung

Die mit den strategischen Zielen einhergehende, vollständige Vernetzung aller wesentlichen Elemente im Autobahnverkehr spiegelt sich auch in anderen Verkehrsträgern wie z. B. der Bahn wieder. Auch hier „verschwinden" Elemente der klassischen Infrastruktur zur Verkehrsleitung und -steuerung zugunsten der weiteren Automatisierung der Fahrzeuge.

Die relevanten Funktionen der Verkehrsleitung und -steuerung werden durch neuartige, komplexe Dienste-Architekturen von Fahrzeugen, Betreibern und Diensteanbietern gleichsam „aufgesaugt" und in vielfältiger Form erweitert. Die Erweiterungen werden eine umfängliche Personalisierung bzw. Individualisierung sowie Automatisierung dieser Dienste nach sich ziehen.

Autofahren wird in der Zukunft weniger Aufmerksamkeit des Fahrers auf die Straße bzw. die Umgebung bedürfen. Diese Funktionen werden von Services erfüllt, die im Hintergrund durch die hochgradige Digitalisierung, Vernetzung und Zusammenführung der „Systemwelten" im Straßenverkehr gewährleistet wird.

Danksagung Das Autorenteam ist zu aller erst Herrn Riegelhuth für die freundliche Einladung zur Gestaltung eines Beitrages aus Österreich zu großem Dank verpflichtet. Das primäre Ziel dieses Beitrages war es, die Perspektive der ASFINAG mit Fokus auf die praktische Bedeutung in den Anwendungen darzustellen. Es soll in diesem Zusammenhang nicht unerwähnt bleiben, dass die vorgegebene Themenstruktur eine große Herausforderung bei der Verfassung des Beitrages darstellte.

Das Autorenteam arbeitet seit vielen Jahren in den Fachbereichen Verkehrsmanagementsysteme und Verkehrsinformationsdienste für die ASFINAG und hat in diesem Beitrag vorhandene Materialien aus der ASFINAG verwendet und durch neue Beiträge ergänzt bzw. thematisch zusammengeführt. Insbesondere sind Beiträge aus den ASFINAG Fachabteilungen Verkehrsmanagement, Systementwicklung und Telematische Dienste enthalten. Bei den involvierten Spezialisten in allen Bereichen möchten wir uns sehr herzlich für die Bereitstellung von Materialien und Beiträgen bedanken. Ganz besonderen Dank gebührt DI Dieter Hintenaus von der Technischen Koordination der ASFINAG Holding für die fachliche Durchsicht und seine vielfältigen Anregungen zur Verbesserung.

Abschließend bedanken wir uns ganz herzlich beim Management der ASFINAG für die Unterstützung und Genehmigung dieses Beitrages, allen voran bei den beiden Vorstandsdirektoren Mag. MBA Karin Zipperer und Dr. Klaus Schierhackl der ASFINAG Holding sowie bei Mag. Ing. Bernd Datler, dem Technischen Geschäftsführer der ASFINAG Maut Service GmbH.

Jörg Dreier

3.1 Organisationsform und Rahmenbedingungen

3.1.1 Organisation

Innerhalb des eidgenössischen Departements für Umwelt, Verkehr, Energie und Kommunikation (UVEK) besteht seit 1998 das Bundesamt für Strassen (ASTRA) als die schweizer Fachbehörde für die Strasseninfrastruktur und den individuellen Strassenverkehr. Hierin betreibt die Abteilung Strassennetze seit 2008 die Verkehrsmanagementzentrale der Schweiz (VMZ-CH) mit Sitz in Emmenbrücke bei Luzern (Abb. 3.1 und 3.2). Die VMZ-CH selbst ist in die Bereiche Produktion (operationeller Betrieb), Verkehrstelematik und Verkehrsmanagementplanung unterteilt und beschäftigt derzeit 28 Mitarbeiter.

3.1.2 Rechtliche Grundlagen

Mit der Neugestaltung des Finanzausgleichs und der Aufgabenteilung zwischen Bund und Kantonen (NFA) trägt der Bund seit dem 1. Januar 2008 die alleinige Verantwortung für den Ausbau, Unterhalt und Betrieb der Nationalstrassen. Hierzu zählt auch das Verkehrsmanagement auf den Nationalstrassen. Die Aufgaben werden im Strassenverkehrsgesetz (SVG IIIa. Verkehrsmanagement) und im Bundesgesetz über die Verwendung der zweckgebundenen Mineralölsteuer (MinVG 2. Finanzierung der Nationalstrassen) definiert.

J. Dreier (✉)
Bundesamt für Strassen ASTRA, Emmenbrücke, Schweiz
E-Mail: joerg.dreier@astra.admin.ch

© Springer Fachmedien Wiesbaden GmbH, ein Teil von Springer Nature 2018   73
G. Riegelhuth, M. Sandrock (Hrsg.), *Verkehrsmanagementzentralen für Autobahnen*,
https://doi.org/10.1007/978-3-658-22140-9_3

Abb. 3.1 Verkehrsmanagementzentrale der Schweiz Luftaufnahme

Abb. 3.2 Verkehrsmanagementzentrale der Schweiz

3.1.3 Sachliche Zuständigkeit

3.1.3.1 Nationalstrassennetz

Bund, Kantone und Gemeinden teilen sich die Zuständigkeiten für die Strasseninfrastruktur. Die wichtigsten Strassenverbindungen von gesamtschweizerischer Bedeutung werden

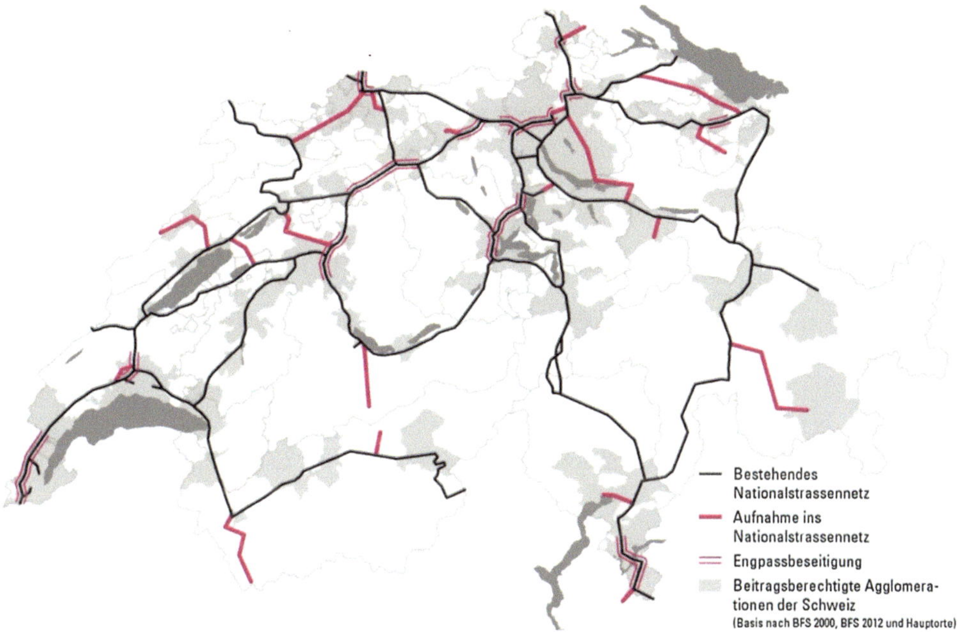

Abb. 3.3 Nationalstrassennetz bis (*schwarz*) und seit (*rot*) Bundesbeschluss NAF

von der Bundesversammlung zu Nationalstrassen erklärt. Der Bund baut, betreibt und unterhält die Nationalstrassen. Im Netzbeschluss von 1960 sah der Bundesrat total rund 1900 km Nationalstrassen vor. Volk und Stände haben am 12. Februar 2017 den Bundesbeschluss zur Schaffung eines Nationalstrassen- und Agglomerationsverkehrs-Fonds (NAF) angenommen. Im Rahmen des NAF werden zusätzlich rund 400 km kantonaler Strassen neu in das Nationalstrassennetz aufgenommen (Abb. 3.3).

Das Schweizer Nationalstrassennetz wird zwei- bis siebenspurig geführt. Der Grossteil des Netzes jedoch ist vierspurig (1340,4 km). Das Nationalstrassennetz umfasst Autobahnen (Nationalstrassen 1. Klasse), Autostrassen (Nationalstrassen 2. Klasse) und Hauptstrassen (Nationalstrassen 3. Klasse). Die Nationalstrassen haben gemäss Netzbeschluss eine Nationalstrassennummer (Kurz N-Nummer wie z. B. N1; N2; N16 etc.). Die N-Nummer entspricht im Normalfall der A-Nummer des Autobahn- und Autostrassennetzes.

Die kantonalen Autobahnen sind nicht Teil des Nationalstrassennetzes. Die Kantone und Gemeinden übernehmen auf ihrem Gebiet mit ihren Kantons- bzw. Gemeindestrassen die weitergehende Grob- bzw. Feinverästelung der Strasseninfrastruktur. Sie sind für den Bau, Betrieb und Unterhalt ihres jeweiligen Strassennetzes verantwortlich.

3.1.3.2 Aufgaben der Verkehrsmanagementzentrale der Schweiz

Die VMZ-CH erfasst und analysiert laufend die aktuelle Verkehrssituation und ordnet vorausschauend oder zur Bewältigung aktueller Vorkommnisse die notwendigen Verkehrsmanagement-Massnahmen an. Sie stimmt diese mit den betroffenen Akteuren bei

Bund und Kantonen ab. Die VMZ-CH nimmt verschiedene betriebliche, planerische und technische Aufgaben wahr. Zu diesen gehören unter anderem:

- das Erheben und Erfassen von Verkehrszuständen und Ereignissen
- das Beurteilen der Verkehrslagen und Erkennen von allfälligem Handlungsbedarf, auf Basis von vorgängig definierten Schwellenwerten
- das Anordnen von Massnahmen zur Optimierung des Verkehrsflusses in enger Zusammenarbeit mit den betroffenen Stellen bei Bund und Kantonen
- die Koordination des operativen Verkehrsmanagements mit dem Ausland
- die Vorbereitung des Verkehrsmanagements bei planbaren Ereignissen wie Baustellen oder Grossveranstaltungen
- die Beratung des ASTRA und anderer Fachstellen in Fragen des Verkehrsmanagements auf den Nationalstrassen
- die Datenpflege und -auswertung sowie die Wartung der technischen Hilfsmittel und Instrumente in der VMZ-CH

Die Hauptaufgabe des Verkehrsmanagements ist die gezielte und koordinierte Beeinflussung des Verkehrs. Dafür stehen die vier Grundfunktionen „Lenken", „Leiten", „Steuern" und „Informieren" zur Verfügung. Die Funktionen unterscheiden sich im Wesentlichen in Bezug auf den Ort und die Art der Einflussnahme sowie in den eingesetzten Instrumenten.

Lenken

Von „Lenken" spricht man, wenn die Strassennutzenden über alternative Routen an Staus oder blockierten Streckenabschnitten vorbeigeleitet werden. Dies geschieht z. B. durch Umfahrungsempfehlungen oder Umleitungen. Informiert wird jeweils mit Verkehrsmeldungen und – wo vorhanden – über Wechseltextanzeigen und -wegweiser. Die Meldungen enthalten Angaben zum Ereignis und zur Umleitungsroute.

Leiten

„Leitende" Massnahmen dienen der Beeinflussung des Verkehrsgeschehens entlang einer bestimmten Strecke. Sie umfassen unter anderem variable Geschwindigkeitslimiten und Gefahrensignalisationen. So verstetigt die frühzeitige Reduktion der Höchstgeschwindigkeit den Verkehrsfluss, drohende Staus können hinausgezögert und unerwünschte Staufolgen vermindert werden. Innerorts ist die koordinierte Steuerung der Lichtsignalanlagen („grüne Welle") die wohl bekannteste leitende Massnahme. Auf den Nationalstrassen leisten „leitende" Massnahmen einen wichtigen Beitrag zur Verkehrssicherheit, z. B. durch die Risikominderung für Auffahrunfälle. Zudem können zur Bewältigung von zeitlich begrenzten Verkehrsspitzen (z. B. Morgen- und Abendspitzen) auf einem bestimmten Streckenabschnitt die Standstreifen für den Verkehr freigegeben oder gewisse Fahrstreifen gesperrt bzw. umgenutzt werden.

Steuern

Unter dem Begriff „Steuern" fallen sämtliche Massnahmen, welche die zuständigen Stellen an einem bestimmten Ort bzw. Objekt vornehmen. Dies geschieht beispielsweise mit Lichtsignalanlagen an einer Kreuzung, an Autobahnanschlüssen oder an Tunneleinfahrten. Der Verkehr kann zum Beispiel durch die gezielte Verlängerung oder Verkürzung der Grünzeiten an Lichtsignalanlagen gesteuert werden. Auf Autobahnen sind steuernde Massnahmen unter anderem die Dosierung des Zuflusses auf bereits überlastete Autobahnabschnitte oder des Abflusses auf das untergeordnete Strassennetz. Eine weitere Form des Steuerns ist die Sperrung von Tunneln als Folge von technischen Störungen oder Unfällen.

Informieren

Die Bevölkerung wird jeweils möglichst frühzeitig über unregelmässige Verkehrssituationen informiert. Dank der Verkehrsinformationen können die Strassennutzenden ihr Verhalten an die aktuelle Situation anpassen, indem sie etwa den Zeitpunkt einer Fahrt verschieben, einen Stau umfahren oder bei Gefahrensituationen anordnungsgemäss reagieren. Die Verbreitung der Informationen erfolgt über Radio und Fernsehen (inkl. Radio Data System [RDS] und Traffic Message Channel [TMC]), das Internet oder über Wechseltextanzeigen auf der Strasse. Daneben gibt es weitere Dienstleistungen wie „www.truckinfo.ch" für den Schwerverkehr.

Ob und wie die zuständigen Stellen den Verkehr auf den Nationalstrassen lenken, leiten, steuern und darüber informieren, ist oft eine Ermessensfrage. Für den Umgang mit diesem Ermessensspielraum hat das ASTRA zwölf Handlungsgrundsätze formuliert:

1. *Verkehrssicherheit*
   Vor drohenden oder vorhandenen Gefahren ist so rasch als möglich zu warnen. Ist die Verkehrssicherheit auf einem Abschnitt regelmässig beeinträchtigt oder droht sie es zu werden, so ist rechtzeitig vor der aktuellen Gefahr zu warnen und der Verkehrsfluss auf dem betroffenen Nationalstrassenabschnitt zu homogenisieren bzw. zu stabilisieren.
2. *Zuverlässigkeit*
   Ist die Zuverlässigkeit auf einem Abschnitt regelmässig beeinträchtigt, so ist mit Verkehrsmanagement-Massnahmen auf die Verkehrssituation und die zu erwartenden Reisezeitverluste hinzuweisen. Neben Empfehlungen betreffend alternativer Reisezeiten und Reiserouten ist auch auf alternative Verkehrsträger hinzuweisen.
3. *Umgang mit Zeitverlusten*
   Regelmässige isolierte Stauereignisse mit kleinen Zeitverlusten gelten als tolerierbar. In solchen Situationen sollte jedoch die Verkehrssicherheit mit Verkehrsmanagement-Massnahmen gewährleistet werden. Verkehrsmanagement-Massnahmen zur Staubekämpfung auf den Nationalstrassen sind prioritär dort einzusetzen, wo regelmässig Zeitverluste durch Stau zu grossen volkswirtschaftlichen Auswirkungen führen. Selten auftretende Stauereignisse, verursacht beispielsweise durch den Hauptreiseverkehr, haben im Rahmen der Verkehrsmanagement-Massnahmen geringe Priorität.

4. *Verkehrsqualität*

Der Verkehrsfluss auf den Stammfahrbahnen der Hochleistungsstrassen (HLS) soll in erster Linie im Interesse der Attraktivität, Sicherheit und Gesamtkapazität aufrechterhalten werden. Die verkehrlichen Funktionen (Durchleiten, Verbinden, Entlasten und Erschliessen) sind grundsätzlich gleichberechtigt zu behandeln, wobei mit erster Priorität die Funktion „Durchleiten" zu gewährleisten ist. Wird der Verkehrsfluss auf der freien Strecke unstet, so ist mit Verkehrsmanagement-Massnahmen eine Optimierung anzustreben. Droht der Verkehrsfluss auf den Nationalstrassen häufig oder regelmässig zusammenzubrechen, sind der Zufluss und der Abfluss so zu steuern, dass ein steter Verkehrsfluss auf der Nationalstrasse möglichst gewährleistet bleibt.

5. *Priorisierung*

Sind das Hochleistungs- und das Hauptverkehrsstrassennetz in einer Region regelmässig gesättigt, so ist der Verkehr auf dem Nationalstrassennetz und dem Netz von Bedeutung für das Verkehrsmanagement so zu lenken, zu leiten, zu steuern und zu dosieren, dass der Verkehrszufluss auf den kritischen HLS-Abschnitten nicht zu stark wird. Für solche Fälle sind Verkehrsmanagementpläne vorzubereiten. Bei Störungen oder Unterbrüchen auf der Nationalstrasse oder dem parallelen untergeordneten Strassennetz, in stark vom Verkehr belasteten Regionen, sind die noch vorhandenen Kapazitäten durch geeignete Verkehrsmanagement-Massnahmen so gut als möglich zu bewirtschaften.

6. *Bewirtschaftung oder Umnutzung des Pannenstreifens*

Grundsätzlich sollen Pannenstreifen ihre ursprüngliche Funktion beibehalten. Liegen auf Verkehrsabschnitten erhebliche Defizite in Bezug auf die Verkehrssicherheit und den Verkehrsfluss vor, kann eine permanente oder temporäre Bewirtschaftung oder Umnutzung des Pannenstreifens als regulärer Fahrstreifen aus einer Betrachtung der Gesamtsicherheit heraus sinnvoll sein. Vor jeder Bewirtschaftung oder Umnutzung ist zu prüfen, ob die Rahmenbedingungen und Anforderungen gemäss den gültigen Richtlinien und dem Stand der Technik eingehalten werden und ob resultierend ein Sicherheitsgewinn und ein Gesamtnutzen ausgewiesen werden kann.

7. *Staubildung*

Trotz Verkehrsmanagement-Massnahmen sind vielerorts Überlastungen kaum vermeidbar. Um die Kapazität bei Leistungsengpässen optimal ausnützen zu können, sind zweckmässige Massnahmen auf den Nationalstrassen wie auch auf dem parallelen untergeordneten Strassennetz erforderlich. Dosierungsmassnahmen und Schliessungen von Ein- und Ausfahrten sind ausserordentliche Massnahmen und müssen deshalb über Verkehrsmanagementpläne geregelt werden.

8. *Verkehrsmanagement bei Baustellen*

Die Unterhaltsplanung und die Verkehrsmanagement-Massnahmen bei Baustellen sind auf eine möglichst geringe Reduktion der Verkehrskapazität auszurichten. Die Verkehrskapazitäten im Baustellenbereich und auf den parallelen Ausweichrouten sind mittels Verkehrsmanagement-Massnahmen durch zeitliche, örtliche und modale Verkehrsverlagerungen optimal auf die Verkehrsnachfrage abzustimmen.

9. *Priorisierung des öffentlichen Verkehrs (ÖV)*
   Der strassengebundene ÖV auf dem Netz von Bedeutung für das Verkehrsmanagement hat zur Gewährleistung von Anschlussverbindungen ans übrige Netz des öffentlichen Verkehrs hohe Priorität gegenüber dem Individualverkehr. Bei Zufluss- und Abflusssteuerungen zur und von den HLS ist die Bevorzugung des ÖV zu berücksichtigen.

10. *Strassengüterschwerverkehr*
    Bei eingeschränkten Kapazitäten auf den Nord-Süd-Transitachsen kann der Güterschwerverkehr zugunsten des übrigen Verkehrs beschränkt werden. Zu diesem Zweck sind spezielle Ausstellräume für den Schwerverkehr zu erstellen und mit Verkehrsmanagement-Massnahmen, wie abgestimmten Verkehrsmanagementplänen, zu bewirtschaften. Gleichzeitig wird der Strassengüterschwerverkehr über die Verlagerungsmöglichkeiten informiert. Ziel dieser Massnahmen muss eine gesamthaft volkswirtschaftlich zweckmässige Verkehrsabwicklung auf dem vorhandenen Strassennetz sein.

11. *Verkehrsmanagement an den Zollübergängen*
    Die Zollabfertigung ist nicht Teil von VM-CH. Sie erfolgt nach nachfrageorientierten Grundsätzen und hängt von der lokalen Infrastruktur ab. Die Nationalstrassen-Zufahrten zu den Zollübergängen und die Stauräume vor den Zollhöfen sind im Sinne der aufgeführten Handlungsgrundsätze zu steuern und vorhandenen Verkehrsmanagement-Massnahmen zu überprüfen. Auch bei Rückstau am Zoll ist der Verkehrsfluss auf den rückwärtigen HLS zu gewährleisten.

12. *Unterstützung der Polizei*
    Die für die polizeiliche Intervention erforderlichen Informationen (Verkehrszustände, Verkehrsmeldungen, Verkehrsbeobachtung mit Video, Ereignisdetektion, Störfallerkennung etc.) werden der Polizei und Ereignisdiensten zeitgleich zur Verfügung gestellt. Für das Enforcement im Interesse der Verkehrssicherheit und des Immissionsschutzes werden die zweckmässigen technischen Systeme bereitgestellt.

3.1.4 Prozesse

Die VMZ-CH unterscheidet in ihrer Tätigkeit drei Aufgabenbereiche mit jeweils spezifischen Arbeitsprozessen:

Betrieb des operativen Verkehrsmanagements
Die Verkehrsoperatoren in der VMZ-CH erfassen und analysieren permanent sämtliche Verkehrs- und anderen relevanten Daten. Beim Eintreten eines Ereignisses oder einer besonderen Situation prüfen sie den Handlungsbedarf, lösen die geeigneten Massnahmen aus und verfolgen die Wirkung der angeordneten Massnahmen. Wichtiger Bestandteil dieser Tätigkeiten ist die Abstimmung mit den betroffenen Stellen bei den Kantonen sowie das Erteilen und Überwachen der entsprechenden Aufträge (Abb. 3.4).

Abb. 3.4 Kommandoraum der VMZ-CH

Planung des operativen Verkehrsmanagements
Die Verkehrsingenieure in der VMZ-CH erarbeiten federführend die neuen Verkehrsmanagementpläne (VMP) und sorgen für die permanente Weiterentwicklung der bereits
bestehenden VMP. Sie unterstützen die zuständigen Stellen bei der Erstellung von
Baustellen-VMP oder bei der Konzeption von Massnahmen zur Bewältigung der verkehrlichen Auswirkungen von Grossveranstaltungen.

Administration und Überwachung/Wartung der Technik
Damit die VMZ-CH die oben beschriebenen Leistungen erbringen und ihre Dienstleistungen kontinuierlich weiterentwickeln kann, braucht sie eine wirkungsvolle administrative
und technische Unterstützung. Zum Aufgabengebiet der Administration und des technischen Supports gehören – neben der Qualitätssicherung – die Datenpflege, die Erstellung
von aussagekräftigen Statistiken, die Überwachung der Online-Verkehrszähler sowie das
Updaten und Konfigurieren der eingesetzten Soft- und Hardware.

3.1.5 Verkehrstechnische Ziele

Das Bundesamt für Strassen (ASTRA) verfolgt mit der Umsetzung des Verkehrsmanagements für die Schweiz die folgenden Zielsetzungen:

- Die Funktionsfähigkeit des Verkehrssystems soll erhalten und verbessert werden. Stauhäufigkeit, -dauer und -länge sollen reduziert und das intermodale Verhalten soll gefördert werden.

- Die Verkehrssicherheit soll erhöht werden. Unfälle und Unfallfolgen sollen reduziert werden.
- Die Lebens- und Umweltqualität soll verbessert werden. Schadstoffausstoss und Energieverbrauch sollen reduziert werden.
- Die Wirtschaftlichkeit der Strasseninfrastruktur aus Sicht des Eigentümers der Nationalstrassen soll verbessert werden (Investitions-, Betriebs- und Unterhaltskosten).

3.1.6 Finanzierung

Der Artikel 10 des Bundesgesetzes über die Verwendung der zweckgebundenen Mineralölsteuer und der Nationalstrassenabgabe (MinVG) vom 1. August 2011 regelt die Finanzierung des betrieblichen und projektfreien baulichen Unterhalts der Nationalstrassen:
Art. 10 Betrieb

1. Als Betrieb gelten der betriebliche Unterhalt, der projektfreie bauliche Unterhalt, das Verkehrsmanagement und die Schadenwehren.
2. Der betriebliche Unterhalt umfasst alle Massnahmen und Arbeiten, die für die Sicherheit und Betriebsbereitschaft der Strassen notwendig sind, wie Winterdienst, Reinigung der Fahrbahnen und Standspuren sowie Pflege der Mittelstreifen und der Böschungen, alle Arbeiten zur Erhaltung einer dauernden Betriebsbereitschaft der Verkehrseinrichtungen sowie kleinere Reparaturen.
3. Der projektfreie bauliche Unterhalt umfasst alle Massnahmen und Arbeiten, die der Erhaltung der Strassen und ihrer technischen Einrichtungen dienen und ohne umfangreichen Planungsaufwand mit beschränktem finanziellem Aufwand umgesetzt werden können.

3.2 Technische Gestaltung auf Systemseite

3.2.1 Systemzustand

Das Verkehrsmanagement der Schweiz baut auf den heute bestehenden technischen Einrichtungen auf und berücksichtigt bis zum Erreichen des angestrebten Zielzustands, die gewachsenen organisatorischen Strukturen. Möglich ist die Umsetzung eines derart komplexen Projektes mit einer Vielzahl von Beteiligten nur in einem schrittweisen Vorgehen.

In einer ersten Phase setzte der Bund die so genannte „Startkonfiguration" um. Wesentliche Bestandteile waren die Inbetriebnahme der nationalen Verkehrsmanagementzentrale (VMZ-CH) und der nationalen Verkehrsinformationszentrale (VIZ-CH). Zu der Startkonfiguration gehörten auch ein IT-basiertes System zur Darstellung der aktuellen Verkehrslage, Life-Videobilder in Pilotkantonen von Kameras entlang der Nationalstrassen, Kommunikationsinstrumente für Ereignismeldungen, die Einrichtung des Verkehrsdatenverbundes (VDV-CH) sowie prioritäre Verkehrsmanagementpläne auf der West-Ost und der Nord-Süd-Achse.

In der derzeit auslaufenden zweiten Phase zur Erstellung der „Basiskonfiguration"
überführt das ASTRA in der VMZ-CH die Insellösungen aus der Startkonfiguration in ein
IT-gestütztes Gesamtsystem. Dies ermöglicht die Einbindung der am Verkehrsmanagement auf Nationalstrassen beteiligten Akteure (kantonale Leitzentralen, ASTRA-Filialen
und Gebietseinheiten). Neue Applikationen wurden integriert (z. B. Fachapplikation Verkehrsmanagement), die die Verkehrsoperatoren in der VMZ-CH bei ihrer täglichen Arbeit
wirkungsvoll unterstützen.

In der aktuell anlaufenden dritten Phase zum Erreichen des „Zielzustandes" erfolgt das
operative Verkehrsmanagement auf den Nationalstrassen bereits weitgehend zentral. Die
VMZ-CH kann bereits viele der erforderlichen Systeme bedienen und steuern. Möglich
macht dies eine nationale Systemarchitektur, welche die Verkehrsmanagementsysteme der
Nationalstrassen und der kantonalen Leitzentralen mit der VMZ-CH vernetzt. In den
nächsten Jahren wird der Bund die technischen Mittel für das Verkehrsmanagement
konsequent weiterentwickeln. Dazu gehören der Ausbau der Streckenausrüstungen wie Wechseltext- oder dynamische Geschwindigkeitsanzeigen, die vermehrte Nutzung von Life-
Videobildern, Ergänzungen am Netz der Online-Zählstellen und das Erarbeiten von
Verkehrsmanagementplänen zweiter und dritter Priorität.

3.2.2 Systemarchitektur

Das Bundesamt für Strassen (ASTRA), Abteilung Strassennetze, ist für die für strategische Führung des Projektes VM-CH verantwortlich. An der eigentlichen Umsetzung des
Verkehrsmanagements auf den Nationalstrassen sind wie in Abb. 3.5 gezeigt mehrere
Akteure beteiligt.

ASTRA, Bereich Infrastruktur und Verkehrsmanagement
Er erarbeitet die methodischen Grundlagen sowie die verkehrstechnischen Richtlinien.
Ferner ist der Bereich verantwortlich für die Konzeption der Systemarchitektur und der
erforderlichen Verkehrsmanagement-Anlagen.

ASTRA, Verkehrsmanagementzentrale (VMZ-CH)
Die VMZ-CH in Emmenbrücke bei Luzern bildet die operative Schaltzentrale des Verkehrsmanagements auf den Nationalstrassen. Ihr obliegt unter anderem die laufende Analyse der Verkehrslage sowie die Auswahl und Anordnung der jeweils zweckmässigen
Verkehrsmanagementmassnahmen. Die VMZ-CH regelt den Informationsfluss und sorgt
für ein gutes Zusammenwirken der verschiedenen Akteure für das Verkehrsmanagement
auf den Nationalstrassen.

Sowohl für planbare Ereignisse (z. B. Baustellen) und für regelmässig eintretende Situationen wie den täglichen Pendlerstau als auch für unvorhersehbare Ereignisse legt die
VMZ-CH die nötigen Arbeitsprozesse und die Aufgaben der einzelnen Akteure fest.
Besonders wichtig ist die optimale Abstimmung der polizeilichen Aufgaben mit den Aufgaben der VMZ-CH, zur Bewältigung spontaner Ereignisse wie Unfälle, Felsstürze oder
Tunnelbrände, wo schnelles und wirksames Handeln nötig ist.

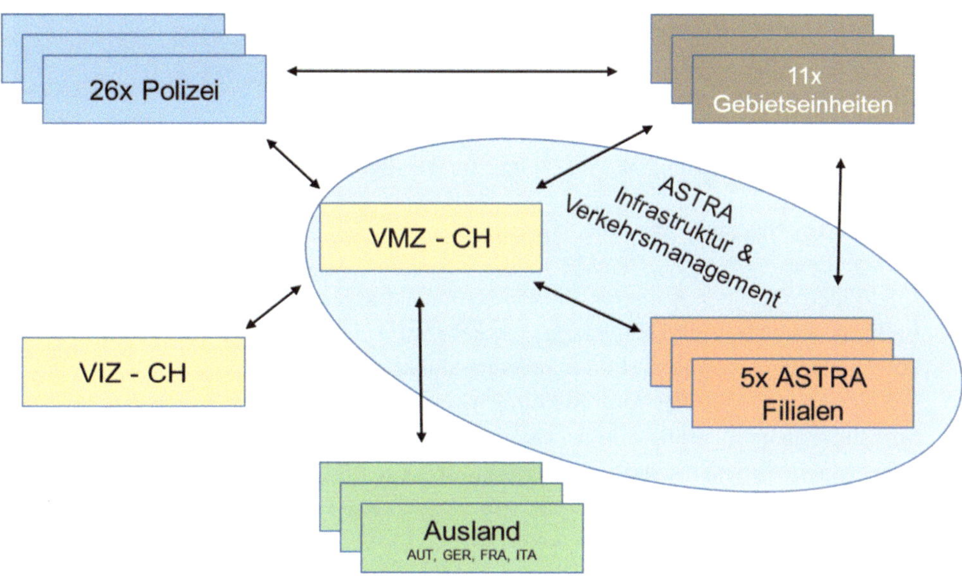

Abb. 3.5 Die Akteure des VM-CH im Überblick

ASTRA, Filialen

Die fünf ASTRA-Filialen melden der VMZ-CH die Baustellen und arbeiten dafür bei
Bedarf temporäre Verkehrsmanagementpläne aus. Zudem projektieren und realisieren die
Filialen die Verkehrsmanagementsysteme und Anlagen auf den Nationalstrassen.

Gebietseinheiten

Als kantonale Trägerschaften für den betrieblichen Unterhalt auf den Nationalstrassen
übernehmen die elf Gebietseinheiten für die VMZ-CH spezifische Unterstützungsleistungen wie das Aufstellen von Absperrungen und Signalen, die Wartung der technischen
Strassenausrüstung und die Unterstützung der Ordnungs- und Rettungsdienste.

Kantonale Verkehrspolizeien

Die 26 kantonalen Verkehrspolizeien sorgen nach wie vor auch auf den Nationalstrassen
für Sicherheit und Ordnung. Im Ereignisfall (z. B. bei Unfällen) treffen sie die unmittelbar
erforderlichen Massnahmen. Dabei arbeiten sie eng mit der VMZ-CH zusammen. Bis zum
Erreichen des „Zielzustands" unterstützen die Kantonspolizeien die VMZ-CH auch beim
Beurteilen der Verkehrslagen, beim Ermitteln des Handlungsbedarfs und durch das Schalten der Verkehrsmanagement-Anlagen. Dazu schliesst der Bund mit den Kantonen entsprechende Leistungsvereinbarungen ab.

Verkehrsinformationszentrale (VIZ-CH)

Die vom Bund beauftragte Viasuisse informiert die Verkehrsteilnehmenden laufend über
die Verkehrslage und die Anordnungen der VMZ-CH. Die Informationsverbreitung erfolgt
über Radio und Fernsehen, das Radio Data System (RDS), den Traffic Message Channel
(TMC), sowie das Internet.

3.2.3 Technische Grundlagen und Basistechnologien

3.2.3.1 Datenerfassung

Für die vorausschauende und aktive Verkehrsbeeinflussung auf den Nationalstrassen stehen der VMZ-CH verschiedene Werkzeuge zur Verfügung. Dazu zählen:

- IT-basierte Systeme für die Darstellung der aktuellen oder prognostizierten Verkehrslage
- Life-Videobilder von Kameras auf den Nationalstrassen
- Ereignismeldungen und allgemeine Verkehrsinformationen von den kantonalen Verkehrspolizeien, der VIZ-CH oder anderen Akteuren
- Wetterinformationen (Bulletin Meteo Schweiz, Radarbilder etc.)
- Verkehrsmanagementpläne inkl. entsprechende elektronische Tools für Szenarienbildung, Massnahmenentscheid und Kommunikation mit den Partnern
- Agenda mit geplanten Ereignissen wie Dauerbaustellen, Grossveranstaltungen etc. (Ereigniskalender)
- Laufende Protokollierung der wesentlichen Vorgänge im Verkehrsmanagement (Journal)
- Inventare der aktuellen Streckenausrüstung (u. a. automatische Verkehrszähler, Wechseltextanzeigen)
- Meldungen bzw. Informationen via Telefon, Fax, Mail und Internet

3.2.3.2 Datenverarbeitung und Datenübertragung

Der Verkehrsdatenverbund der Schweiz (VDV-CH) vernetzt die wichtigsten Datenquellen und Akteure im Verkehrsmanagement. Er gewährleistet eine einheitliche und gemeinsame Datenbasis – eine unabdingbare Voraussetzung für das bestmögliche Nutzbarmachen der vorhandenen Daten durch die verschiedenen Akteure im Verkehrsmanagement.

Der VDV-CH erfüllt zwei wesentliche Funktionen: Zum einen dient er dem Sammeln und Zusammenfügen der verschiedensten Verkehrsdaten. Zum anderen werden über den VDV-CH die Daten an die zuständigen Stellen zur Verarbeitung und Verbreitung der daraus resultierenden Informationen verteilt.

Als Austauschplattform und Datenautobahn sorgt der VDV-CH dafür, dass die richtigen Daten zu den richtigen Stellen gelangen. Bildlich ausgedrückt stellt der VDV-CH das physikalische Netzwerk (Intranet) des Verkehrsmanagements der Schweiz dar. Das Netzwerk basiert auf dem Internetprotokoll „Transmission Control Protocol" (TCP) und wird vom Bundesamt für Informatik und Telekommunikation (BIT) im Auftrag des ASTRA betrieben.

Ab und zu ist im Verkehrswesen auch vom „multimodalen Datenverbund" die Rede. Dieser Verbund umfasst – im Gegensatz zum VDV-CH – nicht nur den Strassenverkehr sondern sämtliche Verkehrsträger. Der multimodale Datenverbund ist nicht Gegenstand des Projektes VM-CH.

Über den VDV-CH verbreitet das Verkehrsmanagement verschiedene Datenarten:

- Statische Daten: Karten und Strassenattribute wie beispielsweise Höhen- und Gewichtsbeschränkungen

- Dynamische Daten: Betriebszustände (z. B. Tempo 100, Stau), Signal-Stellungen, Sperrungen, Umleitungen
- Videodaten: Kamerastandorte, Bilder, Video-Streams (Live-Bilder)
- Verkehrsmanagementpläne: Aktivierte Verkehrsmanagementpläne
- Verkehrsinformation: Liste von allen verbreiteten und aktuell gültigen Verkehrsmeldungen
- Verkehrsdaten: Aktuelle Werte der Messstellen wie Fahrzeugdichte, Fahrzeuggeschwindigkeiten
- Ereignisse, Meldungen und Prognosen: Unfälle, Wetterereignisse, Strassenzustände, Baustellen

Wichtige Datenquellen sind die Sensoren. Sie erfassen automatisch die relevanten Rohdaten für das Verkehrsmanagement. Zum Beispiel erheben die Online-Verkehrszähler die Anzahl der Fahrzeuge und deren Geschwindigkeit. Über den VDV-CH werden diese Daten anschliessend an die Verkehrsmanagementzentrale (VMZ-CH) übermittelt. Videokameras erfassen die Verkehrssituation optisch. Mit ihrer Hilfe können die Verkehrsoperatoren die erfassten technischen Werte verifizieren und das Verkehrsgeschehen überwachen. Weitere automatische Quellen sind Wetterstationen sowie Gewichts- oder Glatteissensoren. Für andere Daten braucht es eine aktive Eingabe durch den Menschen. Dazu gehört beispielsweise das Erfassen eines Unfalles oder eines anderen Ereignisses. All diese Daten transportiert der VDV-CH zu den verschiedenen Akteuren und Applikationen zur Verarbeitung. Ohne Bedeutung für das Verkehrsmanagement sind hingegen die Daten aus den Geschwindigkeitsmessgeräten der Polizei.

Aus der Verarbeitung der gewonnen Informationen resultieren bei Bedarf konkrete Aktionen oder Verkehrsmanagementmassnahmen. Die aktive Beeinflussung des Verkehrsgeschehens erfolgt über so genannte Aktoren. Betreffend Datenaustausch kann auch bei den Aktoren zwischen Mensch und Maschine unterschieden werden. Automatisch erfolgt die Übermittlung bei Aktoren wie Wechseltextanzeigen, variablen Geschwindigkeitszeigen oder Ampeln. In anderen Fällen übernimmt der Mensch die Informationsverbreitung. So leitet etwa die Verkehrspolizei bei einer Unfallstelle den Verkehr unmittelbar selber um.

Wie sieht der Datenaustausch in der Praxis aus?

Das folgende Beispiel zeigt, wie Daten in einem Verkehrsmanagementprozess entstehen können, wie sie im Gesamtsystem über den VDV-CH fliessen und wie die verschiedenen Akteure die Daten nutzen.

- Aus einer kantonalen Leitzentrale (KLZ) trifft eine Staumeldung über den VDV-CH in der Verkehrsmanagementzentrale sowie in der Verkehrsinformationszentrale (VIZ-CH) ein.
- Die VMZ-CH verifiziert durch das Aufschalten der entsprechenden Life-Videokameras die Richtigkeit der Meldung und beurteilt mit Hilfe der Verkehrslagedarstellung das Ausmass der Verkehrsstörung.
- Gestützt darauf ermittelt die VMZ-CH den in Frage kommenden Verkehrsmanagementplan (VMP) und aktiviert ihn. Im vorliegenden Fall umfasst der VMP zum Abbau

des Staus eine Temporeduktion auf den vorgelagerten Nationalstrassenabschnitten sowie die Information der Verkehrsteilnehmenden.

- Die VIZ-CH spricht sich mit der VMZ-CH via VDV-CH ab und veröffentlicht die entsprechende Meldung via Radio und anderen Informationskanälen.
- Die Anweisungen des aktivierten VMP mit den entsprechenden Verkehrsmanagement-Massnahmen stehen den KLZ online zur Verfügung. Gestützt darauf schalten die zuständigen KLZ die entsprechende Signalgruppe (Aktoren) auf eine tiefere Geschwindigkeitslimite.
- Die KLZ bestätigt über den VDV-CH die durchgeführten Massnahmen des VMP.
- Die Verkehrslagedarstellung visualisiert die von den Sensoren zurückgemeldeten Daten. Mit ihrer Hilfe können die Verkehrsoperatoren die Wirksamkeit der getroffenen Massnahmen laufend überwachen und den VMP zeitgerecht via VDV-CH wieder auflösen.

Alle Daten in diesem Beispiel fliessen elektronisch als Eingabe und Ausgabe über den VDV-CH (Abb. 3.6). Die lokalen Systeme bilden diese Daten ab und verwerten sie. Zurzeit sind das Kommunikationssystem und die verschiedenen Applikationen im Aufbau begriffen.

Der VDV-CH verbindet in Zukunft alle wichtigen Akteure im Verkehrsmanagement: Die Verkehrsmanagementzentrale, die kantonalen Leitzentralen, die regionalen Leitzentralen, die elf Gebietseinheiten und die Verkehrsinformationszentrale. Weiter ist auch das Managementinformationssystem Strasse und Strassenverkehr (MISTRA) des ASTRA mit

Abb. 3.6 Der zukünftige VDV-CH im Verkehrsmanagement Schweiz

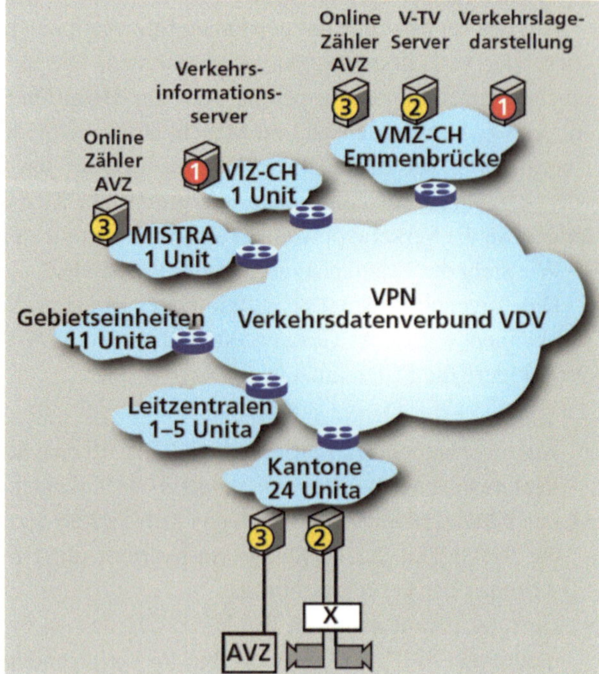

dem VDV-CH verbunden. MISTRA liefert statische Daten über den VDV-CH an die übrigen Akteure. Der VDV-CH überträgt Daten von Sensoren wie Kameras an neuralgischen Stellen oder automatischen Verkehrszählern an alle Akteure, welche diese Daten benötigen. Die Akteure oder Applikationen verarbeiten die Daten und senden die Anweisungen aus der Interpretation der Daten wiederum via VDV-CH an die jeweiligen Aktoren.

3.2.3.3 Räumliches Referenzierungssystem

Je nach Kontext werden verschiedene Referenzierungssysteme genutzt. Nachfolgend werden die für die VMZ-CH wichtigsten Systeme benannt:

Nationalstrassennetz als räumliches Basis-Bezugssystem RBBS

Das RBBS ist eine abstrahierte Abbildung des Strassenverlaufs, als lineares Raumbezugssystem für die Lokalisierung von strassenbezogenen Fachdaten (Unfallort, Bauwerke, Fahrbahnzustand, Signalisation, usw.). Dadurch kann jeder Ort auf dem N-Netz im Feld und in der Strassendatenbank eindeutig identifiziert werden. Der aktuelle Strassenverlauf der Nationalstrassen (N-Netz) wird durch Achsen mit Achssegmenten und Bezugspunkten abgebildet. Das RBBS dient insbesondere den Organisationseinheiten der Filialen, welche für Planung, Unterhalt und Bau von Strasseninfrastruktur zuständig sind; sowie Ingenieurbüros, welche im Auftrag des ASTRA Tätigkeiten im Bereich Strasseninfrastruktur ausführen.

Anlagenkennzeichnungssystem Schweiz (AKS-CH)

Das AKS-CH schafft eine einheitliche strukturelle Sicht und Kennzeichnung der Betriebs- und Sicherheitsausrüstungen (BSA) auf dem Schweizer Nationalstrassennetz. Das Bedürfnis zu dieser Vereinheitlichung leitet sich direkt von der Übernahme der Verantwortung für Betrieb und Unterhalt der Nationalstrassen durch das ASTRA ab. Die einheitliche strukturelle Sicht schafft die Voraussetzung für den Know How Transfer zwischen den Leistungserbringern, sowie für Effizienzsteigerungen im Betrieb und im Unterhalt.

TMC Location Codes des Bundes

Für die Verbreitung von Verkehrsinformationen über das RDS TMC System erfolgen die Ortsangaben nach dem aktuell gültigen TMC Location Code Schweiz des ASTRA.

3.2.4   Betriebsüberwachung

Verschiedene Fachapplikationen unterstützen die Geschäftsprozesse der involvierten Benutzer. Daher verfügt jede Fachapplikation über eine eigene Benutzeroberfläche und dazugehörende Steuerungslogik, die die darunterliegenden Fach- oder Basisdienste aufruft. Jeder Benutzer und jede Benutzergruppe hat, entsprechend ihrer Rolle und Zugriffsrechte im Benutzermodell, unterschiedliche Ansichten in einer Fachapplikation.

Die für die Verkehrsmanagementzentrale wesentliche Applikation ist die Fachapplikation Verkehrsmanagement (FA-VM). Die FA-VM unterstützt die Informationsverbreitung und Verkehrsbeeinflussung für einen möglichst flüssigen Verkehr auf dem Nationalstrassennetz

(Personen- und Schwerverkehr). Hierbei werden die Bewältigung von Ereignissen, Baustellen, Veranstaltungen usw. berücksichtigt. Die Applikation stellt die integrierte Gesamtlösung für das gesamte Verkehrsmanagement in einer Multi-Monitor-Umgebung dar. Sie führt Dienste und Funktionalitäten von verschiedenen Lieferanten zusammen und verbindet diese modular. Zu den derzeit verwendeten Diensten gehören unter anderem:

- topografische Landesdaten (Strassenverläufe, Geländedaten, Ortschaften etc.)
- diverse Referenzpunkte (z. B. Tunnel, Galerien, Zu- und Abfahrten, Verzweigungen, TMC Punkte etc.)
- Visualisierungen zur detaillierten Spurführung im Strassenverlauf
- spurgenaue aktuelle und statistische (Ganglinien) Informationen von Verkehrszählstellen
- aktuelle Reisezeitinformationen in 500 m-Abschnitten
- Videobilder von Streckenkameras
- Wetterdaten
- standardisierte Ereignismeldungen
- Daten von Warteräumen, Dosierstellen etc. im Schwerverkehrsmanagement
- Informationen zu Tages- und Dauerbaustellen

Aus den eingehenden Diensten wird die Verkehrslage spurgenau visualisiert (Abb. 3.7). Layer ermöglichen eine Differenzierung der Darstellung, um Baustellen, Reisezeiten, Kamerapositionen usw. nach Bedarf einzublenden. Es lassen sich Verkehrsprognosen für die nächsten 30, 60 oder 120 Minuten berechnen.

An der Integration weiterer Dienste wird gearbeitet, um zukünftig im Rahmen eines integrierten Verkehrsmanagements beispielsweise dynamische Signalisationen auf der Strecke, Wechseltextanzeigen und Pannenstreifenumnutzungen aus der VMZ-CH zu verwalten.

In einer weiteren Fachapplikation für das Baustellenmanagement (FA-BM) werden alle auf den Nationalstrassen geplanten und laufenden Baustellen gepflegt. Dies beinhaltet Informationen über die Dauer der Baustelle, sowie über Einschränkungen der Befahrbarkeit des betroffenen Abschnitts. Für den Winterdienst stellt sie Informationen wie Wetter, Verkehrskameras und Verkehrslage zur Verfügung. Die FA-BM ist mit der FA-VM verbunden, sodass in das operative Verkehrsmanagement alle relevanten Baustellen einbezogen werden können.

3.3 Verkehrsmanagement

3.3.1 Verkehrssteuerung/-lenkung

3.3.1.1 Netzbeeinflussung

Im Verkehrsmanagement kommt in der Regel ein ganzes Bündel von Massnahmen zur Anwendung. Diese müssen sorgfältig ausgewählt und aufeinander abgestimmt sein.

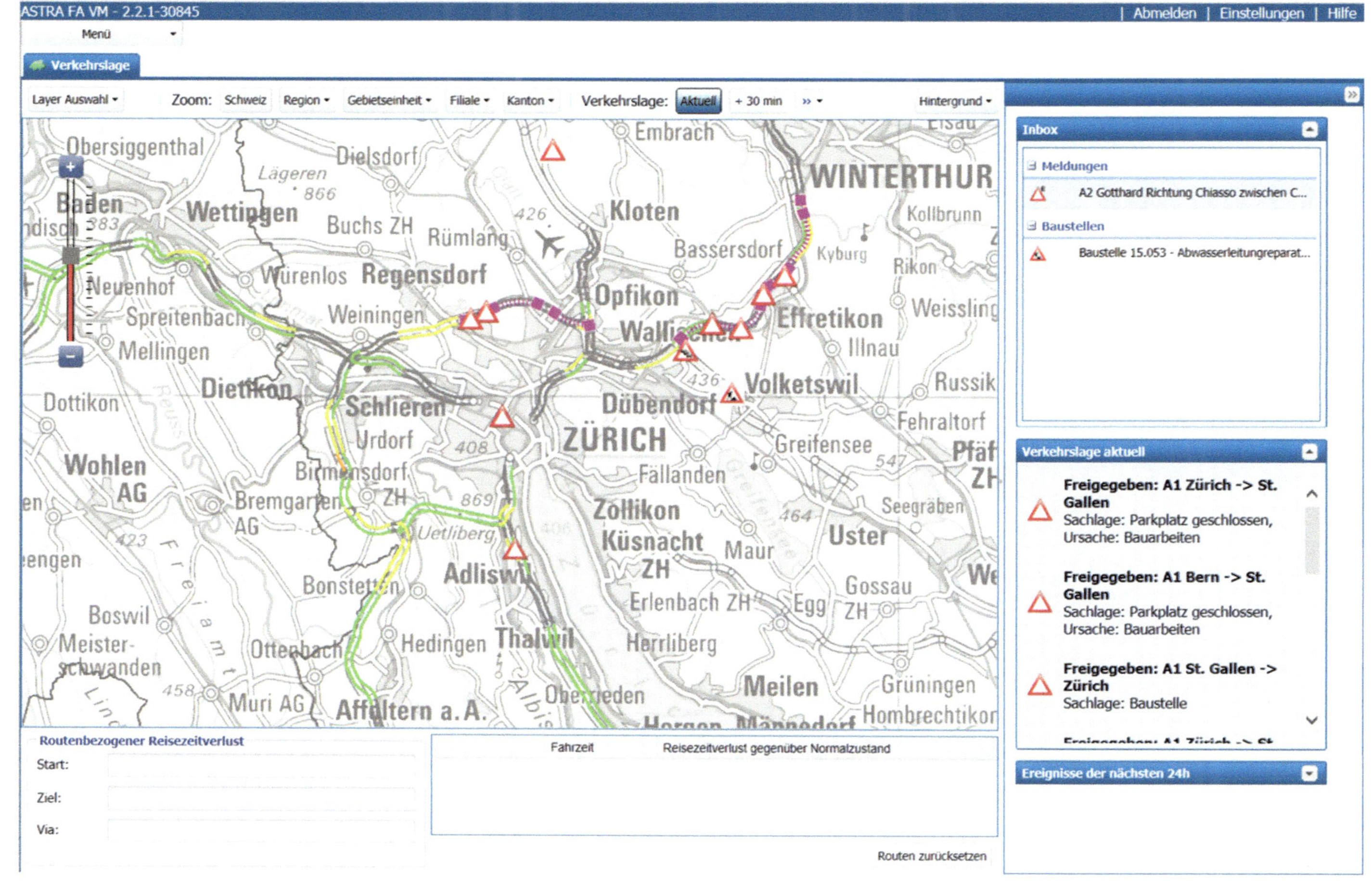

Abb. 3.7 Verkehrslagedarstellung mit Tagesbaustellen und aktuellen Meldungen in der Fachapplikation Verkehrsmanagement

Zudem sollen die verschiedenen Akteure bei Bund und Kantonen wissen, was in einer bestimmten Verkehrssituation zu tun ist. Um dies sicherzustellen, werden für bestimmte Strassenabschnitte so genannte Verkehrsmanagementpläne (VMP) erstellt. Sie legen für vordefinierte Verkehrssituationen und Ereignisse fest, wer welche Massnahmen ergreifen muss und wie damit der Verkehrsfluss und die Verkehrssicherheit jeweils am besten zu gewährleisten sind.

Das Erstellen der Verkehrsmanagementpläne fällt in die Kompetenz des Bundes. Das zuständige Bundesamt für Strassen (ASTRA) hört bei der Erarbeitung der VMP die betroffenen Kantone an und berücksichtigt deren Anliegen in der Ausgestaltung der Pläne. Die VMP beziehen sich jeweils auf einzelne Abschnitte des Nationalstrassennetzes. Sie legen die Massnahmen fest, die bei bestimmten Situationen und Ereignissen mit oft über-regionalen Auswirkungen von Bund und Kantonen zur Bewirtschaftung der Nationalstrassen zu ergreifen sind.

Internationale VMP

In die Zuständigkeit des ASTRA gehören ebenso die internationalen VMP. Sie behandeln Situationen und Ereignisse, die massgeblich auch den Strassenverkehr im Ausland betref-fen und eine Koordination mit den Nachbarstaaten bedingen. Das ASTRA vereinbart mit der zuständigen Behörde im Ausland die jeweiligen VMP.

VMP für das übrige Strassennetz

Die VMP für Strassenabschnitte ausserhalb des Nationalstrassennetzes liegen grundsätz-lich in der Zuständigkeit der Kantone. Die Kantone sind gemäss Strassenverkehrsgesetz jedoch verpflichtet, für die Bewältigung bestimmter Situationen und Ereignisse auf einer Reihe von einzeln bezeichneten Strassen VMP zu erstellen. Der Bundesrat hat in der Nati-onalstrassenverordnung die VMP-pflichtigen Strassen bezeichnet. Bei der Erstellung die-ser VMP müssen die Kantone die Vorgaben des ASTRA berücksichtigen. Vor der Inkraftsetzung müssen die Kantone die VMP auf den bezeichneten Strassen dem ASTRA zur Genehmigung unterbreiten.

Temporäre VMP

Für Baustellen auf den Nationalstrassen oder für Grossanlässe werden bei Bedarf tem-poräre VMP erstellt. Die Verkehrsmanagementzentrale (VMZ-CH) entscheidet jeweils, ob ein temporärer VMP nötig ist. Die ASTRA-Filialen erarbeiten die temporären VMP für Baustellen und reichen sie zur Genehmigung bei der ASTRA-Zentrale in Ittigen ein.

Jeder VMP ist nach einem standardisierten Schema aufgebaut und beinhaltet in der Anwendung die fünf Schritte „Detektion", „Ereignis", „Szenario", „Massnahme" und „Aktion":

1. *Detektion: Verkehrssituation erfassen*
   Wirksames Verkehrsmanagement ist auf zweckdienliche Informationen angewiesen. Deshalb werden beim Erarbeiten eines VMP für den betreffenden Strassenabschnitt

sowohl die wichtigen Verkehrsdaten wie Kapazität und durchschnittlicher Tagesverkehr mit Ganglinien erfasst als auch die bestehenden Detektionseinrichtungen dokumentiert. Dazu gehören die Online-Verkehrszähler zur Erhebung der Verkehrsfrequenzen und Geschwindigkeit, sowie Live-Videobilder zur ergänzenden Verifizierung der Daten. Diese Detektoren liefern die Rohdaten für die automatische Verkehrslagedarstellung und für die permanente Beobachtung des Verkehrs auf dem gesamten Nationalstrassennetz. Sie ermöglichen den Verkehrsoperatoren auch den laufenden Vergleich zwischen der aktuellen Verkehrssituation („Nachfrage") und der Kapazität des jeweiligen Strassenabschnitts im Normalzustand („Angebot").

2. *Ereignis: Überlastung oder Ereignis erkennen*
   In einem nächsten Schritt typisiert ein VMP häufig wiederkehrende Situationen und Ereignisse nach deren Auswirkungen auf das Verkehrsgeschehen. Relevant sind diese für das Verkehrsmanagement immer dann, wenn das Verkehrsaufkommen die Kapazität überschreitet und Staus zu erwarten oder bereits eingetreten sind. Als Hilfsmittel für die Ereigniserkennung dienen in der Praxis die erwähnten Detektionseinrichtungen sowie die eingesetzten IT-Systeme zur Meldung von Ereignissen (z. B. Unfälle) durch die Verkehrspolizei oder die Verkehrsinformationszentrale (VIZ-CH).

3. *Szenario: Verkehrslage beurteilen und Szenario auswählen*
   In einem VMP stehen insgesamt bis zu sechs im Voraus definierte Szenarien mit mehreren Eskalationsstufen (gemäss Verschärfung der Auswirkungen) zur Verfügung. Sie beziehen sich auf prognostizierte bzw. bereits eingetretene Überlastungen des Gesamt- oder Schwerverkehrs, auf die Reduktion von Fahrstreifen oder auf Strassenblockaden. In jedem VMP werden die Szenarien konkretisiert und die jeweiligen Schwellenwerte, die räumliche Ausdehnung, die Ereignisdauer und die daraus resultierenden Reisezeitverluste vordefiniert. Weiter halten die Szenarien auch die möglichen Alternativrouten fest. Bei der Umsetzung eines VMP wählen die Verkehrsoperatoren für jedes Ereignis, eines der sechs vorgängig definierten Szenarien aus; dies jeweils unter Berücksichtigung der aktuellen Verkehrslage und der vorgegebenen Schwellenwerte.

4. *Massnahme: Massnahmen zuordnen*
   Für jedes Szenario legt der VMP vorgängig die zweckmässigen Massnahmen zur Bewältigung des jeweiligen Ereignisses fest. Die Zuordnung der Massnahmen erfolgt aufgrund der Ereignisdauer (z. B. Zeit bis zur Räumung einer Unfallstelle), des Ausmasses (z. B. Staulänge), des Ereignisortes und möglicher Umfahrungs- oder Umleitungsrouten. Verkehrsmanagement-Massnahmen innerhalb des Nationalstrassennetzes können die Operatoren in der VMZ-CH eigenständig anordnen. Sind die kantonalen Verkehrspolizeien und/oder das untergeordnete Strassennetz von den Massnahmen betroffen, so werden diese erst nach Rücksprache und Einwilligung der betroffenen Kantone ausgelöst. Wirken sich die geplanten Massnahmen auch auf das ausländische Strassennetz aus, braucht es vorgängig eine Absprache mit dem Ausland. Die Aktivierung eines kantonalen VMP mit Auswirkungen für den Verkehrsfluss auf den Nationalstrassen bedingt seinerseits die vorherige Freigabe durch die VMZ-CH.

5. *Aktion: Einzelne Aktionen umsetzen*

Der VMP listet sämtliche Aktionen auf, die zur Umsetzung einer zuvor ausgewählten Massnahme notwendig sind. Zusätzlich regelt er die Zuständigkeiten für die Durchführung der Aktionen. Während der „Startkonfiguration" lösten die Verkehrsoperatoren in den kantonalen Verkehrsleitzentralen die Aktionen gemäss den von der VMZ-CH angeordneten Massnahmen aus. Mittlerweile setzt die Verkehrsmanagementzentrale die meisten Aktionen aus den VMP selbst um. Dazu gehören das Schalten von Wechseltextanzeigen (WTA), Wechselwegweisungen (WWW) oder Wechselsignalanlagen (WS). Die Verbreitung der entsprechenden Verkehrsinformationen erfolgt parallel dazu auf Anweisung der VMZ-CH durch die Mitarbeiterinnen und Mitarbeiter der nationalen Verkehrsinformationszentrale (VIZ-CH).

3.3.1.2 Streckenbeeinflussung

Im Nationalstrassennetz bestehen überdies vielfältige automatisierte Verkehrsmanagementmassnahmen. Diese sind jeweils nicht Gegenstand der Verkehrsmanagementpläne und kommen ohne aktives Eingreifen der Operatoren aufgrund lokaler Detektionen oder Steuerungsautomatismen zur Anwendung. Dazu gehören insbesondere:

- Dynamische Anpassungen der zulässigen Höchstgeschwindigkeit
- Dynamisches Aktivieren von LKW-Überholverboten
- Dynamische Stau- und Gefahrenwarnungen
- Rampenbewirtschaftungen mit Zu- und Abflussdosierung an Anschlüssen
- Lichtsignalanlagensteuerungen (LSA-Steuerungen) auf Nationalstrassen
- LSA-Steuerungen am ersten Sekundärknoten

Die Betriebsmittel für die automatisierten Massnahmen werden im Verkehrsmanagementplan aufgelistet. Ferner werden für bestimmte Ausnahmefälle im Verkehrsmanagementplan die Bedingungen festgelegt, unter denen eine spezifische automatisierte Verkehrsmanagementmassnahme übersteuert werden kann. Im Verkehrsmanagementplan ebenfalls festgeschrieben werden die dafür erforderlichen Massnahmen sowie die Zuständigkeit für die Umsetzung der Massnahmen.

Die Festlegung, Ausgestaltung und Anwendung dieser Betriebsmittel auf Nationalstrassen ohne unmittelbare Auswirkungen auf das untergeordnete Strassennetz trifft das ASTRA eigenverantwortlich. Bei den übrigen Festlegungen – darunter fallen insbesondere die Massnahmen zur Rampenbewirtschaftung und zu LSA-Steuerungen am ersten Sekundärknoten – sorgt das ASTRA für den erforderlichen Einbezug der betroffenen Strasseneigentümer. Anschlussknotensteuerungen können fallweise auch in regionale Steuerungssysteme der Kantone, Städte oder Gemeinden eingebunden werden.

3.3.1.3 Pannenstreifenumnutzung (PUN)

Die Nutzung des Pannenstreifens als Fahrstreifen stellt eine Möglichkeit dar, den Verkehrsablauf im Bereich von Konfliktpunkten zu homogenisieren und damit die Verkehrssicherheit eines Autobahnabschnittes, unter Nutzung der bestehenden Verkehrsinfrastruktur, kurzfristig zu erhöhen. Pannenstreifen auf Nationalstrassen haben eine wichtige Funktion in Bezug auf die Verkehrssicherheit und werden daher restriktiv angewendet.

Mit den bereits realisierten Pannenstreifenumnutzungen konnten die Verkehrssicherheit und die Zuverlässigkeit wesentlich verbessert werden. Die Auswertung der Unfalldaten ergab, dass auf allen permanenten Pannenstreifenumnutzungen und der ersten temporären zwischen Morges und Ecublens die Unfallzahlen pro Jahr um rund 25 % oder mehr gegenüber der Situation vor der Realisierung zurückgingen und auch nicht mehr zunahmen. Gleichzeitig konnten die lokalen Verkehrsüberlastungen und damit auch die Stauzeiten bedeutend reduziert werden. Im Verkehrsmanagement der Schweiz kommen drei PUN-Typen zur Anwendung:

Typ 1: PUN zwischen Anschlüssen oder Verzweigungen
Beim PUN-Typ 1 wird der Pannenstreifen zwischen zwei Anschlüssen oder Verzweigungen umgenutzt. Bei diesem Typ handelt es sich um eine Fahrstreifenaddition bei der Einfahrt eines ersten Anschlusses und einer Fahrstreifensubtraktion bei der Ausfahrt des nächsten Anschlusses. Die PUN verbindet somit lediglich eine Einfahrt mit der nachfolgenden Ausfahrt.

Der PUN-Typ 1 kann sich sowohl nur über einen Abschnitt zwischen zwei benachbarten Anschlüssen erstrecken (Abb. 3.8) als auch über mehrere aufeinanderfolgende Abschnitte zwischen jeweils zwei benachbarten Anschlüssen (Abb. 3.9). Im Bereich der Anschlüsse erfolgt somit wieder eine Spurreduktion auf die ursprüngliche Anzahl Fahrstreifen.

Typ 2: PUN über Anschlüsse oder Verzweigungen
Beim PUN-Typ 2 wird der Pannenstreifen auch im Anschlussbereich zwischen Ausfahrt und Einfahrt umgenutzt, d. h. die Pannenstreifenumnutzung führt über mindestens einen Anschluss hinweg (Abb. 3.10).

Typ 3: PUN in Steigungen (Zusatzstreifen)
Beim PUN-Typ 3 wird der Pannenstreifen im Bereich eines längeren Steigungsabschnitts permanent umgenutzt (Abb. 3.11). Zusatzstreifen ermöglichen, Fahrzeugkolonnen aufzulösen oder ihre Bildung zu verhindern. Das Anbieten geregelter Überholmöglichkeiten von langsamen Fahrzeugen mittels Zusatzstreifen ist eine wirksame Massnahme sowohl zur Erhöhung der Verkehrsqualität als auch der Verkehrssicherheit.

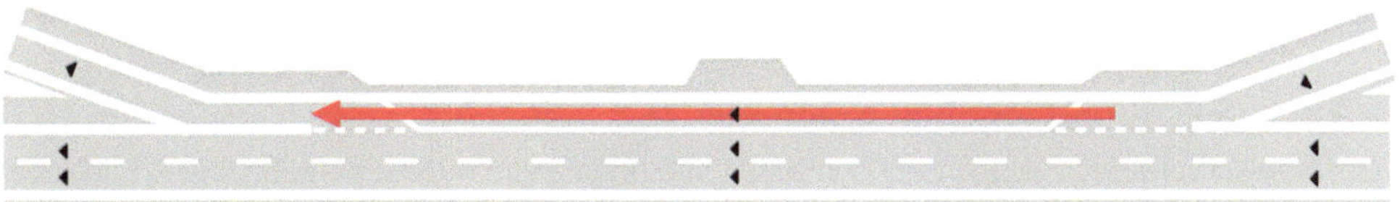

Abb. 3.8 PUN-Typ 1 zwischen zwei benachbarten Anschlüssen auf einem Abschnitt

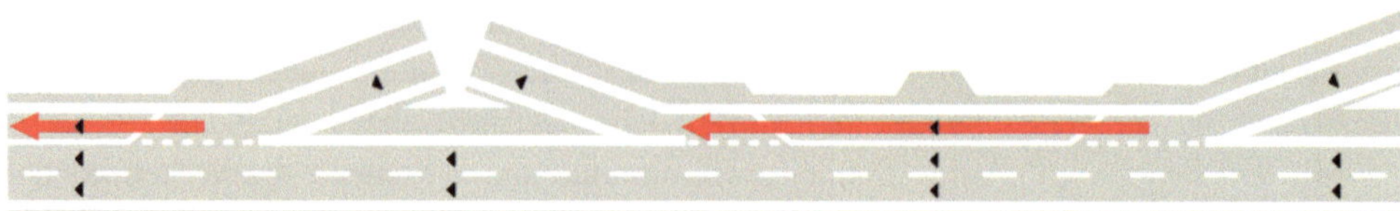

Abb. 3.9 PUN-Typ 1 zwischen zwei benachbarten Anschlüssen über mehrere aufeinander folgende Abschnitte

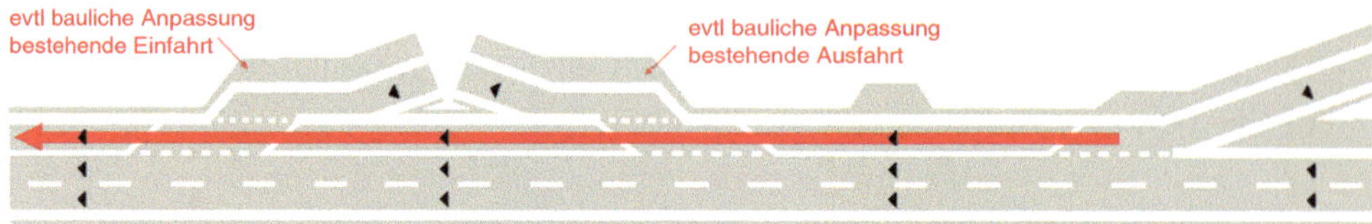

Abb. 3.10 PUN-Typ 2 über Anschlüsse

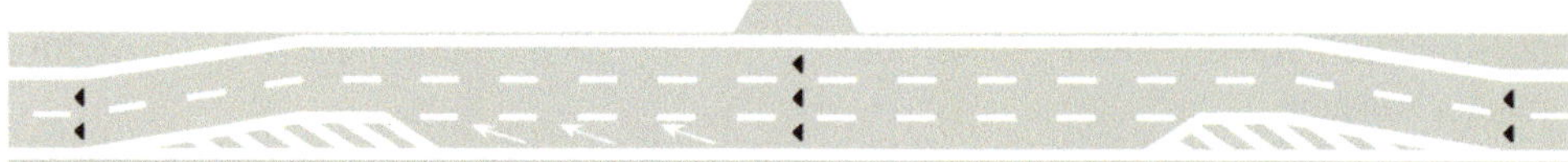

Abb. 3.11 PUN-Typ 3 in Steigungen

Steuerung temporärer Pannenstreifenumnutzungen

Die temporären PUN-Abschnitte sind mit Detektoren und Videokameras ausgerüstet. Sobald die Detektoren eine hohe Verkehrsbelastung registrieren, erhält die Verkehrsmanagement-Zentrale eine Meldung, dass der Pannenstreifen freizugeben ist. Mittels Videokameras überprüft der Operator in der Verkehrsmanagement-Zentrale, ob sich keine Objekte auf dem Pannenstreifen befinden, und gibt diesen dann mittels den eigens eingerichteten Signalanlagen für den Verkehr frei (Abb. 3.12–3.14). Der freigegebene Pannenstreifen und der Verkehrsfluss werden permanent überwacht. Wird eine Verkehrsstörung, zum Beispiel wegen eines Pannenfahrzeugs oder eines Unfalls, beobachtet, wird der Pannenstreifen unverzüglich wieder gesperrt.

3.3.1.4 Zuflussregelung

Verschiedene Anschlüsse an das Nationalstrassennetz verfügen über Dosiersysteme mittels Lichtsignalanlagen. Diese werden aktuell von Kantonen und Polizeien genutzt. Die VMZ-CH greift derzeit nicht auf diese Systeme zu, jedoch gibt es Überlegungen für eine Einbindung im Rahmen des zukünftigen „Zielzustandes" des Verkehrsmanagements der Schweiz.

3.3.1.5 Schwerverkehrsmanagement

Das Schwerverkehrsmanagement beinhaltet alle organisatorischen, verkehrlichen, baulichen und betrieblichen Massnahmen, die für eine leistungsfähige, sichere, emissionsarme und für die Verkehrsteilnehmer zumutbare Abwicklung des Schwerverkehrs auf den Nationalstrassen

Abb. 3.12 temporäre PUN Sperrung und Grundzustand

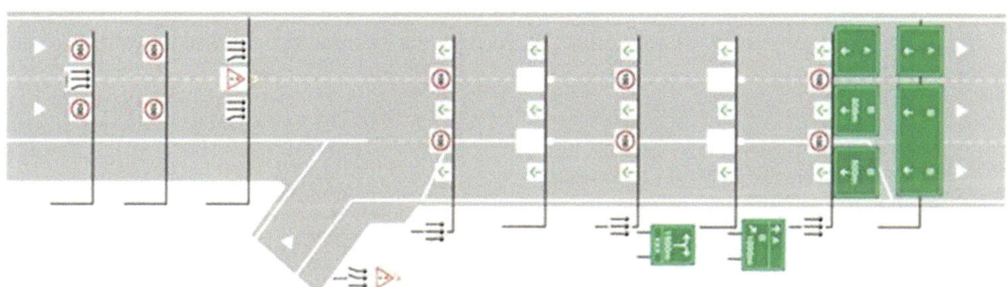

Abb. 3.13 temporäre PUN – dynamisch freigegebener Pannenstreifen

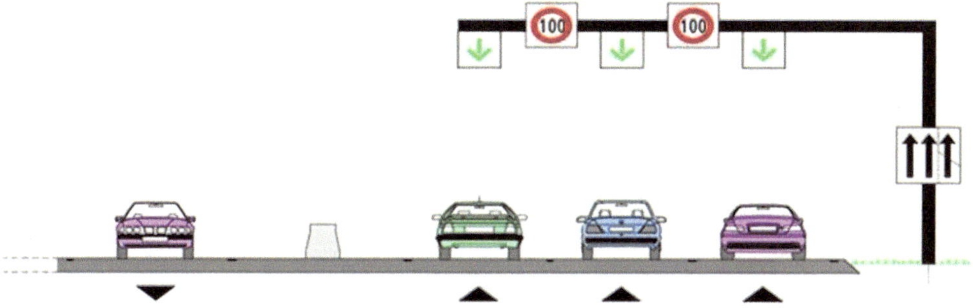

Abb. 3.14 temporäre PUN – Querschnitt dynamisch freigegebener Pannenstreifen

inkl. den entsprechenden Interaktionen mit dem sekundären Netz beitragen (Abb. 3.15). Die wesentlichen übergeordneten Ziele für das Schwerverkehrsmanagement sind:

- effiziente Abwicklung des Schwerverkehrs im Rahmen der verfügbaren Strassenkapazitäten
- maximale Verkehrssicherheit
- minimale Auswirkungen auf die Umwelt
- Unterstützung bei der Umsetzung der politischen Vorgaben (z. B. Verlagerungspolitik)

Das Themenfeld „Alpenquerender Schwerverkehr" und das Verkehrsmanagement für einzelne Grenzübergänge stehen heute im Zentrum des Schwerverkehrsmanagements. Das Themenfeld LKW-Abstellplätze gewinnt zunehmend an Bedeutung. Beim alpenquerenden Schwerverkehr stehen die Alpenübergänge Gotthard und San Bernardino im Vordergrund. Sie bewältigen den Grossteil der alpenquerenden LKW und stehen auch in einem direkten Zusammenhang (Zulauf zum A2 Grenzübergang Chiasso, gegenseitige Alternativroute im Ereignisfall). Es ist davon auszugehen, dass nach der Fertigstellung der A9 im Wallis (2018) die Alpenübergänge Gd. St. Bernard und Simplon für den alpenquerenden Schwerverkehr an Attraktivität gewinnen.

Die VMZ-CH betreibt seit 2008 das operative Schwerverkehrsmanagement auf der Nord-Süd-Achse. Die Warteräume für den Schwerverkehr stellen ein wesentliches Element für das Schwerverkehrsmanagement auf den Nationalstrassen dar. Im Falle von Verkehrsüberlastungen, Blockaden oder witterungsbedingten Einschränkungen auf den

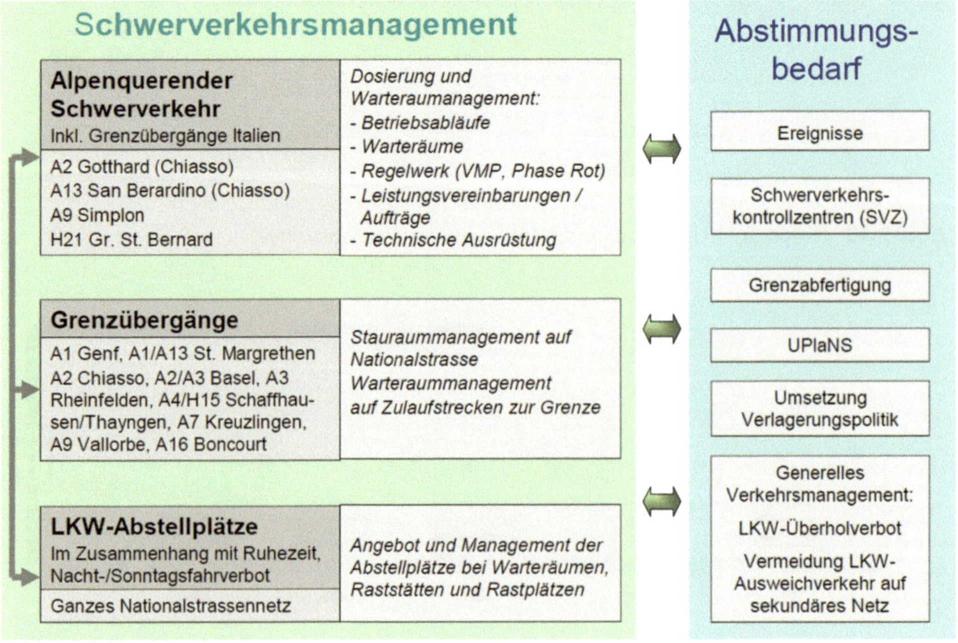

Abb. 3.15 Übersicht Schwerverkehrsmanagement

Nord-Süd-Achsen dienen die Warteräume zur Pufferung und Dosierung des alpenquerenden Güterverkehrs und tragen wesentlich dazu bei, dass die Sicherheit und Funktionsfähigkeit für den Gesamtverkehr auf diesen Achsen gewährleistet ist.

Zur Umsetzung eines umfassenden Schwerverkehrsmanagements ist die Vernetzung der Anlagen untereinander unabdingbar. Die Koordination zwischen den Warteräumen erfolgt über das Zentralsystem der VMZ-CH und ist nicht Bestandteil des einzelnen Warteraums. Die Warteräume liefern je nach örtlichem Ausbaugrad der Anlagen Informationen über Kapazität, Belegung, Zufluss, Abfluss und Dosierrate der einzelnen Plätze an die VMZ-CH.

3.3.1.6 Tunnelsteuerung

Am Gotthard und am San Bernardino sind als Folge des Gotthard-Tunnelbrands von 2001 aus Sicherheitsgründen die Frequenzen für den Transitgüterverkehr begrenzt worden. Der Bund und die beteiligten Kantone bewirtschaften die Strassenkapazität mittels Tropfenzählersystem: Am Gotthard dürfen pro Stunde maximal 1000 Personenwagen-Einheiten in einer Richtung den Tunnel befahren; ein LKW entspricht drei Personenwagen-Einheiten.

An den Dosierstellen werden die LKW angehalten und dann „dosiert" in den Tunnel hineingelassen. Sind die Abstellplätze bei den Dosierstellen voll, werden die LKW im Rahmen des Schwerverkehrsmanagements an den vorgelagerten Warteräumen angehalten. Ziel ist es, Sicherheitsabstände zu garantieren und Staus im Tunnel zu vermeiden.

Die mit einem „S" gekennzeichneten LKW des Binnengüterverkehrs werden bei normalen Verkehrsverhältnissen im Tropfenzählersystem privilegiert behandelt. Das operative Tunnelmanagement und die Signalgebung in den Tunneln liegen jeweils in der Hand der örtlichen Einsatzzentralen und werden derzeit nicht direkt von der Verkehrsmanagementzentrale gesteuert.

3.3.2 Verkehrsinformationen

Die Verantwortung für die Verkehrsinformation auf den Nationalstrassen liegt beim Bundesamt für Strassen (ASTRA). Dieses nimmt die strategischen Aufgaben für die Verkehrsinformation wahr. Dazu gehören die Festlegung der Ziele, die Organisation und Rahmenbedingungen aber auch die Überwachung der operativen Tätigkeiten. Für das Aufnehmen von Verkehrsmeldungen über die FA-VM tragen die Operatoren der Verkehrsmanagementzentrale Sorge. Für das Aufbereiten und Verbreiten der Verkehrsinformationen ist die Verkehrsinformationszentrale (VIZ-CH) zuständig. Diese wird im Auftrag des ASTRA von der Firma Viasuisse AG in Biel geführt.

Viasuisse beliefert die Radiostationen, Internet-Plattformen, Navigationssysteme (RDS-TMC) sowie staatliche Behörden mit Verkehrsmeldungen. Die Verkehrsmeldungen werden in den drei Landessprachen Deutsch, Französisch, Italienisch erstellt und verbreitet. Bei Warnungen über Gefahren für Leib und Leben sowie bei Umfahrungsempfehlungen garantiert Viasuisse deren Weiterleitung und Verbreitung über die Medien der SRG SSR. Bei planbaren Grossereignissen – z. B. Sportanlässe, Sperrungen oder auch Feiertage – stellt Viasuisse im Bedarfsfall eine Fachkraft für die Arbeit vor Ort in der VMZ-CH zur Verfügung.

Daneben hat das Bundesamt für Strassen (ASTRA) im Rahmen des Schwerverkehrsmanagements ein Internet-Portal (www.truckinfo.ch) für den schweren Güterverkehr aufgebaut. Hierin werden viertelstündlich aktualisierte Meldungen über die Verkehrssituation auf den wichtigsten Strassenverbindungen der Schweiz angeboten. Das Portal erlaubt Camionneuren unter Einbezug aktueller Verkehrsinformationen eine optimale Routenplanung. Es soll mit dazu beitragen, dass die Kapazitäten im alpenquerenden Güterschwerverkehr optimal ausgeschöpft werden können.

Der Routenplaner berücksichtigt auch die für das Strassentransportgewerbe wesentlichen Zeit- und Kostenfaktoren wie das Nachtfahrverbot in der Schweiz sowie Wartezeiten bei Dosierstellen. Überdies werden automatisch Bahntransportverbindungen, welche dieselbe Transitstrecke bedienen, bei der Routenberechnung miteinbezogen. Der Routenplaner umfasst mit der Schweiz, Frankreich, Deutschland, Österreich und Italien fast den gesamten Alpenbogen.

3.4 Managementprozesse

3.4.1 Baustellenmanagement

Die Fachapplikation Baustellenmanagement (FA BM) stellt Instrumente zur Verwaltung von Baustellen auf National- und Kantonsstrassen zur Verfügung. Als Baustellen werden sämtliche temporären und langfristigen Baustellen, sowie jede sonstige Inanspruchnahme von Verkehrsflächen, die im Zusammenhang mit Arbeiten im Strassenraum erforderlich ist (neben „normalen" Baustellen auch Baustellen von betrieblichem Unterhalt wie Tunnelreinigung, Grünpflege etc.) verstanden. Mit Hilfe der in FA BM erfassten Daten zu Baustellen können die Verkehrsteilnehmer (u. a. auch das Transportgewerbe) rechtzeitig über Einschränkungen in Bezug auf Fahrbahnen (Höhe, Breite, Gewicht, veränderte Verkehrsführung) in Kenntnis gesetzt werden.

Die Erfassung und Änderung (durch die Gebietseinheiten und ASTRA Filialen, in Ausnahmefällen durch die VMZ-CH) sowie die Prüfung von Baustellen erfolgen in der FA BM durch die Filiale, während die VMZ-CH für die Freigabe der Baustellen nur mit der Fachapplikation Verkehrsmanagement (FA VM) arbeitet. Baustellen auf Kantonsstrassen werden durch Gebietseinheiten erfasst und werden/müssen nicht durch die VMZ-CH freigegeben werden. In der FA VM kann aber durch den VMZ-CH Operator eine Verkehrsmeldung für Baustellen auf Kantonsstrassen erstellt werden.

3.4.2 Veranstaltungsmanagement

In der Fachapplikation Verkehrsmanagement wird ein Ereigniskalender mit allen Informationen zu Grossanlässen, Ferien und Feiertagen geführt. Basierend darauf können Massnahmen definiert und abgespeichert werden. Bei Anlässen mit erwarteten Auswirkungen auf die Nationalstrassen trifft die VMZ-CH vorsorgliche Massnahmen (z. B. Verkehrsmeldung, wenn aufgrund eines Fussballspiels mit grossem Verkehrsaufkommen zu rechnen ist).

Bei Ferien/Feiertagen erfolgen normalerweise keine präventiven Massnahmen. Veranstaltungen, Ferien und Feiertage werden in die Berechnung von Verkehrszustand und Verkehrsprognose einbezogen. Ausserdem werden dem Benutzer beim Erfassen von Baustellen oder Veranstaltungen alle geplanten Ereignisse angezeigt, die zur selben Zeit in derselben Umgebung stattfinden.

3.4.3 Ereignismanagement

Für die Bewältigung und Kommunikation von Störfällen und Ereignissen hat das ASTRA Massgaben und Anforderungen an den Inhalt und Aufbau von Einsatzplänen gestellt. Die Einsatzpläne sind für alle Beteiligten in einer einheitlichen Struktur dokumentiert und beschreiben detailliert das Vorgehen bei Vorkommnissen auf einer Strecke oder in einem Tunnel. Dabei sind Tunnel als Teil einer Strecke immer separat abgehandelt.

Sinn und Zweck der Einsatzpläne ist es, allen Ereignisdiensten und weiteren möglichen beteiligten Diensten geeignete Unterlagen zur Verfügung zu stellen, um Schadenereignisse rasch und effizient bewältigen zu können. Einsatzpläne dienen somit dem Schutz und der Rettung von Menschenleben, dem Schutz der Umwelt und dem Schutz der Bauwerke.

Die Einsatzpläne verfolgen zwei wesentliche Ziele:

- Im Ereignisfall stellen sie den Angehörigen der Ereignisdienste, bedarfsgerecht, die notwendigen Informationen zu den abgebildeten Bauwerken zur Verfügung, um ein Schadenereignis möglichst rasch und effizient bewältigen zu können.
- Um einem Schadenereignis rasch und effizient entgegnen zu können, braucht es gut ausgebildete Ereignisdienste, welche die Örtlichkeiten und Gegebenheiten ihres Einsatzgebietes, sowie die in einem Einsatz davon ausgehenden möglichen Gefahren kennen. Die Einsatzpläne dienen auch der Instruktion der Angehörigen der zuständigen Ereignisdienstorganisationen.

3.5 Kooperation

3.5.1 Grundlagen und Formen der Zusammenarbeit

Die fünf Filialen des Bundesamtes für Strassen (ASTRA) und die elf Gebietseinheiten der Kantone gehören – neben den Kantonspolizeien – zu den wichtigsten Partnern für das Verkehrsmanagement auf den Nationalstrassen. Die Filialen nehmen einen Grossteil der Bauherrenaufgaben für die Nationalstrassen wahr. Dazu gehören auch die Planung, Projektierung und Realisierung der erforderlichen Infrastruktur für das Verkehrsmanagement. Die Gebietseinheiten sorgen für den betrieblichen Unterhalt, einschliesslich des technischen Betriebs der Infrastruktur für das Verkehrsmanagement. Damit haben sowohl die Filialen als auch die Gebietseinheiten wichtige Berührungspunkte zum Verkehrsmanagement.

3.5.2 ASTRA Filialen

Die Hauptaufgaben der Filialen des ASTRA (Abteilung Infrastruktur) sind der Bau, Ausbau und Unterhalt der Nationalstrassen in ihrem Gebiet (Abb. 3.16). Ausgerichtet auf die Bedürfnisse des Verkehrsmanagements planen und realisieren sie auch die erforderlichen Verkehrsmanagementanlagen. Dazu gehören beispielsweise die Verkehrserfassungssysteme sowie die Verkehrsleitsysteme mit Wechselsignalen und Wechseltextanzeigen. Die Filialen planen und koordinieren die diversen Baustellen auf dem Nationalstrassennetz. Sie melden die geplanten Baustellen und die damit verbundenen verkehrlichen Einschränkungen an die Verkehrsmanagementzentrale (VMZ-CH). Ist bei Baustellen – insbesondere bei Erhaltungsabschnitten und Ausbauvorhaben – mit grösseren Verkehrsüberlastungen zu rechnen, erarbeiten die Filialen temporäre Verkehrsmanagementpläne (VMP) im Hinblick auf einen bestmöglichen Verkehrsfluss und eine maximale Verkehrssicherheit.

3.5.3 Gebietseinheiten

Seit Anfang 2008 beauftragt das ASTRA elf kantonale Trägerschaften, die so genannten Gebietseinheiten, mit dem betrieblichen und dem projektfreien, baulichen Unterhalt der Nationalstrassen (Abb. 3.17). Diese Aufgaben umfassen insbesondere den Winterdienst, die Reinigung der Fahrbahnen, die Grünpflege, die Pflege und den Unterhalt der

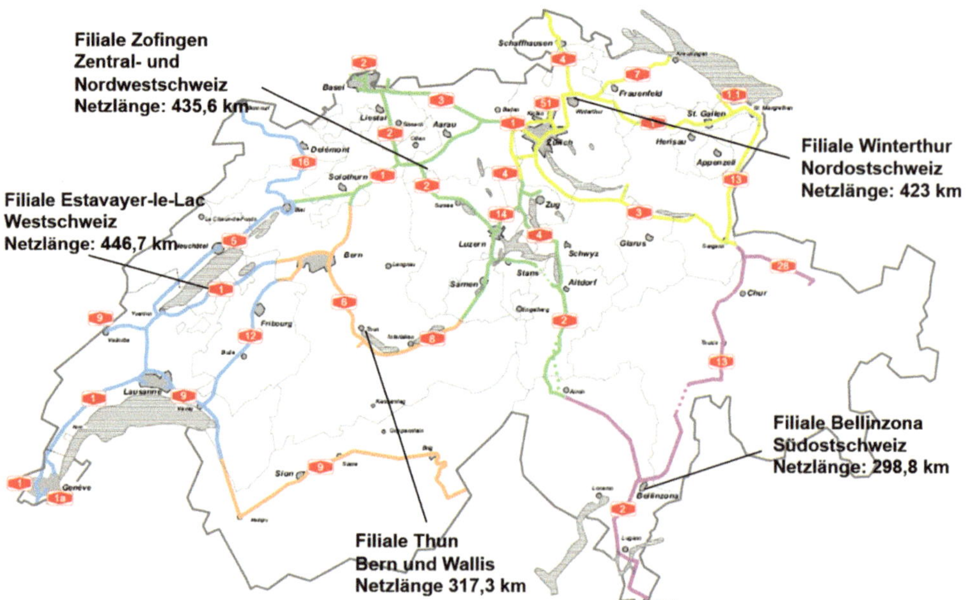

Abb. 3.16 Die 5 ASTRA-Filialen und ihre Filialgebiete

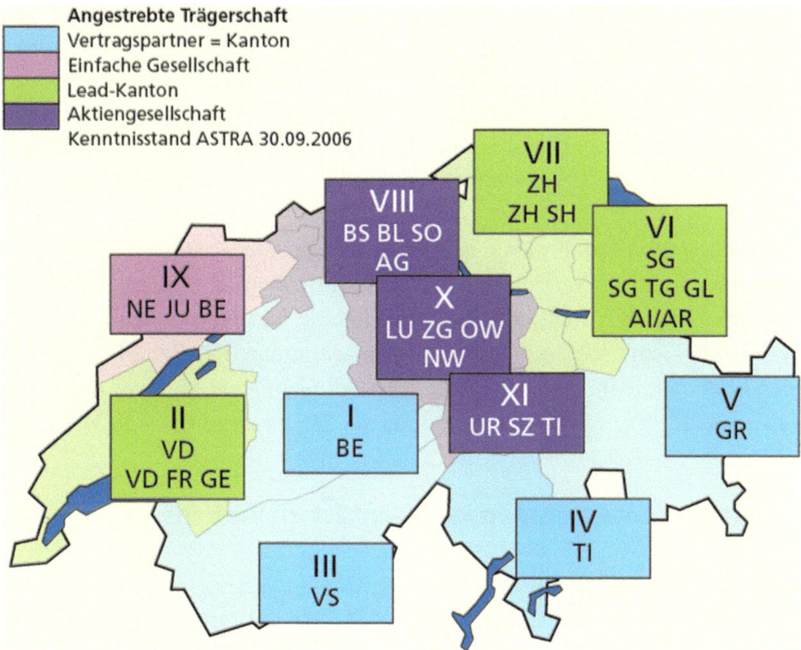

Abb. 3.17 Die 11 Gebietseinheiten für den Nationalstrassenbetrieb

elektromechanischen Installationen sowie die Behebung kleinerer Strassenschäden. Die Gebietseinheiten setzen sich aus einem oder mehreren Kantonen zusammen, sind teilweise als Aktiengesellschaften organisiert und haben mit dem Bund entsprechende Leistungsvereinbarungen abgeschlossen.

Die Gebietseinheiten haben bei ihrer Aufgabenerfüllung verschiedene Schnittstellen zum Verkehrsmanagement. Sie übernehmen aber auch Unterstützungsleistungen für die VMZ-CH und die Kantonspolizeien. Betriebliche Unterhaltsarbeiten bedingen teilweise Tagesbaustellen, also Baustellen mit einer Dauer von weniger als 48 Stunden. Diese können zu Verkehrsbehinderungen führen und somit den Verkehrsfluss auf den Nationalstrassen beeinträchtigen. Zwischen dem ASTRA und den Gebietseinheiten vereinbarte Zeitfenster stellen sicher, dass in verkehrskritischen Zeiträumen für planbare Tagesbaustellen in der Regel keine Fahrstreifen gesperrt werden.

Die Gebietseinheiten melden die geplanten Tagesbaustellen an die VMZ-CH. Eine wichtige Informationsquelle für die VMZ-CH und die Polizei sind die Gebietseinheiten aber auch zur Erfassung besonderer Strassenzustände, welche beispielsweise infolge von Schnee oder Glatteis auftreten können. Eine weitere Rolle übernehmen die Gebietseinheiten beim technischen Betrieb der elektromechanischen Installationen für das Verkehrsmanagement. Dazu gehören unter anderem die Online-Verkehrszähler und Videokameras, die Verkehrsleitsysteme mit Wechseltextanzeigen, Wechselwegweisern und Wechselsignalen sowie die dazu erforderlichen Kommunikations- und Zentraleneinrichtungen. Daneben leisten die Gebietseinheiten im operativen Betrieb unterstützende Arbeiten für das Verkehrsmanagement. Sie richten auf Anweisung der VMZ-CH oder der Polizei z. B. Absperrungen ein oder stellen Signale für Umleitungen auf.

3.5.4 Regionale Verkehrszentralen

Für den Verkehrsraum Zürich wurde in 2011 eine regionale Leitzentrale geschaffen. Diese übernimmt die operativen Verkehrsmanagement-Aufgaben im Bereich der Städte Winterthur und Zürich mit dem Ziel, den Verkehr über alle Netzhierarchien (Nationalstrassen, Kantonsstrassen, Gemeindestrassen) hinweg abzustimmen. Die Schaffung einer weiteren regionalen Leitzentrale im Einzugsgebiet der Stadt Genf steht kurz vor der Ratifizierung, die Schaffung einer solchen im Einzugsgebiet der Stadt Lausanne ist in Vorbereitung.

3.5.5 Verkehrsunternehmen im Öffentlichen Verkehr

Insbesondere im Rahmen von Grossereignissen werden Verkehrsmanagementmassnahmen auch mit den Schweizerischen Bundesbahnen (SBB) abgestimmt. Ziel ist es, die erwarteten Verkehrsströme möglichst effizient zu organisieren, und die Belastung der Verkehrsträger gemeinsam zu minimieren. Je nach Art, Ort und Umfang der Ereignisse sind jeweils auch Polizeien, Viasuisse und andere Parteien involviert. Aktuell werden jeweils ad-hoc geeignete Massnahmen und das Vorgehen vereinbart. Für wiederkehrende Grossereignisse ist es vorgesehen, diese im Rahmen von Verkehrsmanagementplänen (VMP) zu behandeln.

3.5.6 Polizei

Sicherheitsrelevante Erstinterventionen nach unvorhersehbaren Ereignissen wie Unfällen, Pannenfahrzeugen, Naturereignissen oder witterungsbedingten Ereignissen liegen in der Verantwortung der Polizei. Die Polizeien lösen im Rahmen dieser Erstintervention bedarfsgerecht, nachfolgend dargestellte Massnahmen aus und setzen sie um. Diese Massnahmen sind nicht Gegenstand des Verkehrsmanagements auf Nationalstrassen:

- Gefahrenwarnung vor der Unfallstelle oder dem Ereignisort
- Geschwindigkeitsbeschränkung vor der Unfallstelle oder dem Ereignisort
- Erstmeldung im Verkehrsinformationssystem
- Fahrstreifensperrung (Teilsperrung)
- Tunnelsperrung
- Streckensperrung (Vollsperrung)
- Ableitungen des Verkehrs bei einer Vollsperrung
- Sperrung von Einfahrten
- Sperrung von Ausfahrten

Je nach Ausmass der verkehrlichen Auswirkungen eines Ereignisses sind im Anschluss an eine polizeiliche Erstintervention ergänzende Verkehrsmanagementmassnahmen erforderlich. Diese liegen in der Verantwortung des ASTRA und können durch einen Verkehrsmanagementplan ausgelöst werden. Verkehrsmanagementmassnahmen im Anschluss an eine polizeiliche Erstintervention sind:

- Verkehrsinformation mit oder ohne Empfehlungen;
- Verkehrslenkung auf der Nationalstrasse;
- Freigabe von Pannenstreifen für den Verkehr;
- Überleitung und Gegenverkehr im Tunnel oder auf freier Strecke;
- Weitergehende verkehrslenkende und steuernde Massnahmen;
- Umleitungen auf das untergeordnete Strassennetz, sofern die Umleitungsrouten im Verkehrsmanagementplan bezeichnet sind und die Benutzung der Routen durch die zuständige(n) Polizei(n) frei gegeben ist.

Ausschliesslich in der Verantwortung des ASTRA liegen Verkehrsmanagementmassnahmen, die aufgrund einer Verkehrsüberlastung auf der Nationalstrasse durchgeführt werden.

3.6 Perspektiven

3.6.1 Strategische Entwicklungslinie

Modellrechnungen zu den Verkehrsperspektiven des Bundes zeigen, dass im Personenverkehr zwischen 2010 und 2030 die Verkehrsleistungen gemessen in Personenkilometern des Gesamtverkehrs (Schiene und Strasse) um rund einen Viertel ansteigen werden. Beim motorisierten Individualverkehr beträgt der Anstieg 19 %, wobei zu beachten ist, dass der absolute Gesamtwert des motorisierten Individualverkehrs dreimal höher als beim öffentlichen Verkehr ist.

Für den Güterverkehr zeigen die gleichen Berechnungen, dass zwischen 2010 und 2030 die Verkehrsleistungen (Tonnenkilometer) um rund 45 % anwachsen werden. Das Güterverkehrswachstum auf der Strasse steigt weniger schnell als auf der Schiene, der Zuwachs ist mit 27 % für die bestehende Infrastruktur jedoch sehr bedeutend.

Die Anforderungen an die Nationalstrasse steigen stetig. Auslöser sind einerseits das weiter anhaltende Wachstum der Mobilität und der Siedlungsgebiete, sowie andererseits die höheren Erwartungen der Gesellschaft an die Verträglichkeit der Anlagen und an ihre Entlastungswirkung auf die Siedlungsgebiete. Gleichzeitig prägen Engpässe und Stauerscheinungen vermehrt das Bild auf den Nationalstrassen, insbesondere in den Städten und Agglomerationen.

Um sicherzustellen, dass die Nationalstrasse dem Personen- und dem Güterverkehr auch in Zukunft in ausreichendem Mass und auf hohem Qualitätsniveau zur Verfügung steht, muss sie auch weiterhin punktuell erweitert und ergänzt werden. Aus verkehrlicher

Sicht soll die Planung den gesteigerten Anforderungen insbesondere durch die Erhöhung der angebotenen Kapazitäten begegnen. In Frage kommen dafür die Verflüssigung des Verkehrs durch verkehrslenkende und -beeinflussende Massnahmen, die Engpassbeseitigung sowie Netzerweiterungen.

Längerfristig bieten die absehbaren technologischen Entwicklungen im Verkehrsbereich weitere, vielversprechende Potenziale. Das automatisierte Fahren und die rasche Weiterentwicklung der Informations- und der Kommunikationstechnologien könnten mittel- bis längerfristig eine substanziell bessere Nutzung der vorhandenen Strassenkapazitäten ermöglichen. Im Weiteren könnten durch die geschickte Kombination dieser beiden Entwicklungen vollkommen neue Mobilitätsformen entstehen, bei denen die Grenzen zwischen dem heutigen motorisierten Individualverkehr und dem öffentlichen Verkehr zunehmend verwischt werden.

Der Zeitpunkt und der Umfang für den flächigen Einsatz dieser Entwicklungen sind noch weitgehend offen, und die Auswirkungen dieser Möglichkeiten auf das Verkehrsgeschehen sind derzeit schwer einschätzbar. Aus heutiger Sicht deutet allerdings vieles darauf hin, dass der Verkehrsträger Strasse durch die Nutzbarmachung dieser technologischen Entwicklungen zusätzlich an Bedeutung gewinnen könnte.

3.6.2 Konzeptionell-inhaltliche Weiterentwicklung und Zielarchitektur

Die Netzfertigstellung hat die Realisierung des beschlossenen Nationalstrassennetzes zum Ziel. Sie stellt sicher, dass alle Landesteile über ein funktionsfähiges nationales Strassenverkehrs-system verfügen.

Die Engpassbeseitigung stellt die Funktionalität des bestehenden Nationalstrassennetzes sicher. Prioritär werden gravierende Engpässe angegangen, die eine Gefährdung der Netzfunktionalität hervorrufen können. Die Massnahmen sind volkswirtschaftlich begründet, weisen ein optimales Kosten-Nutzen-Verhältnis auf und entfalten die verkehrliche Wirkung hauptsächlich in den Agglomerationen.

Erweiterungen, die auf den angrenzenden Abschnitten der Nationalstrasse zu einer wesentlichen Verschlechterung der Stausituation führen, werden nicht berücksichtigt. Allfällige, unvermeidliche Auswirkungen dieser Art werden mit ergänzenden Massnahmen wie zum Beispiel der zeitlich begrenzten Umnutzung von Pannenstreifen abgemildert.

Die Erhaltungsplanung im Nationalstrassenbereich strebt auch zukünftig die technisch ausreichende und möglichst kostengünstige Substanzerhaltung an. Mit der Unterhaltsplanung Nationalstrasse verfolgt das ASTRA die übergeordneten Ziele, die Anzahl von Baustellen und ihrer negativen Auswirkungen zu reduzieren, die Funktionstüchtigkeit der Strassenverbindungen langfristig sicherzustellen und die Leistungsfähigkeit der Nationalstrassen zu gewährleisten.

Das nationale Verkehrsmanagement soll die Funktionsfähigkeit der Nationalstrasse (Verkehrsqualität) erhalten und verbessern. Die Verkehrssicherheit soll weiter erhöht und die Lebens- und Umweltqualität weiter verbessert werden. Ziel ist es auch, die Wirtschaftlichkeit der Strasseninfrastruktur in Bezug auf die Investitions-, die Betriebs- und die Unterhaltskosten weiter zu verbessern.

Mit der Pannenstreifenumnutzung (PUN) sollen der Verkehrsfluss im Bereich von Engpässen verbessert und die Verkehrssicherheit erhöht werden. Zu diesem Zweck wird der Pannenstreifen in der Regel zeitlich und räumlich beschränkt als zusätzliche Fahrspur für den Verkehr freigegeben.

Neue, sowie baulich veränderte oder bewirtschaftete Anschlüsse sollen die Bildung von Staus vermindern, die Sicherheit erhöhen und unerwünschten Ausweichverkehr auf das nachgelagerte Strassennetz verhindern. Die Massnahmen zur Anschlussbewirtschaftung dienen in erster Priorität der Aufrechterhaltung des Verkehrsflusses auf der Stammstrecke der Nationalstrasse.

Die Massnahmen für das Schwerverkehrsmanagement tragen zur optimalen Nutzung der Verkehrswege, zur Vermeidung von unnötigem Suchverkehr, zur Verbesserung der Verkehrssicherheit sowie zur umwelt- und klimafreundlicheren Gestaltung des Verkehrs bei. Zudem verbessern sie die Arbeitsbedingungen der Lastwagenchauffeure. Durch die Intensivierung der Schwerverkehrskontrollen wird ein wesentlicher Beitrag zur Erreichung der Verkehrsverlagerungsziele geleistet.

Auf den erstmals zu sanierenden Strecken hat die Realisierung des Lärmschutzes oberste Priorität. Nach Ablauf der Sanierungsfrist ist der Lärmschutz an Nationalstrassen eine Daueraufgabe mit hohem Stellenwert. Weitere Massnahmen betreffen Anlagen des Langsamverkehrs und deren Schnittstellen mit den Nationalstrassen, vertiefende Massnahmen zum Risiko- und Störfallmanagement, sowie Wildtierkorridore.

Digital, kooperativ, automatisiert: Die Verkehrszentrale Hessen als Impulsgeber für den intelligenten Verkehr im 21. Jahrhundert

4

Achim Reusswig

4.1 Organisationsform und Rahmenbedingungen

4.1.1 Organisation

Die Verkehrszentrale Hessen ist eine Einrichtung von Hessen Mobil – Straßen- und Verkehrsmanagement mit Standort in Frankfurt am Main.

Hessen Mobil mit Sitz in Wiesbaden ist im Jahr 2012 im Zuge der Neuorganisation der Hessischen Straßen- und Verkehrsverwaltung entstanden. Dabei hat Hessen Mobil die Aufgaben des vormaligen Hessischen Landesamts für Straßen- und Verkehrswesen (HLSV) sowie der Ämter für Straßen- und Verkehrswesen übernommen und ist damit als Obere Landesbehörde direkt dem Hessischen Ministerium für Wirtschaft, Energie, Verkehr und Landesentwicklung (HMWEVL) unterstellt.

Hessen Mobil gliedert sich in die Abteilungen Planung, Bau, Betrieb und Verkehr. Mit seiner Zentrale, 12 regionalen Standorten sowie 60 Autobahn- und Straßenmeistereien ist Hessen Mobil zuständig für rund 16.200 km klassifizierten Straßennetzes, darunter rund 1000 km Autobahnen sowie 3000 km Bundesstraßen.

Eine erste Verkehrsrechnerzentrale in Hessen als Vorläufer der heutigen Verkehrszentrale wurde mit dem Beginn der dynamischen Verkehrsbeeinflussung Mitte der 1970er-Jahre in den Räumlichkeiten der Autobahnmeisterei Rüsselsheim eingerichtet. Mit zunehmendem Bestand von Verkehrserfassungs- und Verkehrsbeeinflussungseinrichtungen wurde

A. Reusswig (✉)
Hessen Mobil – Straßen- und Verkehrsmanagement, Frankfurt, Deutschland
E-Mail: achim.reusswig@mobil.hessen.de

     109
G. Riegelhuth, M. Sandrock (Hrsg.), *Verkehrsmanagementzentralen für Autobahnen*,
https://doi.org/10.1007/978-3-658-22140-9_4

sie in den folgenden Jahrzehnten sukzessive funktional erweitert. Als Einrichtung des damaligen Hessischen Landesamts für Straßen- und Verkehrswesen (HLSV) bezog sie unter dem neuen Namen „Verkehrszentrale Hessen" den Standort Frankfurt-Rödelheim, wobei die Umbenennung die zwischenzeitlich veränderten, über die technische Funktion einer Verkehrsrechnerzentrale weit hinausgehenden Aufgabenstellungen mit dem Fokus auf das strategische Verkehrsmanagement im Rahmen der Mobilitätssicherung unterstreichen sollte.

Im Jahr 2018 schließlich erfolgte der Umzug des größeren Teils der Verkehrszentrale Hessen – darunter auch der Kontrollraum – in neue Räumlichkeiten im House of Logistics and Mobility (HOLM) im neuen Frankfurter Stadtteil Gateway Gardens. Damit hat die Verkehrszentrale Hessen ihren Standort in unmittelbarer Nähe zum Frankfurter Kreuz als verkehrsreichsten Knotenpunkt des Landes sowie mit unmittelbarem Zugang zum Flughafen Frankfurt/Rhein-Main.

Mit der Wahrnehmung der von der Verkehrszentrale Hessen zu leistenden Aufgaben sind das Dezernat Strategische Verkehrsmanagement, das Dezernat Intelligente Verkehrssysteme und das Dezernat Telematik betraut. Die jeweiligen Zuständigkeiten sind in der Abb. 4.1 dargestellt.

Außerdem ist in der Verkehrszentrale Hessen die Straßenverkehrsbehörde für Autobahnen und Straßen von besonderer Verkehrsbedeutung angesiedelt, die organisatorisch dem Dezernat Verkehrssicherheit und Verkehrsinfrastrukturförderung, ebenfalls Teil der Abteilung Verkehr, angehört.

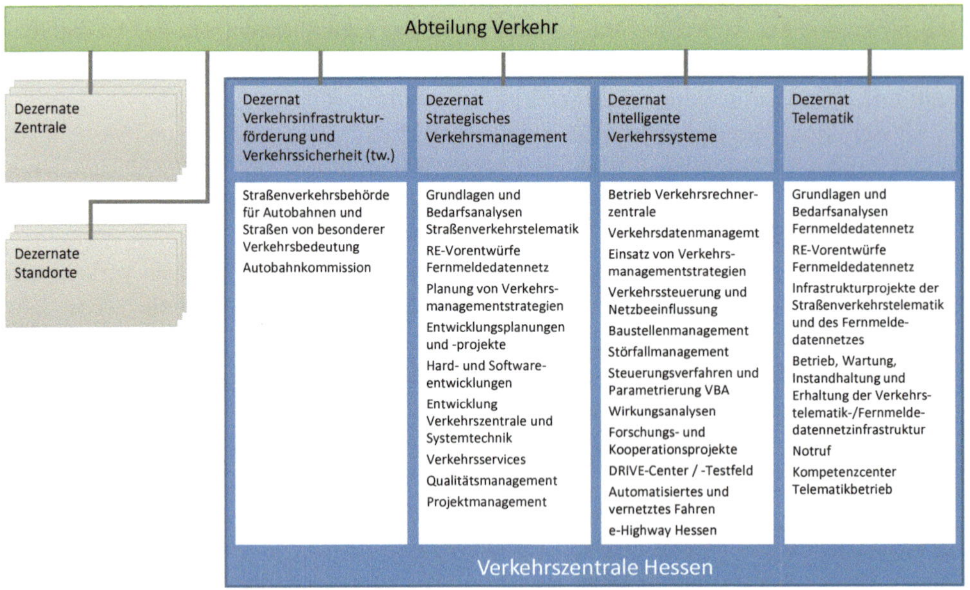

Abb. 4.1 Hessen Mobil – Teilorganigramm Abteilung Verkehr mit Dezernaten in der Verkehrszentrale Hessen

4.1.2 Rechtliche Grundlagen

Die Aufgabenwahrnehmung der Verkehrszentrale Hessen ergibt sich aus den rechtlichen Vorgaben, insbesondere der Straßenverkehrs-Ordnung (StVO), dem Bundesfernstraßengesetz (FStrG) und dem Straßengesetz des Landes Hessen (HStrG). Die von der Verkehrszentrale Hessen wahrgenommenen Aufgaben des Verkehrsmanagements lassen sich in rechtlicher Hinsicht im Wesentlichen in verkehrslenkende bzw. -steuernde und informierende Maßnahmen unterscheiden.

Im Straßenverkehr nehmen auf Grund ihrer gesetzlich verankerten Zuständigkeiten die Straßenverkehrsbehörden und die Baulastträger die zentrale Stellung im Verkehrsmanagement ein.

Kraft Gesetz können nur die Straßenverkehrsbehörden Maßnahmen der Verkehrslenkung und Verkehrssteuerung anordnen. Ist ein unvorhersehbares Ereignis der Auslöser für Maßnahmen der Verkehrslenkung, wie z. B. ein Unfall, so kann zusätzlich das Eingreifen der Polizei notwendig sein, soweit eine Gefährdungslage besteht und bis diese behoben ist. Die StVO einschließlich ihrer fachspezifischen Regelwerke stellt die rechtliche Grundlage für alle ordnenden und steuernden Maßnahmen für die Straßenverkehrsbehörde dar mit der Zielsetzung der Gewährleistung der Sicherheit und Leichtigkeit des Verkehrs.

Gemäß § 45 StVO obliegt den Straßenverkehrsbehörden die Anordnung von Beschränkungen und Umleitungen aus Gründen der Sicherheit und Ordnung des Verkehrs. Bei Aufgaben des dynamischen Verkehrsmanagements ist die Straßenverkehrsbehörde anordnungsbefugt

- für alle Maßnahmen zur Verkehrslenkung, deren Nichtbefolgung einen Verstoß nach StVO darstellt, wie die Schaltung von Streckenbeeinflussungsanlagen und Lichtsignalanlagen
- für Maßnahmen, die die wegweisende Beschilderung betreffen, wie Umleitungsempfehlungen über eine Wechselwegweisung
- für Maßnahmen zur Einrichtung und Koordinierung von Arbeitsstellen; in diesem Zusammenhang sind zwar die Straßenbaubehörden berechtigt, Verkehrsverbote und -beschränkungen anzuordnen, die Straßenverkehrsbehörde hat aber stets einen Eingriffsvorbehalt.

Der Straßenbaulastträger ist verpflichtet, die Anordnungen der Straßenverkehrsbehörde umzusetzen und die damit verbundenen Kosten zu tragen. Gemäß § 3 FStrG – entsprechend für nachrangige Straßen § 9 HStrG – umfasst die Straßenbaulast alle mit dem Bau und der Unterhaltung der Straßen zusammenhängenden Aufgaben. Die Aufgaben des Straßenbaulastträgers werden von den Straßenbaubehörden wahrgenommen. Für die Bundesfernstraßen sind die Straßenbaubehörden der Länder im Auftrag des Bundes zuständig (Auftragsverwaltung gem. Art. 85 GG). Darüber hinaus sind die Länder für die Landesstraßen zuständig.

In Hessen ist die oberste Straßenbaubehörde das für den Straßenbau zuständige Ministerium (HMWEVL). Obere Straßenbaubehörde für Bundesfern- und Landesstraßen ist Hessen Mobil (HStrG § 46). Die Aufgaben der Straßenbaubehörde für die Kreisstraßen sind in Hessen teilweise an Hessen Mobil übertragen worden. Aus dem Geschäftsverteilungsplan von Hessen Mobil ergibt sich die Wahrnehmung der straßenbaubehördlichen Aufgaben des Verkehrsmanagements durch die in der Verkehrszentrale Hessen angesiedelten Dezernate.

Die Verbreitung von (Verkehrs-)Informationen als eine weitere Verkehrsmanagementmaßnahme erfolgt bundesweit koordiniert auf Grundlage der Rahmenrichtlinie für den Verkehrswarndienst, die das Zusammenwirken der Beteiligten bei der Durchführung des Verkehrswarndienstes regelt. Die in diesem Zusammenhang auch digital über TMC (Traffic Message Channel) von den Rundfunkanstalten verbreiteten Informationen werden u. a. auch zur Dynamisierung von Routenplanungen in Navigationssystemen genutzt. Die Verkehrszentrale Hessen übernimmt als Meldestelle im Rahmen des Verkehrswarndienstes hier eine wichtige Funktion, zumal die meisten Meldungen des Verkehrswarndienstes für das hochklassifizierte Straßennetz in Hessen automatisch aus den Verkehrserfassungssystemen der Verkehrszentrale Hessen generiert werden.

4.1.3 Sachliche Zuständigkeit

Aufgabe der Verkehrszentrale Hessen ist die Verkehrslenkung, die Verkehrssteuerung und das Verkehrsmanagement auf dem Straßennetz in Hessen. Dies umfasst die Erfassung und Aufbereitung von Verkehrs- und Umfelddaten, die kollektive Verkehrsbeeinflussung in Straßennetzen und auf Streckenabschnitten, das Ereignismanagement in Bezug auf Baustellen und Störfälle, das Strategiemanagement und die Bereitstellung von Verkehrsinformationen. Dabei unterstützt die Verkehrszentrale Hessen über den eigenen Zuständigkeitsbereich hinaus die Erbringung von Verkehrsmanagement- und Mobilitätsdiensten im Verbund mit regionalen Partnern, mit den Verkehrszentralen anderer Bundesländer und im internationalen Kontext. Die Aufgabenwahrnehmung richtet sich dabei sowohl auf den gegenwärtigen Betrieb von Verkehrsmanagementsystemen als auch auf die Entwicklung und Einführung von Zukunftstechnologien.

In der räumlichen Zuständigkeit deckt die Verkehrszentrale Hessen grundsätzlich das gesamte Verantwortungsgebiet von Hessen Mobil und damit das gesamte klassifizierte Straßennetz in Hessen ab, soweit nicht Städte und Gemeinden in eigener Zuständigkeit handeln.

Aufgrund seines hohen Anteils an der Verkehrsleistung liegt der Fokus der Aufgabenwahrnehmung auf dem hochklassigen strategischen Straßennetz. Hierzu sind zu zählen

- rund 1000 km Autobahnen in Hessen Mobil
- rund 180 km „Straßen von besonderer Verkehrsbedeutung".[1] Hierbei handelt es sich um autobahnähnlich ausgebaute Bundesstraßen, denen eine besondere Bedeutung für den ergänzenden Netzschluss zum Autobahnnetz zukommt und die – neben den

---

[1] Die „Straßen von besonderer Verkehrsbedeutung" sind in der Verordnung zur Bestimmung verkehrsrechtlicher Zuständigkeiten vom 12.11.2007, zuletzt geändert durch Verordnung vom 19.05.2009, benannt. Die Benennung dient dort der Bestimmung der Zuständigkeit der Straßenverkehrsbehörde für Autobahnen und Straßen von besonderer Verkehrsbedeutung in Hessen.

Autobahnen – ebenfalls in der Zuständigkeit Hessen Mobils als Straßenverkehrsbehörde stehen

- weitere wichtige Bundesstraßen, die dem strategischen Straßennetz in regionalem Maßstab zuzuordnen sind und daher eine Relevanz für Maßnahmen des Verkehrsmanagements besitzen.

4.1.4 Prozesse

Um eine Grundlage für einheitlich strukturierte, wiederkehrende Arbeitsabläufe mit einer gleich bleibend hohen und messbaren Qualität bereitzustellen, sind die Betriebsabläufe für die Kernprozesse der Verkehrszentrale Hessen in einem Betriebshandbuch dargelegt. Darin werden die betrieblichen Strukturen und Abläufe in der Verkehrszentrale Hessen festgelegt sowie die Außenschnittstellen definiert.

Die definierten Kernprozesse der Verkehrszentrale Hessen lassen sich grundsätzlich den Prozessbereichen Projekte und Betrieb zuordnen.

Projekte sind zeitlich begrenzte, in der Regel einmalige Vorhaben, die ein definiertes Ziel erreichen sollen und damit abschließen. Der Prozessbereich der Projekte erstreckt sich über die folgenden wesentlichen inhaltlichen Kernprozesse:

- Planung und Realisierung von Systemkomponenten und Anwendungssoftware der Verkehrsrechnerzentrale
- Planung und Realisierung von Verkehrsbeeinflussungsanlagen
- Forschungs- und Entwicklungsprojekte sowie Vorbereitung und Betrieb von Pilotanwendungen aus dem Bereich der Zukunftstechnologien

Den Projekten liegt ein generischer Ablauf von Projektphasen zugrunde, in die sich die sachspezifisch ausgeprägten einzelnen Prozessschritte zuordnen lassen. Es handelt sich dabei um die folgenden, mit Z1 bis Z4 bezeichneten Projektphasen:

- [Z1] Analyse/Voruntersuchung, Konzeption und Spezifikation
- [Z2] RE-Vorentwurf, Lastenheft/Ausführungsplanung, Pflichtenheft und verkehrsbehördliche Anordnung
- [Z3] Ausschreibung und Vergabe
- [Z4] Projektdurchführung

Der Prozessbereich des Betriebs der Verkehrszentrale Hessen umfasst die Bereiche der betriebs- und verkehrstechnischen Funktionen (siehe Abschn. 4.2.4), betriebliche Projekte, d. h. kleinere Projekte in Bezug auf Betriebsabläufe, die nicht dem Projektbereich zuzuordnen sind, sowie Managementprozesse, die sich wiederum gliedern in das Ressourcenmanagement (Finanzen, Personal), das Qualitätsmanagement, die Prozessoptimierung, das Controlling, strategische Aufgaben der Forschung und Entwicklung, das Verkehrsmanagement-Controlling (Benchmarking und Bilanzierung), das Kooperationsmanagement und die Öffentlichkeitsarbeit.

4.1.5   Verkehrstechnische Ziele

Der Betrieb der Verkehrszentrale Hessen ist auf die folgenden übergeordneten Ziele des Verkehrsmanagements auf dem strategischen Straßennetz in Hessen ausgerichtet:

- Zielfeld Erhöhung der Verkehrssicherheit mit den Zielen der Reduzierung von Unfallhäufigkeit und Unfallschwere
- Zielfeld Verbesserung des Verkehrsablaufs mit den Zielen der Reduzierung von Überlastungen, der Stabilisierung des Verkehrsflusses, der Vermeidung und der Verringerung der Auswirkungen von Störungen sowie der Minimierung von Zeitverlusten
- Zielfeld Minimierung der Umweltbelastungen mit den Zielen der Reduzierung von Schadstoffemissionen und der Lärmminderung
- Zielfeld Verbesserung der Entscheidungshilfen für Verkehrsteilnehmer mit den Zielen der Verbesserung der Verfügbarkeit und der Qualität von Verkehrsinformationen.

4.1.6   Finanzierung

Die Finanzierung der Aufgaben der Verkehrszentrale Hessen richtet sich nach den straßenrechtlichen und straßenverkehrsrechtlichen Zuständigkeiten.

Dabei fallen die Kosten der Aufgaben für die Ausführung verkehrsrechtlicher Anordnungen gemäß § 45 (2) StVO grundsätzlich dem Träger der Straßenbaulast zu und werden somit im Bereich der Bundesfernstraßen durch den Bund finanziert. Dazu zählen die Errichtung und der Betrieb der Verkehrsbeeinflussungsanlagen einschließlich der Verkehrsrechnerzentrale sowie der betrieblichen Aufgaben der Operatoren.

Die Wahrnehmung straßenverkehrsbehördlicher Aufgaben ist Aufgabe des Landes. Somit werden Aufgaben der Verkehrsinformation und der Verkehrslenkung, soweit sie sich nicht unmittelbar der Anordnung von Verkehrszeichen und Verkehrseinrichtungen bedienen, durch das Land Hessen finanziert.

4.2   Technische Gestaltung auf Systemseite

4.2.1   Systemanforderungen

Die Systemanforderungen an die Verkehrszentrale Hessen leiten sich aus verschiedenen Quellen ab. Wichtige Grundlagen sind:

- die Straßenverkehrsordnung (StVO) einschließlich der zughörigen Verwaltungsvorschrift (VwV-StVO) für die verkehrsrechtskonforme Ausgestaltung der kollektiven Verkehrsbeeinflussung, insbesondere dem Einsatz von dynamische Verkehrszeichen (Anzeigebilder und Prozesse)

- das technische Regelwerk zur Konkretisierung dieser Anforderungen im Hinblick auf eine standardisierte Ausführung, wie z. B. das Merkblatt für die Ausstattung von Verkehrsrechnerzentralen (MARZ), die Richtlinie für Wechselverkehrszeichenanlagen (RWVZ) und die Technischen Lieferbedingungen für Streckenstationen (TLS) sowie weitere Richtlinien und Merkblätter für einzelne Systemkomponenten wie z. B. die Verkehrsdatenerfassung
- einschlägige Allgemeine Rundschreiben Straßenbau des Bundesverkehrsministeriums, die Festlegungen zur Funktionalität und der technischen Ausgestaltung von Verkehrsbeeinflussungsanlagen sowie zum Planungsprozess selbst treffen
- Anforderungen aus den rechtlichen Grundlagen und Ausführungsvorschriften zur IT-Sicherheit sowie zum Schutz personenbezogener Daten.

4.2.2 Systemarchitektur

Die Verkehrszentrale Hessen, als organisatorische Einheit mit der integrierten Verkehrsrechnerzentrale (VRZ), hat in ihrer über 25-jährigen Geschichte in vielen Bereichen eine Vorreiterrolle eingenommen und hat durch die Definition der Anforderungen und die Entwicklung von zunächst pilothaften und – bei erwiesener Wirksamkeit – in den Regelbetrieb übernommenen Anwendungen wesentlich zu der kontinuierlichen Weiterentwicklung des Stands der Technik auf dem Gebiet des kollektiven Verkehrsmanagements beigetragen. Dies bedeutet aber auch, dass standardisierte und integrierte Systemlösungen für den Einsatz in der Verkehrszentrale Hessen in der Regel nicht zur Verfügung stehen konnten, sondern die Systemarchitektur und die Systemkomponenten orientiert an den durch die Verkehrszentrale Hessen definierten funktionalen Anforderungen maßgeschneidert (weiter-)entwickelt werden musste. Dabei war die Entwicklung stets von den verkehrlichen Wirkungszielen getrieben, die den besonderen verkehrlichen Herausforderungen Hessens Rechnung getragen haben und die funktionalen Anforderungen an die Systeme der Verkehrszentrale Hessen bestimmt haben.

Ihre heutige Systemgestaltung hat die Verkehrszentrale Hessen daher im Zuge eines kontinuierlichen und sehr dynamischen Entwicklungsprozesses erhalten, der insgesamt zwei größere Erweiterungsprojekte sowie eine Vielzahl von im Rahmen verschiedener Landesinitiativen sowie nationaler und europäischer Forschungs- und Implementierungsprojekte vorgenommener Erweiterungen umfasst hat. Die Verkehrszentrale Hessen besteht daher zurzeit aus einem Verbund aus einem monolithisch aufgebauten Kernsystem der Verkehrsrechnerzentrale, in dem ein Großteil der zentralenseitigen verkehrstechnischen Anwendungen integriert ist, sowie daran angegliedert einer Vielzahl weitgehend autonom betriebener Teilsysteme, die über Schnittstellen informationstechnisch und funktional mit den VRZ-Kernsystem und untereinander vernetzt sind. Somit können Datenbestände gemeinsam genutzt bzw. miteinander ausgetauscht werden, um eine Durchgängigkeit des Datenflusses und damit auch eine Konsistenz des Informationsbestands und der auf dieser Basis ergriffenen Maßnahmen zu gewährleisten.

Um jedoch die Aufgabenwahrnehmung der Verkehrszentrale Hessen angesichts der prognostizierten stetig zunehmenden Verkehrslast sowie des damit verbundenen umfassenden Ausbaus der straßenseitigen Infrastruktur langfristig systemseitig zu sichern, befindet sich die Verkehrszentrale Hessen in einem grundlegenden systemtechnischen Erneuerungsprozess.

Das Projekt E21X – Hard- und Softwareerweiterung der Verkehrszentrale Hessen soll die Wirksamkeit, Effizienz und Qualität der Kernprozesse der Verkehrszentrale Hessen im Hinblick auf künftige Anforderungen nachhaltig gewährleisten mit dem Ziel, die bis heute erreichten Qualitäts- und Sicherheitsstandards auf hessischen Autobahnen und Bundesstraßen auch in Zukunft einzuhalten bzw. noch weiter auszubauen.

Neben der systemtechnischen Erneuerung der VRZ ist aber auch eine Anpassung und Erweiterung der Anwendungsfunktionalität erforderlich. Dies resultiert vor allem aus dem Ausbau und der Verdichtung der Verkehrsbeeinflussungssysteme auf dem Bundesautobahn- und Bundesstraßennetz in den vergangenen Jahren, mit denen die Komplexität des Managements sowohl des Netzes als auch der Anlagen stark zugenommen hat. Auf dieses Szenario muss Hessen Mobil nun reagieren, um den hohen Standard der Verkehrsbeeinflussung auch weiterhin zu gewährleisten. Hinzu kommen neue Anforderungen, auf die sich Hessen Mobil einstellen muss; hierzu zählt insbesondere der Roll-Out kooperativer Systeme, der im Kontext des C-ITS-Corridor Rotterdam-Frankfurt-Wien zurzeit von Hessen seinen Ausgang nimmt.

Abb. 4.2 zeigt eine stilisierte Darstellung der Zielarchitektur, die sich zurzeit in der Umsetzung befindet:

- Der in grau dargestellte Enterprise Service Bus (ESB) bildet den Kern der Service-Orientierten-Systemarchitektur (SOA), die blauen Pfeile repräsentieren Schnittstellen zur Feldebene

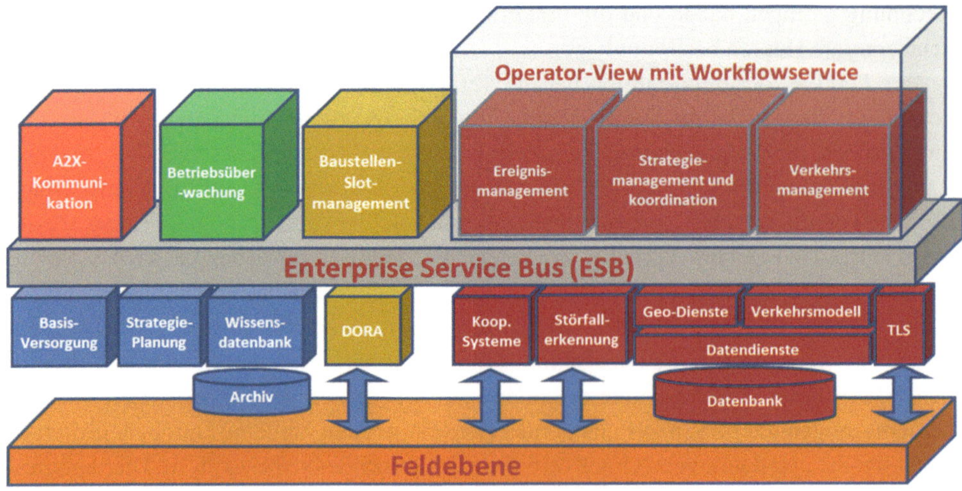

Abb. 4.2 Verkehrsrechnerzentrale Hessen – perspektivische Zielarchitektur (stilisierte Darstellung)

- In Rot dargestellt sind alle Teilsysteme und Dienste die für das integrierte Strategie-und Verkehrsmanagement erforderlich sind und auf die der Operator mittels Operator-View und Workflowservice Zugriff erhält
- In Gelb dargestellt ist das Baustellen-Slotmanagement, das über das DORA-System auch eine Anbindung an die Feldebene hat
- Das in Hellrot dargestellte A2X (Authority to X)-Teilsystem übernimmt die über eine Firewall abgesicherte Kommunikation zur Außenwelt
- In Blau sind unterstützende Dienste dargestellt.

Das Projekt E21X umfasst zwei Maßnahmenbereiche:

- Maßnahmen auf der Systemseite/Erneuerung der Softwarearchitektur und Laufzeitumgebung der VRZ: Hierdurch wird eine Dienste-orientierte Architektur (SOA) realisiert, die darauf abzielt, die IT-Infrastruktur offener zu gestalten und die Integration ihrer Bestandteile unter Anwendung des Prinzips der losen Kopplung voranzutreiben und sie so für die Nutzung von Prozessen für übergeordnete Aufgaben besser zugänglich zu machen. Kernstück wird ein Enterprise-Service-Bus (ESB) als Integrationsplattform sein, die in der Lage ist, Benutzern, Anwendungen und Geschäftsprozessen jegliche Art von Softwarefunktionalitäten als wiederverwendbare Business-Services zur Verfügung zu stellen. Bestandteil des Konzepts ist auch, dass Services wiederum andere Services in Anspruch nehmen können. Die bestehenden Anwendungsfunktionalitäten der Verkehrsrechnerzentrale werden refaktoriert und an den ESB angebunden. Damit werden sie zu voneinander unabhängig realisierbaren Diensten, die über den ESB miteinander in Beziehung gesetzt werden und darüber die geforderte Verbundleistung erbringen. So schafft der ESB die Voraussetzungen für eine barrierefreie Integration neuer Teilsysteme und Komponenten.
- Maßnahmen auf der Anwendungsseite/Anpassung und Erweiterung der Anwendungsfunktionalität der VRZ: Herbei sollen die in Bezug auf ihre Funktionalität und Wirkung bewährten und einen sehr hohen Reifegrad besitzenden Kernsysteme zur Steuerung der Verkehrsbeeinflussungsanlagen mit den in den letzten Jahren entstandenen neuen Lösungsansätzen des Strategie-, Netz- und Mobilitätsmanagements in eine ganzheitliche Verbundlösung integriert werden. Dadurch wird mit Hilfe des ESB ein homogenes, jedoch offenes und damit zukunftsfähiges System geschaffen. Im Zuge dessen erfolgt u. a. auch eine Neustrukturierung der A2X-Kommunikation, d. h. der Kommunikation und des Datenaustauschs der Verkehrszentrale mit externen Datenanbietern und -nutzern sowie mit strategischen Partnern via Internet.

Insgesamt soll die geplante Hard- und Softwareerweiterung dazu führen, dass trotz stetig zunehmender Verkehrslast mit einem überproportional ansteigendem Lkw-Anteil die Verkehrsbeeinflussungsmaßnahmen in Hessen unter Einhaltung bzw. einem Ausbau der heutigen Qualitäts- und Sicherheitsstandards noch wirksamer und effizienter umgesetzt werden können als bisher.

4.2.3 Technische Grundlagen und Basistechnologien

4.2.3.1 Datenerfassung

Für die zielgerichtete Verkehrssteuerung, Verkehrslenkung und Verkehrsinformation ist die Kenntnis der aktuellen Verkehrslage im Straßennetz von entscheidender Bedeutung. Nur so können die Verkehrsmanagementstrategien auf einer fundierten Entscheidungsgrundlage durchgeführt werden, um die erforderliche Qualität zu erzielen, die beim Verkehrsteilnehmer zu einer hohen Akzeptanz und dadurch der gewünschten Wirksamkeit führt.

Der Verkehrsablauf im hessischen Autobahnnetz wird mit Hilfe von derzeit über 3000 ortsfesten Detektoren im Autobahnnetz erfasst; hinzu kommen ergänzend Sensoren zur Verkehrserfassung an strategisch bedeutsamen Strecken im Basisnetz. Zu unterscheiden sind dabei Dauerzählstellen, die in der Regel Fahrzeuge mit einer 8 + 1-Klassifizierung erfassen, sowie den vornehmlich der Verkehrssteuerung dienenden Messquerschnitten mit 2 + 0-Klassifizierung.

Zur Verkehrserfassung werden – orientiert an den jeweiligen Anforderungen und örtlichen Besonderheiten – unterschiedliche Technologien eingesetzt; neben Induktivschleifen kommen Radar-und Infrarotdetektoren zum Einsatz, die an Verkehrszeichenbrücken montiert sind. Die Verkehrsdaten werden in den Streckenstationen zu auf verschiedene Zeitintervalle aggregiert und über die Unterzentralen an das Kernsystem der VZH übertragen.

Insbesondere im Zuge von Streckenbeeinflussungsanlagen werden zusätzlich zu den Verkehrsdaten auch Umfelddaten mit besonderen Umfeldsensoren erfasst. Aus diesen Daten können Informationen zu Witterungs- und Straßenverhältnissen gewonnen werden, die zur Steuerung der Streckenbeeinflussungsanlagen benötigt werden.

Neben der Verkehrserfassung mit ortsfester Sensorik werden Bluetooth-Sensoren zur Reisezeiterfassung eingesetzt. Dies erfolgt vorwiegend in Bereichen, in denen aufgrund von Baustellen vorübergehend zusätzliche Erfassung zur Steuerung von Netzbeeinflussungsmaßnahmen erforderlich ist oder die ortsfeste Verkehrserfassung nicht zur Verfügung steht. Aufgrund der kontinuierlich steigenden Bedeutung der Bluetooth-Erfassung baut die Verkehrszentrale Hessen zurzeit eine eigene Unterzentrale für die Zusammenführung und Verarbeitung der Daten der verschiedenen Umfeldsensoren auf, nachdem diese Aufgaben bisher durch einen Dienstleister erbracht worden sind.

Neben den mittels Bluetooth erfassten Reisezeiten sollen perspektivisch zur Bestimmung des Verkehrszustands und der Reisezeiten auch fahrzeuggenerierte Daten, sogenannte Probe Vehicle Data herangezogen werden. Nach aktuellem Stand werden hierzu die durch die mit Car-to-X-Technologie ausgestatteten Fahrzeuge Cooperative Awareness Messages (CAM) und Decentralized Environmental Notification Messages (DENM) durch straßenseitige Kommunikationseinrichtungen, so genannte ITS Roadside Stations, empfangen, vorverarbeitet und an die Kooperative Verkehrszentrale übermittelt. Die Kooperative Verkehrszentrale stellt die Daten zur weiteren Nutzung bereit. Zur Ermittlung einer verbesserten Verkehrslage werden die fahrzeuggenerierten Daten mit denen der MQ fusioniert.

Zur visuellen Verkehrserfassung, insbesondere in Bereichen mit temporärer Seitenstreifenfreigabe und an wichtigen Autobahnknotenpunkten in Hessen betreibt die Verkehrszentrale ein Videoerfassungssystem, das derzeit aus rund 200 schwenk-, neige- und zoombare (PTZ-)Kameras besteht, die an den Verkehrszeichenbrücken (AQ) von Verkehrsbeeinflussungsanlagen montiert sind. Die Videobilder der digitalen Kameras werden n der Regel über ein Videomodul in den Streckenstationen aufbereitet und an einen Videoserver übertragen.

4.2.3.2 Datenverarbeitung

Die Verarbeitung der Verkehrsdaten und der Umfelddaten richtet sich nach den Anforderungen des Merkblatts für die Ausstattung von Verkehrsrechnerzentralen und Unterzentralen (MARZ 2009) und der Technischen Lieferbedingungen für Streckenstationen (TLS 2012). Demnach erfolgt die Verarbeitung über die Ebenen Sensor/Aktor, Eingabe-Ausgabe-Konzentrator (EAK), Streckenstation (SST), Unterzentrale (UZ) und Verkehrsrechnerzentrale (VRZ). Die EAK dienen der Datenaufnahme und Aggregation. Hier werden die Telegramme insbesondere der Funktionsgruppen FG1 (Verkehrsdatenerfassung), FG3 (Umfelddatenerfassung), FG4 (Wechselverkehrszeichen), FG6 (Betriebsmeldungen und -steuerungen VLT-Netze und FG254 (Systemsteuerung) generiert und verarbeitet. Die Kommunikation der TLS-Telegramme mit dem Steuermodul (SM) der SST (Ebene 3) erfolgt über den Lokalbus.

Parallel hierzu werden die Videobilder der digitalen Kameras über ein Videomodul in der SST aufbereitet und als MPEG4-Videostreams an die Videozentrale übertragen.

4.2.3.3 Kommunikation und Datenübertragung

Ein leistungsfähiges und ausfallsicheres Kommunikations- und Datenübertragungsnetz ist eine Grundvoraussetzung für den effizienten Betrieb moderner Verkehrsbeeinflussungsanlagen. Zur Kommunikation zwischen den Streckenstationen, den Unterzentralen und der Verkehrszentrale dient das Kommunikationsnetz der Bundesfernstraßen, das aus dem Grund der Erhöhung der Übertragungskapazität sukzessive auf Glasfasertechnik umgestellt wird.

In Hessen sind derzeit die Datenübertragungsstrecken entlang der A3, A5 und A66 (Verbindung A3 zur A5) mit Glasfasertechnik ausgestattet. Auf dieser Glasfasertechnik wird ein SDH-System (Synchronous Digital Hierarchy, bis zur Ausbaustufe STM-16) betrieben, über die derzeit sechs Streckenbeeinflussungsanlegen und weitere Kommunikationsrechner-Interfaces (KRI) der lokalen Verkehrsdatenerfassung betrieben werden. Die darüber hinaus gehenden KRIs an Autobahnen mit Kupferverbindungen werden über PDH (Plesiochronous Digital Hierarchy) betrieben. Zukünftig soll in Hessen ein MPLS System aufgebaut werden. Zur Steuerung, Überwachung und Wartung betreibt die Verkehrszentrale Hessen ein übergeordnetes Netzmanagementsystem.

Das Kommunikationsnetzwerk der Verkehrszentrale Hessen liegt innerhalb des von der Hessischen Zentrale für Datenverarbeitung betriebenen Landesnetzes und genießt daher dessen Schutz gegen Angriffe aus dem Internet. Der Zugriff von Dienstleistern auf die Systeme in der Verkehrszentrale Hessen wird über RSA-Tokens ermöglicht.

Derzeit wird für das BAB IT-Netz Hessen ein IT Grundschutzkonzept erstellt, auf dessen Basis die zukünftig erforderlichen Maßnahmen gegen Angriffe festgelegt werden.

4.2.3.4 Räumliches Referenzierungssystem

Für die Aufgaben der Verkehrszentrale Hessen werden verschiedene räumliche Referenzierungssysteme genutzt:

- Autobahn-Betriebskilometer, die im Autobahnnetz für den Verkehrsteilnehmer erkennbar ist und die z. B. für die Angaben zur Lage von Arbeitsstellen oder verkehrsbehördlichen Anordnungen verwendet wird
- Streckenkodierung aus Straßenbezeichnung, Netzknotenbezeichnung und Kilometrierung für den gleichen Zweck im nachgeordneten Netz
- Location Code List (LCL) zur Ortsreferenzierung von Verkehrswarnmeldungen im RDS/TMS-Standard
- GNSS-Positionsbestimmung aus der Satellitenortung insbesondere im Rahmen der Verwendung von Daten aus Fahrzeugen (FCD), aber auch bei der dynamischen Ortung von Arbeitsstellen.

Im Rahmen des Projekts E21X zur Hard- und Softwareerweiterung der Verkehrszentrale Hessen werden die Referenzierungsaufgaben in einem Segment Geodienst gebündelt und an zentraler Stelle zur Verfügung gestellt. Dazu zählen neben der Darstellung von digitalen Karten und Netzplänen auch die Abfrage von geografischen Daten sowie die Umrechnung zwischen verschiedenen Ortsreferenzierungssystemen. Zur Darstellung von digitalen Karten und Netzplänen werden ein WebMapServer sowie ein WebMapClient verwendet. Grundsätzlich wird das Segment Geodienst auch eine Weboberfläche mit einer digitalen Karte und einem Netzplan zur Verfügung stellen. Auch für die Abfrage von Geodaten bzw. zur Umrechnung von Ortsreferenzen zwischen verschiedenen Referenzierungssystemen werden Services des Geodienstes zur Verfügung stehen. Der Geodienst wird einen Service enthalten, der zur Darstellung und Aktualisierung von Karten- oder Netzplanlayern mit dynamischen Objekten verwendet wird. Alle Services des Segments Geodienst sollen über Webserviceschnittstellen aufrufbar sein. Zusätzlich dazu bietet der Service zur Aktualisierung von dynamischen Layern eine asynchrone Schnittstelle zum Message Broker.

4.2.3.5 Standards zum Daten- und Informationsaustausch

Für den Daten- und Informationsaustausch innerhalb der von der Verkehrszentrale Hessen betriebenen Systemlandschaft sind TLS und MARZ die maßgebenden Standards. In den Technischen Lieferbedingungen für Streckenstationen (TLS, aktuelle Fassung: 2012) und dem Merkblatt für die Ausstattung von Verkehrsrechnerzentralen und Unterzentralen (MARZ, aktuelle Fassung: 2012) die Architektur für Verkehrsbeeinflussungssysteme beschrieben. Auf der Ebene der Streckenstation umfasst dies sowohl die Erfassung von

Verkehrs- und Umfelddaten, die Weitergabe von Schaltbefehlen an Wechselverkehrszeichen als auch die Kommunikation mit dem übergeordneten System (Unterzentrale, Verkehrsrechnerzentrale). Die zu übertragenden Daten werden durch Kodierung beschrieben, die Daten stützen sich dabei nicht auf ein fest definiertes Datenmodell. Das MARZ liefert Vorschriften für die Aufbereitung der Daten sowie für die Ermittlung von Schaltvorschriften der Verkehrsbeeinflussungsanlagen in den Zentralen. Vorgaben im Hinblick auf den Austausch verkehrsbezogener Daten sind im MARZ nicht enthalten.

DATEX II definiert eine standardisierte, formal spezifizierte Struktur für den externen Datenaustausch zwischen den Straßenbetreibern sowie zwischen den Straßenbetreibern und Dienstanbietern. Der Austausch erfolgt über ein XML-Schema, wobei Informationen nachfolgenden Kategorien unterschieden werden:

- Ereignisse, die sich auf Straße und Verkehrsablauf beziehen (z. B. Unfälle, Behinderungen oder außergewöhnliche Verkehrsbedingungen wie Stau),
- Betreibermaßnahmen (z. B. Straßenarbeiten oder Verkehrsbeeinflussung wie Umleitungen),
- Auswirkungen (z. B. verbleibende Kapazität oder nutzbare Fahrstreifen),
- Informationen, die sich nicht direkt auf die Straße beziehen (z. B. Informationen über Parkplätze),
- abgeleitete/berechnete Daten (z. B. Reisezeiten oder Verkehrslage),
- gemessene Daten, die von Anlagen oder Außenstationen direkt erfasst werden (z. B. Verkehrsdaten wie Geschwindigkeiten oder Belegungsgrad),
- auf Wechselverkehrsschildern oder Wechseltextanzeigen angezeigte Informationen.

DATEX II verwendet auf HTTP und Web-Services basierende Austauschprotokolle und unterstützt so eine anwendungsspezifische Weiterverarbeitung. DATEX II wird als Datenformat nativ vom MDM unterstützt. Um die Datenlieferungen über den MDM zu harmonisieren, wurden in Abstimmung mit den MDM-Nutzern für bestimmte Datenarten Profile erstellt. So ist auch für das Strategiekonforme Routing im Rahmen des MDM ein DATEX-Profil entwickelt worden.

4.2.3.6 Verkehrsmodelle

Um die auf hessischen Autobahnen eingesetzten Verkehrsbeeinflussungsanlagen optimal betreiben zu können, ist eine automatische Beurteilung der Verkehrssituation von großer Bedeutung. Dabei spielt insbesondere die zuverlässige Erkennung, Verfolgung und Prognose von kritischen Verkehrslagen bzw. Störungen eine zentrale Rolle.

Mit der Software ASDA/FOTO (**A**utomatische **Stau**dynamik**a**nalyse: **F**orecasting **o**f **t**raffic **o**bjects), die nach einem mehrjährigen Probebetrieb seit dem Jahr 2005 im Regeleinsatz ist, nutzt die Verkehrszentrale Hessen ein System, mit dem die zeitliche und räumliche Entwicklung von Staus auf Autobahnen verfolgt werden kann (Abb. 4.3).

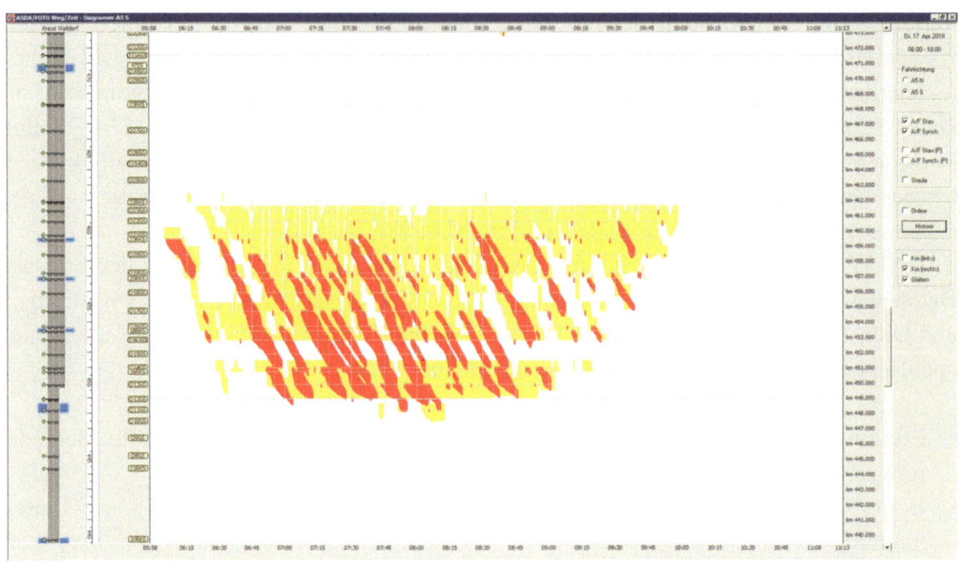

Abb. 4.3 Phasenübergänge der Drei-Phasen-Theorie in raumzeitlicher Darstellung des Modells ASDA/FOTO

Eingangswerte für die Berechnung sind die über stationäre Erfassungseinrichtungen gewonnenen Verkehrsdaten. Das Modell ermittelt online die Verkehrslage nach den Prinzipien der Drei-Phasen-Verkehrstheorie. Dabei werden drei Verkehrszustände unterschieden (free flow, synchronized flow und jam) und deren Phasenübergänge in Raum und Zeit verfolgt. Auf dieser Basis werden streckenabschnittsbezogene Reise- und Verlustzeiten ermittelt.

Die mit ASDA/FOTO ermittelten Reise- und Verlustzeiten werden dazu verwendet die Verkehrsteilnehmer auf dynamischen Wegweisern mit integrierter Stauinformation (dWiSta) über Reisezeitverzögerungen auf deren Hauptroute zu informieren und mögliche Alternativrouten zu empfehlen. Die Reisezeitverzögerungen als Ergebnis der Berechnungen aus der Software ASDA/FOTO stehen dem Verkehrsteilnehmer darüber hinaus über den sog. Reisezeitservice im Internet sowie über eine entsprechende Smartphone-Applikation für iOS- und Android-Systeme zur Verfügung.

Im Zuge des Forschungsprojekts sim^{TD} wurde im Auftrag von Hessen Mobil die Verarbeitung von Floating Car Data (FCD) in ASDA/FOTO unter dem Begriff V-Lage-Fusion erfolgreich erprobt. Da mit der Weiterentwicklung der bidirektionalen Fahrzeug-Infrastruktur-Kommunikation in Zukunft zunehmend FCD erhoben werden, wird bei der Neuentwicklung DIVA (Dynamische integrierte Verkehrslageanalyse) im Rahmen des Projekts E21X die Einbeziehung dieser Daten zur Verkehrslageermittlung ebenfalls berücksichtigt werden (Abb. 4.4).

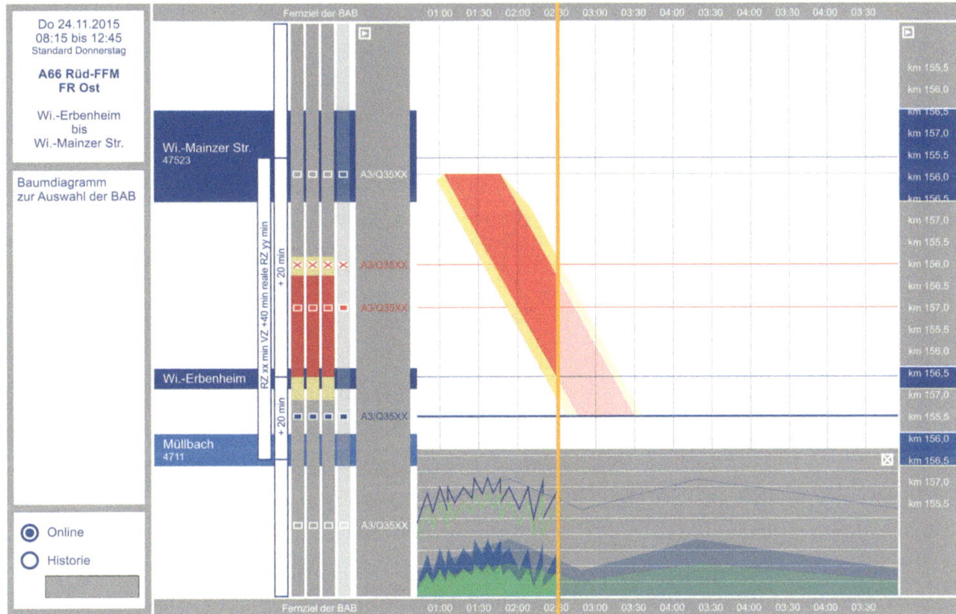

Abb. 4.4 Konzept der Integration des Modells ASDA/FOTO in die Dynamische integrierte Verkehrslageanalyse (DIVA)

4.2.4   Verkehrs- und betriebstechnische Funktionen

Die Aufgabenwahrnehmung des Betriebs der Verkehrszentrale Hessen lässt sich gemäß der Prozessgliederung des Betriebshandbuchs in die folgenden Funktionen gliedern:

- Dynamisches Verkehrsmanagement, dies umfasst
  - das Monitoring der Verkehrslage,
  - die dynamische Verkehrsbeeinflussung mit Hilfe von Verkehrsbeeinflussungsanlagen,
  - das Strategiemanagement sowohl in eigener Zuständigkeit als auch zuständigkeitsübergreifend im regionalen und überregionalen Kontext,
  - das Störfall- und Ereignismanagement,
  - die Bereitstellung von Verkehrsinformationen.
- Offline-Verkehrsmanagement, dies umfasst
  - die Strategieplanung,
  - die Strategiekonfiguration, d. h. die Versorgung der zur Strategieumsetzung erforderlichen Systeme,
  - die Auswertung der Strategiewirkungen (Wirkungs- und Erfolgskontrolle),
  - das Baustellenmanagement,
  - das Datenmanagement,

  – die Wahrnehmung verkehrsbehördlicher Aufgaben durch die Straßenverkehrsbehörde für Autobahnen und Straßen von besonderer Verkehrsbedeutung
- Instandhaltung Technik, dies umfasst
  – die Instandhaltung der IT-Systemtechnik der Verkehrszentrale einschließlich der Systemadministration
  – die Instandhaltung der nachrichten- und elektrotechnischen Infrastruktur
  – die Instandhaltung der verkehrstechnischen Infrastruktur.

4.2.5   Betriebsüberwachung

Ziel der Betriebsüberwachung für die Systeme der Verkehrszentrale Hessen ist die schnelle, möglichst automatisierte Erkennung und Meldung von Störungen sowie die unverzügliche Einleitung von Prozessen zur Störungsbehebung. Die Betriebsüberwachung bezieht sich auf die systemtechnische Infrastruktur der Verkehrszentrale selbst, auf die elektro- und nachrichtentechnische Infrastruktur und auf die verkehrstechnische Infrastruktur.

In allen drei Bereichen stehen automatische Überwachungssysteme zur Verfügung, die Fehler und Ausfälle erkennen, melden und protokollieren und die Anwender bei der Störungsanalyse unterstützen. Externe Systeme sind dabei in eine Fernüberwachung eingebunden. Darüber hinaus gewährleistet der 24/7-Betrieb des Kontrollraums der Verkehrszentrale Hessen ein kontinuierliches Monitoring der Systeme sowie die ständige Fähigkeit zur Plausibilisierung, Eingrenzung und Klassifizierung des Fehlers.

Im Rahmen der Gewährleistungspflichten der einzelnen Systemhersteller sowie im Rahmen von Instandhaltungsverträgen erfolgt die Störungsbehebung nach definierten Reaktions- und Wiederherstellungsfristen. Dokumentiert werden die Störungen in einem Störungsbuch als Teilsystem des als IT-System realisierten Operatorenhandbuchs, dem auch der Verlauf der Störungsbehebung sowie der Zeitpunkt der Wiederherstellung entnommen werden kann.

Im Rahmen des laufenden Projekts E21X zur Hard- und Softwareerweiterung der Verkehrszentrale Hessen wird die Betriebsüberwachung aller Systemkomponenten unter einem einheitlichen Betriebsüberwachungssystem zusammengeführt. Grundlage hierfür wird ein objektorientiertes Anlagendokumentationssystem zur Verwaltung der Stamm- und Vertragsdaten aller zu überwachenden Anlagenteile unter einer auf geografischer Kartenbasis arbeitender grafischer Benutzeroberfläche sein. Betriebszustandswechsel und Störungsmeldungen werden auf einem Meldungsmonitor aufbereitet und operatorengerecht visualisiert; außerdem wird ein Ticketsystem die Störungsbehebung unterstützen. Ebenfalls integriert werden automatische Routinen zur Qualitätsüberprüfung der von Detektoren erhobenen und modelltechnisch ermittelten Daten auf der Grundlage von Plausibilitätsprüfungen, Längs- und Querabgleichen und Zeitreihenanalysen, so dass auch Qualitätsschwankungen und Alterungsprozesse der Detektionstechnik erkannt werden können. Schließlich soll das Qualitätsreporting integriert und automatisiert werden und das Operatorenhandbuch einschließlich des Störungsbuchs soll vollständig integriert werden.

4.3   Verkehrsmanagement

4.3.1   Verkehrssteuerung/-lenkung

Kollektive Verkehrsbeeinflussungssysteme auf Autobahnen bilden in Hessen das Rückgrat der intelligenten Straße. Kontinuierlich wurde hierzu der Ausbau insbesondere von Netz- und Streckenbeeinflussungsanlagen auf dem hessischen Autobahnnetz vorangetrieben. Ihre Planung, Errichtung und Betrieb zählen zu den Kernprozessen der Verkehrszentrale Hessen.

4.3.1.1 Netzbeeinflussung

Auf den hessischen Autobahnen sind netzbeeinflussende Maßnahmen ein wichtiger Bestandteil von Strategien zur Reduzierung der Auswirkungen bei Störungen oder Überlastungen einzelner Netzbereiche. Die Verkehrszentrale Hessen setzt Netzbeeinflussungsanlagen ein, um Verkehrsströme innerhalb des Netzes optimal zu verteilen. Daher sind insbesondere im eng vermaschten Autobahnnetz der Region Frankfurt Rhein-Main die wichtigsten Knotenpunkte mit Netzbeeinflussungsanlagen ausgestattet (Abb. 4.5).

Seit 1969 wird der Verkehr auf hessischen Autobahnen bei Verkehrsstörungen mit fahrstreifenbezogenen, substitutiven Wechselwegweisern (WWW) in Prismentechnik über Alternativrouten umgeleitet. 1997 wurden erstmals additive Wechselwegweiser mit Wechseltextanzeigen (AWW) in Betrieb genommen. Mit diesen Vorläufern der heutigen dynamischen Wegweiser mit integrierten Stauinformationen (dWiSta) konnten erstmals detaillierte Informationen über Verkehrsstörungen im BAB-Netz den Verkehrsteilnehmern angezeigt werden. Die ersten vier dWiSta in Deutschland wurden 2005 am Wiesbadener Kreuz installiert. Zur FIFA-Weltmeisterschaft 2006 wurden sie um weitere neun dWiSta und zwei dynamische Informationstafeln zur Reisezeitanzeige (dIRA) im Rhein-Main-Gebiet erweitert.

Aktuell kommen zur Netzbeeinflussung zum Einsatz (Stand: 31.12.2017):

- 58 dynamische Wegweiser mit integrierten Stauinformationen (dWiSta) an 36 Entscheidungspunkten (additive Wechselwegweisung)
- substitutive Wechselwegweisung an 17 Entscheidungspunkten
- kombinierte statisch-dynamische Wegweiser mit frei programmierbaren LED-Einsätzen an 3 Entscheidungspunkten
- 2 dynamische Informationstafeln zur Reisezeitanzeige (dIRA).

Der zunehmende Einsatz von dWiSta resultiert aus der Möglichkeit, durch frei generierbare digitale Textanzeigen die Verkehrsteilnehmer detaillierter über die Lage, die Ursache und das Ausmaß von Störungen sowie die empfohlene Alternativroute informieren zu können. Dadurch steigt die Akzeptanz der Alternativroutenempfehlung und damit die Effizienz der Netzbeeinflussungsanlage.

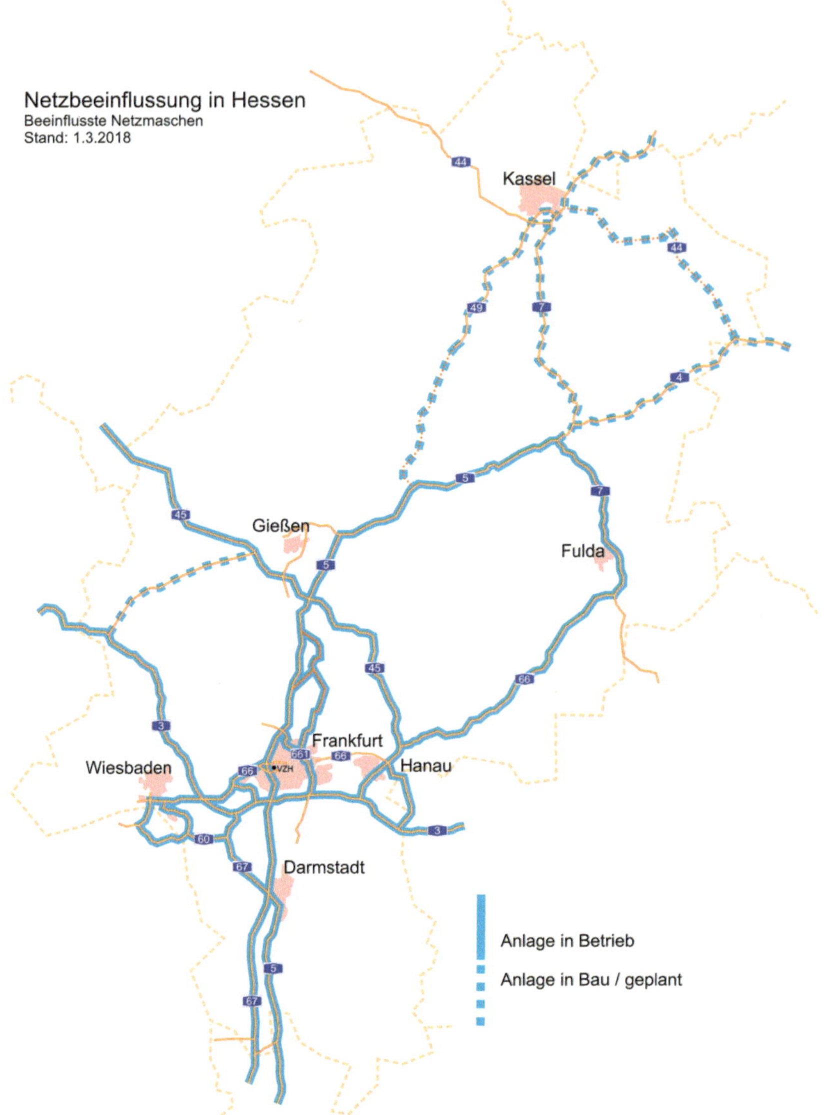

Abb. 4.5 Netzbeeinflussung in Hessen – beeinflusste Netzmaschen.

Neben den oben genannten ortsfesten Anlagen hält die Verkehrszentrale Hessen mehrere mobil einsetzbare dynamische Informationstafeln bereit, die flexibel eingesetzt werden können. Einsatzbereiche hierfür sind z. B. Entscheidungspunkte im Zulauf von Baustellen oder sonstigen zeitweiligen Kapazitätseinschränkungen, wo ein verstärkter Bedarf an Informationen über Störungen, Reisezeitverlusten und Umleitungshinweisen besteht.

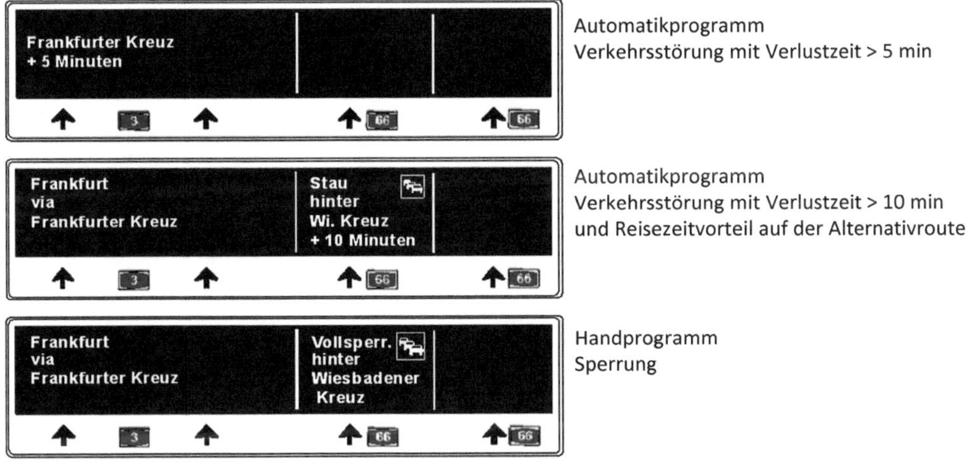

Abb. 4.6 Systematik der dWiSta-Schaltprogramme in Hessen

Die Netzbeeinflussung in Hessen basiert auf einer vollautomatischen Grundsteuerung auf Basis der durch ASDA/FOTO ermittelten Reisezeiten bzw. Verlustzeiten (vgl. Abb. 4.6). Diese wird ergänzt durch semiautomatische Funktionen sowie der Möglichkeit zur Handschaltung- Das dWiSta-Steuerungskonzept sieht demnach drei Arten von Programmen vor:

- Automatikprogramme entsprechen einer vollautomatischen Schaltung vorversorgter Programme entsprechend festgelegter Strategien für die aktuellen Verlustzeiten. Sie werden durch die Operatoren überwacht und im Kontext der Gesamtverkehrslage auf Plausibilität geprüft.
- Sonderprogramme sind Automatikprogramme mit zusätzlichen Informationen für Sonderereignisse wie Messen, Großveranstaltungen in der Arena oder großräumige Umleitungen über Gebiete anderer Baulastträger (LISA, vormals Long Distance Corridors).
- Handprogramme werden manuell für einzelne dWiSta geschaltet. Sie übersteuern sowohl Automatik- als auch Sonderprogramme. Diese können für Sondersituationen wie z. B. Baustellen als Freitext vorab durch Verkehrsingenieure auf Basis verkehrsrechtlicher Anordnungen definiert und durch die Operatoren geschaltet werden.

Für Versorgung und Betrieb der dWiSta-Steuerung ist eine integrierte Software (Grafische Nutzerschnittstelle – dWiSta-GUI) im Einsatz (Abb. 4.7).

Die Schaltung der substitutiven Wechselwegweiser erfolgt manuell mit Unterstützung des VZH-Kernsystems auf der Basis von Schaltempfehlungen, die ein Netzmanager ebenfalls auf der Basis aktueller Reisezeiten/Verlustzeiten generiert.

Die vollständige Integration der vorstehend genannten Komponenten zur Versorgung und des Betriebs der Netzbeeinflussungsanlagen wird zurzeit unter dem Projektnamen NORA – Network Operation and Road Application vollzogen.

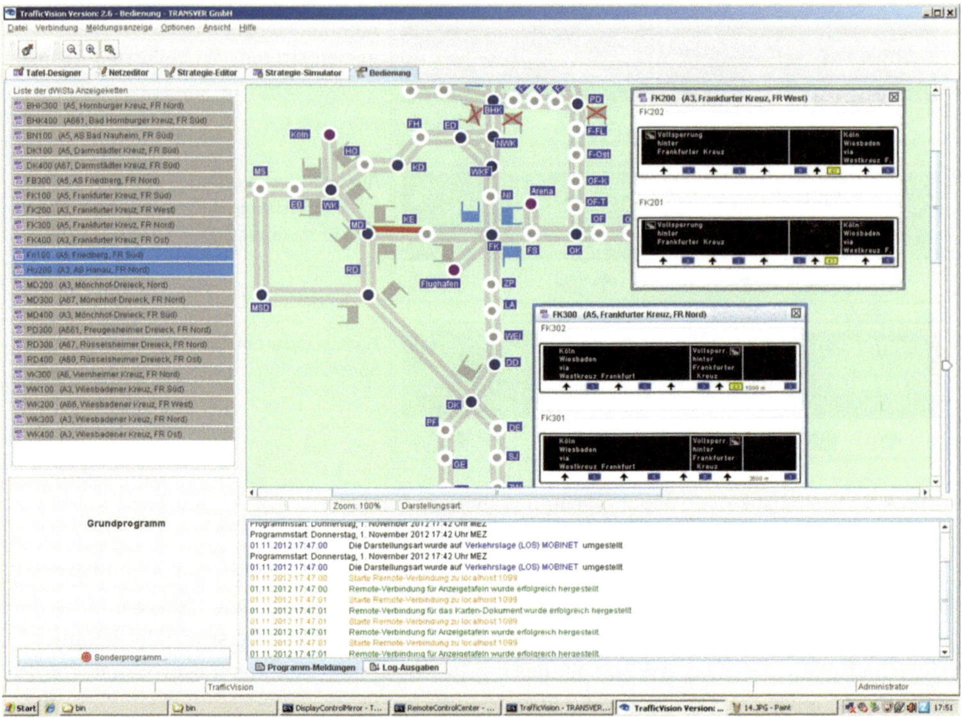

Abb. 4.7 Grafische Bedienoberfläche der Netzbeeinflussung – dWiSta-GUI hier: Erzeugung eines Handprogramms aufgrund Vollsperrung

Strategien zur Netzbeeinflussung werden von der Verkehrszentrale Hessen auf verschiedenen Ebenen definiert und umgesetzt:

- Regionale Ebene:
  Im regionalen Verkehrsmanagement der Region Frankfurt Rhein-Main werden Strategien in regional bedeutenden Mobilitätskorridoren, wie z. B. dem Korridor Rhein-Main-West zwischen Frankfurt und Wiesbaden, dem Korridor Rhein-Main-Ost/ Mittelhessen im Bereich zwischen Frankfurt, Gießen, Bad Hersfeld und Hanau oder dem Bergstraßenkorridor umgesetzt. Die Netzbeeinflussung im Autobahnnetz kann hierbei im Rahmen des regionalen Strategiemanagements in zuständigkeitsübergreifende und intermodale Strategien z. B. zur Abwicklung von Veranstaltungsverkehren integriert sein.
- Nationale Ebene:
  Im Rahmen einer Kooperation zwischen Straßenbetreibern der Länder werden länderübergreifende Verkehrsmanagementstrategien im Autobahnnetz eingesetzt. Diese ermöglichen eine weiträumige Umleitung des Fernverkehrs bei gravierenden Störungen. Die Abstimmung und Aktivierung entsprechender Strategien zwischen den

einzelnen Bundesländern erfolgt prinzipiell nach den gleichen Regeln wie im regionalen zuständigkeitsübergreifenden Strategiemanagement.

- Europäische Ebene:
In mehreren Ausbauphasen werden die nationalen Mobilitätskorridore erweitert in Richtung der europäischen Nachbarländer. Durch internationale Kooperation wird damit auch die grenzüberschreitende Steuerung des Fernverkehrs in transeuropäischen Korridoren optimiert. Dabei müssen zunehmend auch spezielle zielgruppenorientierte Informationswege z. B. für den Langstrecken-Fernverkehr eingesetzt werden.

4.3.1.2 Streckenbeeinflussung

Rund 270 Richtungskilometer der am höchsten ausgelasteten Strecken sind mit Streckenbeeinflussungsanlagen ausgestattet (Abb. 4.8). Diese steuern mit Hilfe von Wechselverkehrszeichen den Verkehrsablauf situationsangepasst in Abhängigkeit von der aktuellen Verkehrslage. Die Anzeigen der Wechselverkehrszeichen sind für Verkehrsteilnehmer ebenso verbindlich wie Anordnungen durch herkömmliche statische Verkehrszeichen. Situationsangepasste Geschwindigkeitsbeschränkungen und Überholverbote halten den Verkehr flüssig und sorgen für Sicherheit. Im Fall von Störungen wie Unfallstellen oder liegengeblieben Fahrzeuge oder auch bei erforderlichen Maßnahmen des Betriebsdienstes können einzelne Fahrstreifen gesperrt werden und die Verkehrsteilnehmer im Zulauf auf die Gefahrenstelle gewarnt werden.

Streckenbeeinflussungsanlagen erfüllen im Automatikbetrieb folgende Aufgaben:

- Harmonisierung des Verkehrsablaufs
- Warnung des Verkehrs vor Stau sowie Reduzierung der Geschwindigkeiten im Zulaufbereich zu Staus
- Warnung des Verkehrs und Anpassung der Geschwindigkeiten bei Regen und eingeschränkten Sichtverhältnissen (z. B. durch Nebel)
- Unterstützung der Sortier- und Verflechtungsvorgänge im Bereich der Knotenpunkte durch angepasste, fahrstreifenbezogene Geschwindigkeitsbeeinflussung

Eingriffe in den Verkehrsablauf sind zusätzlich durch die Schaltung von Sonderprogrammen möglich. Sie werden vor allem zur Absicherung von Arbeitsstellen kürzerer Dauer, z. B. im Rahmen des Straßenbetriebsdienstes, eingesetzt, so dass das Gefährdungspotenzial für das Arbeitsstellenpersonal wesentlich reduziert wird. Hierzu werden relativ zum Arbeitsstellenbereich vordefinierte, mehrere Anzeigequerschnitte umfassende Schaltbilder (Gefahrenwarnung, Geschwindigkeitsreduktion, Fahrstreifensperrung) manuell aufgerufen und nach dem Längsabgleich in das Anlagengesamtschaltbild integriert. Vergleichbares geschieht bei der Absicherung von Unfallstellen bzw. Pannenfahrzeugen.

Für eine optimale Wirkung und eine hohe Akzeptanz beim Verkehrsteilnehmer sorgt das automatische inhouse entwickelte Steuerungssystem SARAH (Streckensteuerung mit antizipierendem regelbasiertem Ansatz in Hessen). Dieses basiert auf dem Merkblatt für die Ausstattung von Verkehrsrechnerzentralen und Unterzentralen (MARZ) und arbeitet

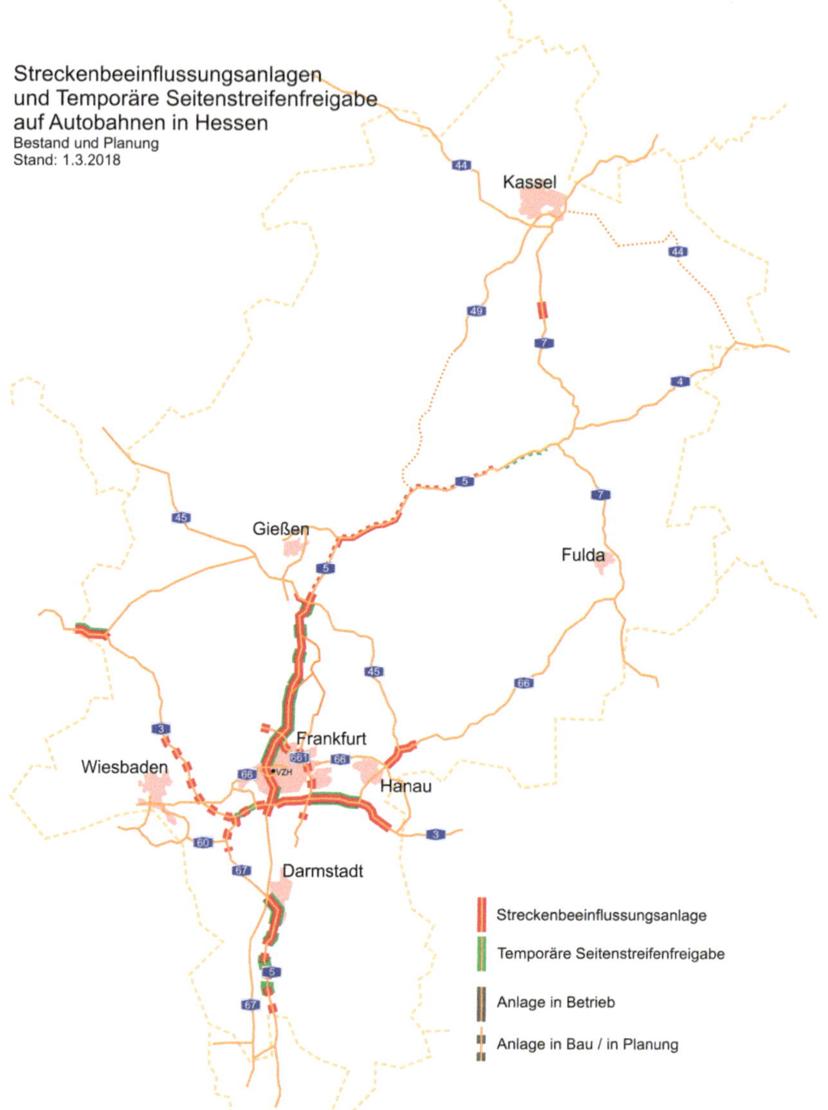

Abb. 4.8 Streckenbeeinflussungsanlagen und Temporäre Seitenstreifenfreigabe in Hessen

mit speziellen, in der Verkehrszentrale Hessen entwickelten, insbesondere hinsichtlich der Stauendewarnung und der Regensteuerung optimierten Algorithmen. Im Gegensatz zu Black-Box-Verfahren erlaubt SARAH eine transparente Anpassung von Regeln und Steuerungsparametern, so dass diese entsprechend den verkehrsbehördlich angeordneten Steuerungszielen sowie den aus kontinuierlicher Evaluation gewonnenen Einsatzerfahrungen gestaltet werden können. Auf Basis vordefinierter Kriterien erfolgt ein permanentes Qualitätsmonitoring mit einer Anpassung der Steuerungsparameter. Langzeitauswertungen zeigen, dass durch diese Anpassungen die Steuerungsqualität und somit die Wirksamkeit der Anlagen deutlich zunimmt. So gehen die Unfallzahlen dadurch um bis zu 20 % zurück, die Streckenkapazitäten nehmen durch vermiedene Staus um bis zu 15 % zu.

4.3.1.3 Temporäre Seitenstreifenfreigabe

Auf Streckenabschnitten mit besonders großen regelmäßigen Überlastungen wird in Hessen auf rund 90 Richtungskilometern Länge die temporäre Seitenstreifenfreigabe eingesetzt (Abb. 4.8). Mit dieser Maßnahme wird die vorhandene Infrastruktur intelligent, flexibel und hocheffizient genutzt. Sie trägt erheblich zur Kapazitätserhöhung der Strecke und infolge dessen Aufrechterhaltung des Verkehrsflusses und Reduzierung der Stauzeiten auf hessischen Autobahnen bei.

Die Funktionalität der temporären Seitenstreifenfreigabe ist in Hessen grundsätzlich in eine Streckenbeeinflussungsanlage integriert. Damit wird den hohen Sicherheitsanforderungen Rechnung getragen und es ist sichergestellt, dass die Verkehrszentrale Hessen Mobil jeder-zeit unterstützende Maßnahmen – dynamische Geschwindigkeitsanpassung, Stau- und Gefahrenwarnung, Fahrstreifenräumung und Sperrung über fahrstreifenbezogenen blinkenden Gelbpfeil und Sperrkreuz, Lkw-Überholverbot, Ein- und Ausfahrthilfe – zur Optimierung der Verkehrsvorgänge ergreifen kann.

Aus Sicherheitsgründen erfolgt die Freigabe des Seitenstreifens nicht nach einem festen Zeitplan, sondern generell erst, wenn die Kapazität der regulären Fahrstreifen nicht mehr ausreicht, um die anstehende Verkehrsnachfrage störungsfrei abzuwickeln. Die Entscheidung zur Freigabe muss daher auf der Beobachtung des aktuellen Trends der Verkehrsentwicklung anhand von Ganglinien in Gegenüberstellung zu den relevanten Schwellenwerten der Verkehrsnachfrage beruhen, um den optimalen Zeitpunkt für die Öffnung unter Berücksichtigung des in der Regel mehrere Minuten dauernden semiautomatischen Überprüfungsprozesses der Hindernisfreiheit zu wählen.

Auf diesem Weg muss sichergestellt sein, dass der Seitenstreifen nur bei einem Verkehrszustand geöffnet ist, bei dem eine Wegnahme des Seitenstreifens als Fahrstreifen unmittelbar zu einer Stausituation führen würde. Dadurch – in Verbindung mit der kontinuierlichen Beobachtung der Seitenstreifenfreigabe durch die Operatoren über rund 200 Verkehrsbeobachtungskameras – wird das hohe Sicherheitsniveau der Seitenstreifenfreigabe in Hessen erreicht.

Ein entsprechender Prozess liegt auch der Rücknahme der Seitenstreifenfreigabe zu Grunde, die umgehend erfolgt, sobald die Verkehrsnachfrage unter definierte Schwellenwerte der Verkehrsnachfrage sinkt, für die die Kapazität der regulären Fahrstreifen wieder ausreicht. Vergleichbare Anforderungen bestehen auch für die temporäre Seitenstreifenfreigabe im Bereich von Tagesbaustellen, die ebenfalls in der Regel nicht präventiv erfolgt. Ausnahmen hiervon sind gesondert angeordnete Maßnahmen z. B. bei Dauerbaustellen.

Die Freigabe eines Streckenabschnitts erfolgt immer erst, nachdem die Hindernisfreiheit des entsprechenden Abschnitts gewährleistet ist. Diese erfolgt durch die Operatoren der Verkehrszentrale Hessen unter Nutzung der frei schwenk- und zoombaren Verkehrsbeobachtungskameras, mit denen die Streckenabschnitte der Seitenstreifenfreigabe stets lückenlos eingesehen werden können. Zur Unterstützung sind automatische Kamerafahrten vorgegeben, mit deren Hilfe die Operatoren die betreffenden Streckenabschnitte stromaufwärts abschnittsweise einsehen und nach manuell bestätigter Hindernisfreiheit semiautomatisch freigeben können.

Die Schließung von Seitenstreifen erfolgt nach manueller Anforderung durch einen automatischen Ablauf, der den Streckenabschnitt stromabwärts unter Berücksichtigung der Fahrgeschwindigkeiten schließt. Damit soll dem Verkehrsteilnehmer ein individuell konsistenter Zustand angezeigt und die Anzahl der Fahrstreifenwechsel beim Schließungsprozess minimiert werden. Im Fall von Ereignissen kann eine Schnellsperrung angefordert werden, die sich auf den gesamten Streckenabschnitt oder einen Teilbereich – etwa zur Absicherung eines Pannenfahrzeugs – bezieht.

Durch die temporäre Freigabe der Seitenstreifen wird die Kapazität bei drei regulären Fahrstreifen bei Bedarf unverzüglich um bis zu 25 % gesteigert. Untersuchungen zeigen, dass der Nutzen aus vermiedenen Reisezeitverzögerungen so groß ist, dass sich eine Anlage in weniger als drei Jahren amortisiert. Eine Beeinträchtigung der Verkehrssicherheit wurde bisher nicht festgestellt. Untersuchungen belegen im Gegenteil, dass die durch die Seitenstreifenfreigabe erhöhte Kapazität das Störungspotenzial einer Strecke und damit die Häufigkeit staubedingter Unfälle spürbar senkt.

Aufgrund der positiven Effekte hat Hessen einen Masterplan zur Ausweitung der temporären Nutzung von Seitenstreifen auf hessischen Autobahnen auf bis zu 340 Richtungskilometern definiert. Damit wird dem prognostizierten Verkehrswachstum insbesondere im Straßengüterverkehr nachhaltig Rechnung getragen.

4.3.1.4 Knotenbeeinflussung

In den Sortierraumbereichen vor Knotenpunkten des Autobahnnetzes kann über substitutive Wechselwegweisung eine variable Fahrstreifenzuteilung vorgenommen werden. Dadurch können zeitweilig stark nachgefragte Zielströmen zusätzliche Fahrstreifen zugeordnet werden bzw. gemeinsam geführte Zielverkehrsströme bei Bedarf getrennt werden, um gegenseitige Blockaden zu vermeiden. Da die Leistungsfähigkeit eines Teilbereichs im Autobahnnetz häufig von der Leistungsfähigkeit der Verflechtungsbereiche im Zulauf von Knotenpunkten bzw. Entscheidungspunkten beschränkt wird, kann die Knotenbeeinflussung wichtige Beiträge zur Kapazitätserhöhung in Spitzenzeiten und zur Aufrechterhaltung des Verkehrsflusses leisten.

Voraussetzung für die Knotenbeeinflussung ist ein entsprechend baulich gestalteter Ausfahrtbereich, bei dem durch eine zweistreifige Ausfahrt nach RAA-Typ A2 die Möglichkeit besteht, einen Zielverkehrsstrom an einem auf dem oder den Verzögerungsstreifen gestauten abfahrenden Verkehrsstrom vorbei in die Ausfahrt zu leiten.

Die Knotenbeeinflussung wird an mehreren hoch bzw. variabel belasteten Autobahnkreuzen und -dreiecken in Hessen eingesetzt. Sie wird dabei nicht nur reaktiv bei entsprechendem Verkehrsaufkommen eingesetzt, sondern ist Bestandteil der Maßnahmenbündel von Netzbeeinflussungsstrategien, wenn durch die Umleitung von Verkehrsströmen signifikante Veränderungen in den Abbiegebeziehungen zu erwarten sind.

4.3.1.5 Zuflussregelung

Zuflussregelungsanlagen regeln bei erhöhtem Verkehrsaufkommen den Zufluss von Fahrzeugen auf hoch ausgelastete, staugefährdete Streckenabschnitte. Sie verhindern den Zufluss von geschlossenen Fahrzeugpulks, der beim Einflechtungsvorgang zu Störungen des fließenden Verkehrs führen kann.

Zuflussregelungsanlagen werden in Hessen als flexible temporäre Maßnahme an zeitweilig hoch belasteten Anschlussstellen eingesetzt, die sich im staugefährdeten Zulaufbereich zu Arbeitsstellen oder innerhalb von Arbeitsstellenverkehrsführungen mit verengten Platzverhältnissen befinden, wenn der Verkehrsfluss anderweitig nicht gesichert werden kann und eine Schließung der Zufahrt aus Gründen der Verkehrslenkung nicht in Frage kommt. Dabei werden in der Regel mehrere, tageszeitabhängig aktivierte Automatikprogramme vorgesehen. Die Operatoren haben in der Regel die Möglichkeit, über Verkehrskameras den Verkehrsablauf zu beobachten und über Fernzugriff auf die Zuflussregelungsanlagen diese ein- und auszuschalten oder zwischen verschiedenen Programmen zu wechseln.

Ein längerfristiger Einsatz der Zuflussregelung – als dauerhafte Maßnahme bis zu einem Ausbau des betroffenen Streckenabschnitts – ist perspektivisch in einigen hoch belasteten Bereichen des Autobahnnetzes im Verdichtungsraum Frankfurt Rhein-Main vorgesehen.

4.3.1.6 Tunnelsteuerung

Hessen Mobil betreibt zurzeit fünf Tunnel im Autobahnnetz, die von einer Tunnelleitzentrale aus betriebs- und verkehrstechnisch gesteuert werden. Im Zuge des Ausbaus der nordhessischen A44, der A49 in Mittelhessen sowie dem Lückenschluss der A66 im Frankfurter Osten werden in den nächsten Jahren die Anzahl der Tunnel erheblich erhöhen.

Es ist beabsichtigt, das erprobte Steuerungsverfahren SARAH für die Streckenbeeinflussungsanlagen auch im Zuge der Verkehrsbeeinflussung von Straßentunneln einzusetzen. Damit sollen die Qualitätsstandards der Streckenbeeinflussung auch in Tunnelbereichen realisiert sein und damit eine optimale und integrierte verkehrstechnische Behandlung von betrieblichen oder verkehrlichen Ereignissen in Tunnelbereichen erreicht werden. Hierzu werden die Verkehrszentrale Hessen und die Tunnelleitzentrale Hessen zukünftig enger mit definierter Aufgabenteilung zusammenarbeiten.

4.3.2 Verkehrsinformationen

Nutzergerechte aufbereitete, qualitativ hochwertige Verkehrsinformationen sind ein wichtiger Baustein erfolgreicher Mobilitätsstrategien. Sie korrespondieren mit effektiven Maßnahmen des Verkehrsmanagements und sorgen für Akzeptanz und Zufriedenheit bei den Verkehrsteilnehmern. Außerdem tragen präzise Informationen zu Störungen, Staus und Gefahren zur Erhöhung der Verkehrssicherheit bei.

4.3.2.1 Pre-Trip-Informationen

Mit dem Hessischen Verkehrsservice www.verkehrsservice.hessen.de stellt Hessen Mobil im Internet ein umfassendes Verkehrsinformationsangebot bereit, das direkt auf die den durch die Verkehrszentrale Hessen erhobenen, aufbereiteten und bereitgestellten Daten zugreift.

Folgende Daten werden in dem Verkehrsservice angeboten:

- Verkehrsmeldungen, dies umfasst Sperrungen und Störungen mit Angabe der aktuellen Verlustzeiten
- aktuelle Tagesbaustellen, basierend auf den im DORA-System georteten fahrbaren Absperrtafeln
- aktuelle Dauerbaustellen, basierend auf dem Datenbestand des Baustellen-/Slotmanagementsystems zu aktiven Baustellen
- geplante Dauerbaustellen, basierend auf dem aktuellen Planungsstand des Baustellen-/Slotmanagementsystems
- Livebilder (Streams) von rund 30 Verkehrsbeobachtungskameras an wichtigen Knotenpunkten im Straßennetz
- Informationen zu Rastanlagen
- Lkw-Belegungsdaten von ausgewählten Rastanlagen

Die Informationen können wahlweise auf einer Hessenkarte (Abb. 4.9) oder in Listenform abgerufen werden, wobei das System die individuellen Einstellungspräferenzen der Nutzer speichern kann. Das Informationsangebot passt sich in seiner Darstellung dem

Abb. 4.9 Verkehrsinformationen auf www.verkehrsservice.hessen.de (Screenshot)

Abb. 4.10 Endgerät-unabhängige Darstellung der Verkehrsinformationen, gefiltert nach verschiedenen Informationsarten

jeweiligen Endgerät an und dient somit nicht nur der Pre-Trip-Information, sondern kann auch auf mobilen Endgeräten unterwegs abgerufen werden (Abb. 4.10).

4.3.2.2 On-Trip-Informationen

Nach wie vor spielen die aus dem Verkehrswarndienst über den Rundfunk verbreiteten Verkehrsinformationen die zentrale Rolle bei der On-trip-Information der Straßenverkehrsteilnehmer. Diese erreichen als im Hörfunkprogramm gesprochene Verkehrsinformation oder als RDS-TMC-codierter Datenstrom den Verkehrsteilnehmer bzw. dessen Endgeräte.

Über den Verkehrswarndienst werden in Zusammenarbeit von Polizei, Straßenverkehrsbehörden, Straßenbaubehörden und Rundfunkanstalten Verkehrsstörungen erfasst und Verkehrswarnmeldungen verbreitet. Die Aufgaben des Verkehrswarndienstes sind in den Rahmenrichtlinien für den Verkehrswarndienst definiert. Je Bundesland ist eine Landesmeldestelle (LMSt) als zentrale Sammel- und Ausgabestelle für akute, meldepflichtige Verkehrsstörungen (z. B. durch Verkehrsunfälle, Überlastung von Fernstraßen, außergewöhnliche und örtlich begrenzte Witterungsverhältnisse) eingerichtet. Aus den eingehenden Informationen über Ereignisse werden hier Meldungen generiert, die dann an die angeschlossenen Rundfunkanstalten übermittelt werden.

Unterschieden wird grundsätzlich zwischen unvorhersehbaren (akuten) und vorhersehbaren Ereignissen.

Als unvorhersehbar gelten u. a. Verkehrsunfälle, akute Überlastungen und außergewöhnliche Witterungsverhältnisse. Aus den aktuellen Datenbeständen der Verkehrszentrale

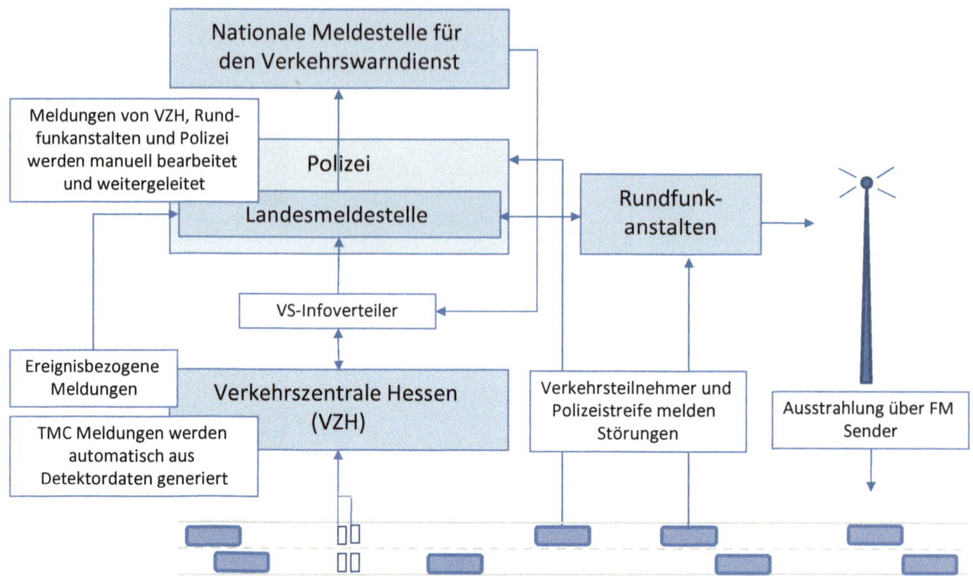

Abb. 4.11 Meldungskette der TMC-Nachrichten in Hessen

Hessen werden die Informationen zu Störungen kontinuierlich und automatisiert an die Landesmeldestelle Hessen übertragen. Die Verkehrszentrale Hessen nimmt damit ihre Meldepflicht wahr und liefert auf diesem Weg den Großteil des Meldungsbestands des Verkehrswarndienstes. Darüber hinaus sind die örtlich zuständigen Polizeidienststellen meldepflichtig, in deren Bereich die Ursache für eine Verkehrsstörung liegt.

Als vorhersehbar gelten alle Ereignisse, die den Verkehrsablauf voraussichtlich beeinträchtigen werden, wie Arbeiten im Straßenraum, Änderung der Verkehrsführung, Veranstaltungen, Versammlungen. Meldepflichtig hierfür sind grundsätzlich die Straßenverkehrsbehörden; da diese in Verkehrszentrale Hessen ihren Dienstsitz hat und dieselben Systeme nutzt, erfolgt in Hessen die Datenbereitstellung für den Verkehrswarndienst aus einer Hand.

Die Meldekette für den Verkehrswarndienst ist in der Abb. 4.11 dargestellt.

4.3.2.3 Mobilitätsdatenmarktplatz

Der von der Bundesanstalt für Straßenwesen betriebene Mobilitätsdatenmarktplatz (MDM) ist die zentrale Plattform für den Austausch von verkehrsbezogenen Daten in Deutschland. Mit ihm wird das durch Direktiven der Europäischen Union geforderte Konzept des Single Access Points für Mobilitätsdaten realisiert, das darauf abzielt, Datengeber und Datenabnehmer auf transparente Weise zusammenzuführen, die Schaffung nahtloser Verkehrsdatendienstleistungen zu ermöglichen und insgesamt die Qualität des Verkehrsinformationsangebots zu erhöhen.

Die Verkehrszentrale Hessen trägt zum Mobilitätsdatenmarktplatz bei, indem sie ein umfassendes Datenangebot auf dem MDM bereitstellt. Hierzu zählen die q- und v-Daten

(Verkehrsstärken und Geschwindigkeiten) der Messstellen im hessischen Autobahn- und Bundesstraßennetz, die aktuellen Verkehrsmeldungen, die Reise- und Verlustzeiten auf Autobahnen und ausgewählten Bundesstraßen, die Planungsdaten zu Dauerbaustellen auf dem gesamten klassifizierten Straßennetz in Zuständigkeit der Verkehrszentrale Hessen, die Planungsdaten von Arbeitsstellen kürzerer Dauer auf Autobahnen, die aktuellen Positionsdaten von Sperranhängern vor Tagesbaustellen, Lkw-Belegungsdaten der BAB-Rastanlagen und die Informationen zu aktiven Umleitungsstrategien (strategisches Routing). Diese Daten werden im DATEX-II-Standard – soweit für die Datenart verfügbar – übermittelt.

4.4 Managementprozesse

4.4.1 Strategiemanagement

Das Strategiemanagement, also die angemessene Reaktion auf bedeutsame Nachfrage- und Kapazitätsveränderungen mit Hilfe geeigneter Strategien, ist eine wichtige Komponente sowohl im regionalen als auch im überregionalen Verkehrsmanagement und stellt einen der Kernprozesse der Verkehrszentrale Hessen dar. Strategien bezeichnen dabei vordefinierte und abgestimmte Handlungsschemata (Maßnahmenbündel) zur Lösung verkehrstechnischer Probleme und werden einerseits zur Vermeidung von Überlastungen im Verkehrsnetz und andererseits zur Reduktion der Auswirkungen von Verkehrsstörungen eingesetzt. Grundsätzlich ist dabei zu unterscheiden zwischen dem Strategiemanagement im Rahmen der eigenen Zuständigkeit und dem zuständigkeitsübergreifenden Strategiemanagement, das die Kooperation zwischen der Verkehrszentrale Hessen und weiteren Partnern erforderlich macht.

Um Verkehrsströme im Gesamtnetz zu optimieren, werden Mobilitätskorridore betrachtet, die leistungsfähige Verkehrswege aller Verkehrsträger sowohl zwischen wichtigen Ballungszentren (großräumige Korridore) als auch zwischen wichtigen Zentren innerhalb von Metropolräumen (regionale Korridore) umfassen. Für diese Korridore werden Strategien entwickelt, die Verkehrsmanagementmaßnahmen für konkrete Verkehrsstörungen oder Ereignisse umfassen. Voraussetzungen für die Umsetzung von dynamischen Verkehrsmanagementstrategien sind die hohe Leistungsfähigkeit der Verkehrsinfrastruktur aller Verkehrsträger, die Verfügbarkeit von Verkehrsdaten zur Analyse und Prognose der Verkehrslage sowie von dynamischen Verkehrsbeeinflussungssystemen zur Umsetzung von Maßnahmen.

Aufgrund der besonderen Herausforderungen, die sich aus der Lage Hessens im Zuge großräumiger Verkehrsbeziehungen einerseits und der engen verkehrlichen Wechselwirkungen zwischen Fernstraßennetz, regionalem Straßennetz und städtischem Straßennetz in der Metropolregion Frankfurt Rhein-Main andererseits ergeben, wird beim Strategiemanagement der Verkehrszentrale Hessen grundsätzlich ein kooperativer Ansatz verfolgt.

Schnittstellen zwischen der Verkehrszentrale Hessen und den Verkehrszentralen benachbarter Bundesländer ergeben sich bei großräumig bedeutsamen Störungen. Zu Kommunen und Landkreisen ergeben sie sich bei den das nachgeordnete Netz betreffenden Verlagerungen von Verkehr infolge von Überlastungen, Störfällen oder Großveranstaltungen. Eine Kooperation zwischen der Verkehrszentrale Hessen und der Polizei ist bei Störfällen oder Großveranstaltungen erforderlich. Die Verbreitung von Verkehrsinformationen durch den Verkehrsfunk erfolgt über die Landesmeldestelle der Polizei in Zusammenarbeit mit den Straßenverkehrsbehörden und den Rundfunkanstalten. Intermodale Abstimmungen (Schnittstellen zum ÖV) ergeben sich vorwiegend bei planbaren Ereignissen, wie regional bedeutsamen Veranstaltungen. Bei der modalen Verlagerung sind die Ansprechpartner im regionalen Verkehr die Verkehrsverbünde bzw. im lokalen Verkehr die lokalen Nahverkehrsgesellschaften (LNG) oder die Verkehrsunternehmen.

Die Verkehrszentrale Hessen hat die konzeptionelle Entwicklung des Strategiemanagements von Anbeginn an maßgeblich beeinflusst und nimmt seither eine Vorreiterrolle im zuständigkeitsübergreifenden Verkehrsmanagement wahr. Die von Hessen Mobil geleitete „Länderübergreifende Initiative für strategische Anwendungen auf Autobahnkorridoren" (LISA) nimmt mittlerweile einen quasi-institutionellen Status bei der kontinuierlichen Weiterentwicklung des Strategiemanagements in Deutschland sowie innerhalb europäischer Korridore ein.

4.4.1.1 Strategisches Netz

Das strategische Netz im Straßenverkehr bildet die Ausgangsbasis für die Verkehrsanalyse und die darauf aufbauende Ableitung von Maßnahmen. Es konzentriert sich jeweils auf diejenigen Netzelemente, die eine große Bedeutung für die Abwicklung der überregionalen und regionalen Verkehrsbeziehungen haben. Dies sind zum einen Netzabschnitte, auf denen trotz erheblicher Leistungsfähigkeit regelmäßig verkehrliche Probleme wie Stau auftreten, und zum anderen Netzabschnitte, die im Rahmen des überregionalen und regionalen Verkehrsmanagements als Alternativen für Verkehrslenkungsmaßnahmen herangezogen werden können.

Das strategische Straßennetz umfasst sowohl die Autobahnen wie auch ausgewählte Abschnitte des klassifizierten Basisnetzes (Bundes-, Landes- und Kreisstraßen). Ausgangspunkte für die Auswahl der Elemente sind zunächst strategische Netzknoten für die Verkehrssteuerung innerhalb der Netzmaschen, die von den Autobahnen gebildet werden. Daher sind alle Autobahnen Bestandteil des strategischen Netzes. Aufgrund der relativ hohen Netzdichte und ihrer hohen Leistungsfähigkeit bilden sie das Grundgerüst auch des regionalen Straßennetzes. Aus dem Basisnetz sind aufgrund ihrer verkehrlichen Bedeutung nahezu alle Bundesstraßen im strategischen Netz enthalten. Ergänzt wird das strategische Netz im regionalen Strategiemanagement um diejenigen Landes- und Kreisstraßen, die aufgrund ihrer räumlichen Lage und ihres Ausbaustandards über eine regionale Bedeutung auch als Alternativroute verfügen.

Das strategische Netz umfasst neben den eigentlichen Netzbestandteilen auch Elemente und Orte, die im regionalen Verkehrsmanagement für die Umsetzung von Verkehrsmanagementstrategien auch im Hinblick auf multi- und intermodale Ansätze von

Bedeutung sind. Dazu gehören z. B. P+R-Anlagen als Verknüpfungspunkte zwischen den Verkehrsträgern MIV und ÖV. Besonders wichtig sind auch Orte mit großem Publikumsinteresse (Points of Interest) und hohem Verkehrsaufkommen wie beispielsweise der Flughafen Frankfurt am Main, der durch seine Arbeitsplatzkonzentration sowie das hohe Fluggast- und Besucheraufkommen eine große verkehrliche Bedeutung für die Region besitzt, Veranstaltungsorte wie die Messe Frankfurt oder die Arena Frankfurt, Touristische Ziele, Freizeiteinrichtungen, Einkaufszentren und Innenstädte.

4.4.1.2 Prozessschritte

Die Vorgehensweise zur Strategieentwicklung und Strategieumsetzung im zuständigkeitsübergreifenden Verkehrsmanagement baut auf dem dezentralen Koordinierungsansatz und der aus den sachlichen Zuständigkeiten abgeleiteten Maßnahmenverantwortung auf, der

- von autarken Entscheidungsbefugnissen der jeweils zuständigen Institution über Verkehrsmanagementstrategien und Maßnahmen und
- einer Koordinierungsnotwendigkeit nur bei tatsächlich mehrere Institutionen betreffenden Verkehrsproblemen

ausgeht. Nach dieser Maßgabe lässt sich ein zuständigkeitsübergreifendes Strategiemanagement gemäß den nachfolgend beschriebenen und in Abb. 4.12 zusammengefassten Prozessschritten aufbauen.

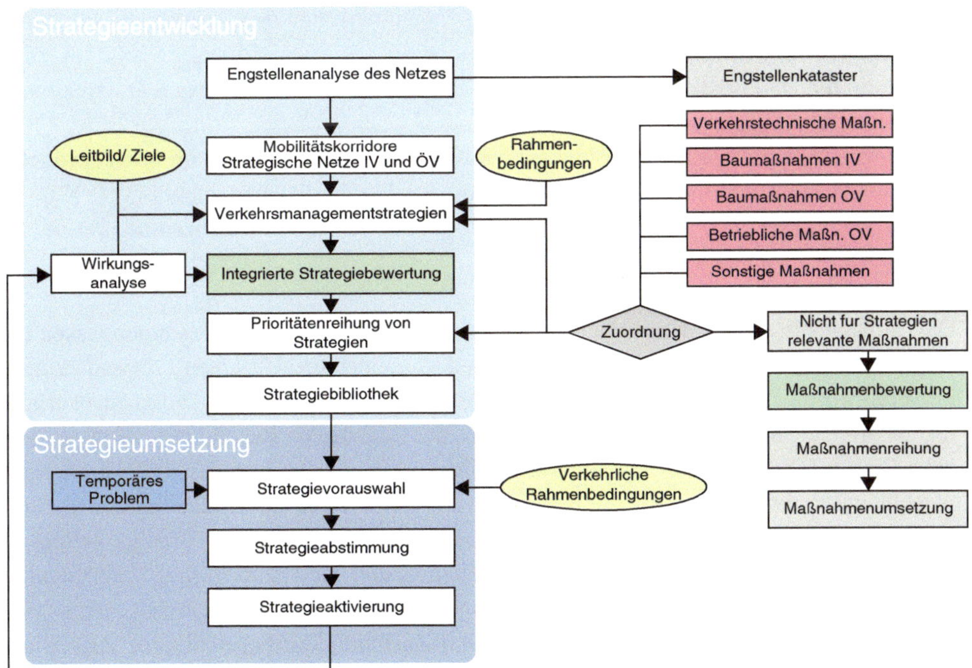

Abb. 4.12 Prozessschritte im Strategiemanagement. (Quelle: Riegelhuth [1])

4.4.1.3 Strategieentwicklung

Basis für die Entwicklung von zuständigkeitsübergreifenden Strategien ist eine Engstellenanalyse, die jeder Akteur für seinen Zuständigkeitsbereich durchführt. Dabei ist zu prüfen, für welche Engstellen durch die Umsetzung von zuständigkeitsübergreifenden Strategien eine Beseitigung oder Reduktion der negativen Auswirkungen im Vorgriff oder als Alternative zu baulichen Maßnahmen möglich ist. Darüber hinaus ist bei planbaren Ereignissen wie Veranstaltungen oder Baumaßnahmen eine Eignung von zuständigkeitsübergreifenden Strategien zu prüfen. Auch bei Störfällen können trotz der Unvorhersehbarkeit des exakten Ortes und Ausmaßes im Vorfeld geeignete Strategien entwickelt werden (z. B. Netzsteuerungsstrategien für Vollsperrungen in einem bestimmten Streckenabschnitt).

Die Ausarbeitung von Strategien wird gemäß den Hinweisen zur Strategieentwicklung im dynamischen Verkehrsmanagement (FGSV [2]) als festgelegtes Handlungskonzept zur Ergreifung von Maßnahmenbündeln zur Verbesserung einer definierten Ausgangssituation verstanden. Die Probleme, die Maßnahmen und die zur Umsetzung erforderlichen technischen Systeme sind räumlich und zeitlich zu beschreiben. Es ist im Detail festzulegen, wo welche Verkehrszustände, Kapazitäten und Probleme auftreten, an welcher Stelle im strategischen Netz die einzelnen Maßnahmen greifen und für welche Wirkungsbereiche die begleitenden Maßnahmen umgesetzt werden sollen. Für die Umsetzung der Strategien sind Aktivierungs- und Deaktivierungskriterien zu definieren sowie bei Konflikten mit anderen Strategien Prioritäten festzulegen.

Entsprechend dem dezentralen Koordinierungsansatz werden die zuständigkeitsübergreifenden Strategien und zugehörigen Maßnahmen zwischen den betroffenen Institutionen gemeinsam im Vorfeld abgestimmt. Diese autorisierten Strategien sind in einer abgestimmten Dateistruktur bei den jeweils beteiligten Institutionen abgelegt und können im Bedarfsfall aktiviert werden.

Die Verkehrszentrale Hessen als verantwortlich handelnder Akteur im übergeordneten Straßennetz kann auf ihr gesamtes Spektrum des Verkehrsmanagements (vgl. Kap. 3) zurückgreifen und dies im Rahmen der abgestimmten Strategien einsetzen.

4.4.1.4 Strategieumsetzung

Die Strategieumsetzung wird durch die Verkehrszentrale Hessen im Zusammenwirken mit den betroffenen Partnern veranlasst. Ausgehend von einer verkehrlichen Problemsituation im Verantwortungsbereich eines Partners wird die Aktivierung einer zuständigkeitsübergreifenden Strategie angestoßen. Auf der Grundlage des dezentralen Koordinierungsansatzes ist jeder Partner für die Aktivierung von Maßnahmen in seinem eigenen Zuständigkeitsbereich verantwortlich. Damit behalten die Beteiligten die Möglichkeit der Einflussnahme über die jeweils von ihnen angestoßenen Teilstrategien. Die Deaktivierung einer Strategie erfolgt im Regelfall nach Behebung der auslösenden Situation und wird vom Strategie einleitenden Partner vorgenommen. Darüber hinaus muss eine Strategie oder eine Teilstrategie deaktiviert werden, wenn ein beteiligter Partner in seinem Zuständigkeitsbereich keine zusätzliche

Verkehrsnachfrage mehr verantworten kann oder wenn technische Probleme in seiner Systemtechnik vorliegen. Alle Partner, werden in diesem Fall von der verantwortlichen Institution benachrichtigt. Ebenso erhalten alle involvierten Partner eine Nachricht, wenn eine angeforderte Strategie nicht aktiviert werden kann. Es ist, wenn möglich, eine geeignete Alternativstrategie auszuwählen.

Aus den geschilderten Zusammenhängen ergibt sich folgender prinzipieller Ablauf bei der Aktivierung einer VM-Strategie:

Anforderung einer Strategie durch einen Partner

- Erkennen einer Problemsituation im eigenen Verantwortungsbereich (automatisiert oder manuell)
- Vorauswahl einer Strategie (automatisiert oder manuell)
- Generierung einer Anfrage an die beteiligten Partner, ob aus deren Sicht die vorausgewählte Strategie aktiviert werden kann
- Generierung einer Aufforderung zur Aktivierung der Strategie bei positiver Reaktion der Partner auf die vorhergehende Anfrage
- Umsetzung der zugehörigen Maßnahmen
- Aufforderung zur Deaktivierung, wenn Maßnahmen nicht länger erforderlich sind.

Beantwortung von Anfragen anderer Partner zur Strategieaktivierung

- Prüfung bei eingehender Anfrage, ob die Verkehrslage eine Umsetzung der Strategie erlaubt, ob die zur Umsetzung der Strategie erforderlichen technischen Systeme funktionstüchtig sind und ob die Strategie keiner anderen bereits aktivierten Strategie zuwiderläuft
- Generierung einer entsprechenden Antwort
- Umsetzung der strategiebezogenen eigenen Maßnahmen nach erfolgter Aufforderung durch den verantwortlichen Partner (Im Fall von nur zwei beteiligten Akteuren kann diese Aufforderung entfallen.)
- Generierung einer Bestätigung an den entsprechenden Partner nach erfolgter Aktivierung der eigenen Maßnahmen
- Deaktivierung der aktivierten Teilstrategien nach erfolgter Aufforderung.

Auf Grund der in der Regel kurzfristig geforderten Maßnahmenaktivierung sind die Prozesse zur Strategieumsetzung weitgehend automatisiert. Die softwaregestützte Verkehrslageanalyse, Problemerkennung, Strategieauswahl und Strategieabstimmung ist insbesondere bei einem umfangreicheren Strategiebestand notwendig, um eine schnelle Reaktion auf die Verkehrsstörungen zu gewährleisten. Hessen Mobil hat zu diesem Zweck den Intermodalen Strategiemanager (ISM) entwickelt, der über einen Web- Client oder über definierte Schnittstellen zu entsprechenden Systemen anderer Akteure die Strategieumsetzung unterstützen kann.

4.4.2 Ereignismanagement

4.4.2.1 Baustellen

Für die Sicherstellung der Mobilität und der Verkehrssicherheit sind betriebliche Maßnahmen sowie Erhaltung- und Erneuerungsmaßnahmen im Straßennetz unerlässlich. Die damit verbundenen Arbeitsstellen längerer Dauer (Dauerbaustellen) und Arbeitsstellen kürzerer Dauer (Tagesbaustellen) bringen im hoch ausgelasteten Autobahnnetz das Risiko erheblicher Beeinträchtigungen im Verkehrsablauf mit sich und erfordern daher eine optimale Planung und Organisation.

Eine Kernaufgabe der Verkehrszentrale Hessen ist daher die Wahrnehmung der Koordinationsfunktion im Rahmen des Baustellenmanagements im engen Zusammenwirken mit der Straßenverkehrsbehörde. Hessen ist daher seit vielen Jahren beispielgebend für ein effektives Baustellenmanagement, das dafür sorgt, dass Störungen des Verkehrsablaufs durch Arbeitsstellen weitgehend vermieden werden können.

Die wichtigste Voraussetzung hierfür ist die Optimierung aller Prozesse für die Planung, Genehmigung und Durchführung von Baustellen. Dies umfasst unter anderem die folgenden Kernelemente:

- Optimierung der Baustellenplanung durch Abschätzung der verkehrlichen Auswirkungen von Baustellen über einen systemgestützten, regelbasierten Genehmigungsprozess; Bewertung anhand der konkreten Verkehrsnachfrage an Stelle starrer Zeitregelungen ("Entscheidungsunterstützung")
- Integration aller Verfahrensabläufe des Planungs- und Genehmigungsprozesses zwischen den beteiligten Stellen in das Baustellenmanagementsystem ("Optimierung von Verwaltungsprozessen")
- Ständige Beobachtung der Baustellenabwicklung unter Berücksichtigung der aktuellen Verkehrslage und der GPS-basierten Ortung von Tagesbaustellen, verbunden mit den Eingriffsrechten zur Abwehr von Verkehrsstörungen bis hin zur Veranlassung des Abbruchs von Tagesbaustellen durch die Operatoren der Verkehrszentrale Hessen ("Monitoring")
- Integration aller Baustellendaten in das Kernsystem der Verkehrszentrale zur Berücksichtigung dieser Informationen bei der dynamischen Verkehrssteuerung
- Weitgehende Integration von Streckenbeeinflussungsanlagen in die Verkehrsführung von Arbeitsstellen längerer Dauer; u. a. dynamische Geschwindigkeitsreduktion mit Beibehaltung der Stauwarnung im Zulauf zur Arbeitsstelle.

Die verbindlichen Festlegungen hierzu sind in einem Handbuch für das Baustellenmanagement zusammengefasst. Es gibt auch Regeln vor, die bei der Planung des Bauablaufs und der Verkehrsführung innerhalb einer Baustelle zu beachten sind, wie z. B.:

- Verzicht auf Fahrstreifenreduzierungen; diese sind lediglich in Ausnahmefällen und nur mit Zustimmung der Straßenverkehrsbehörde zulässig; auch die temporäre Seitenstreifenfreigabe muss in Baustellen möglich bleiben.

- Ausreichende Fahrstreifenbreiten – erforderlichenfalls auch mit provisorischen Verbreiterungen der Fahrbahn – und eine zügige Verkehrsführung an Überleitungen, so dass Geschwindigkeitsbeschränkungen auf geringer als 80 km/h vermieden werden können.
- Vermeidung zeitgleicher Maßnahmen auf parallelen Strecken einer Autobahnnetzmasche, stattdessen Bündelung von Maßnahmen auf einer Strecke
- Bevorzugung langer Baustellen statt mehrerer zeitlich versetzter kürzerer Baustellen.

Diese und weitere Festlegungen führen gemäß einer wissenschaftlichen Untersuchung dazu, dass Verkehrssicherheit und Leistungsfähigkeit in Hessen auch in sehr langen Arbeitsstellen gewährleistet sind und diese von den Verkehrsteilnehmern akzeptiert werden.

Die Bewertungs- und Genehmigungsprozesse für Arbeitsstellen längerer und kürzerer Dauer werden durch das Baustellen-/Slotmanagement unterstützt, mit dem in der Verkehrszentrale Hessen bereits die zweite Generation von Baustellenmanagementsystemen im Einsatz ist. In Bezug auf die Tagesbaustellen ermöglicht es die in Hessen entwickelte webbasierte Anwendung den für die Planung von Arbeitsstellen Verantwortlichen, ein optimales Zeitfenster (Slot) auszuwählen, in dem eine Maßnahme ohne Beeinträchtigung des Verkehrsablaufs durchgeführt werden kann (Abb. 4.13).

Die erforderliche verkehrliche Bewertung in Abhängigkeit von der zu erwartenden Verkehrsnachfrage, von den bereits geplanten Baustellen sowie ggf. geplanten Großveranstaltungen führt das System auf der Grundlage des umfangreichen Verkehrsdatenbestands der Verkehrszentrale Hessen automatisch durch, indem die Stauwahrscheinlichkeit infolge der vorgesehenen Sperrung ermittelt und die Verfügbarkeit von nicht beeinträchtigten Alternativrouten sichergestellt wird (Abb. 4.14). Auch die Dauerbaustellen werden in Analogie zu den Tagesbaustellen geplant, beantragt und angeordnet.

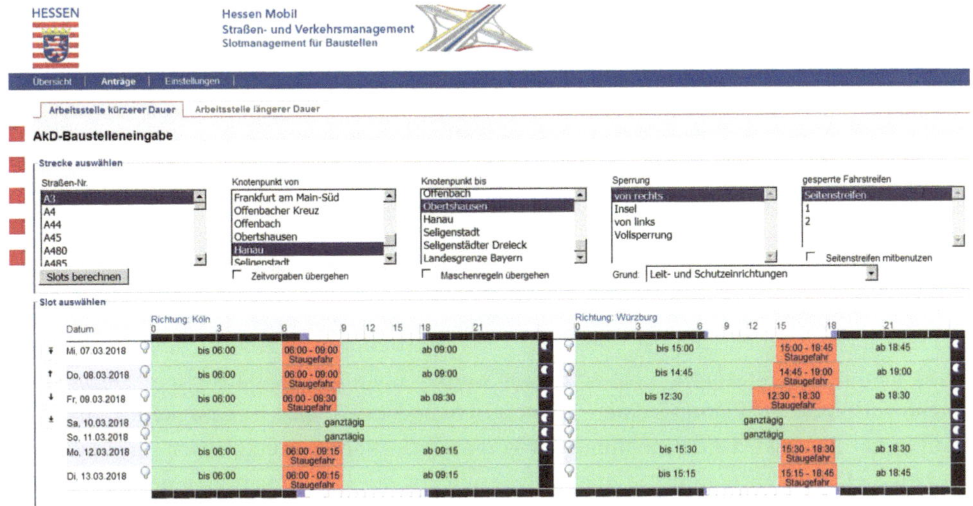

Abb. 4.13 Darstellung von Zeitslots für Arbeitsstellen kürzerer Dauer (AkD) im Baustellen-/Slotmanagementsystem

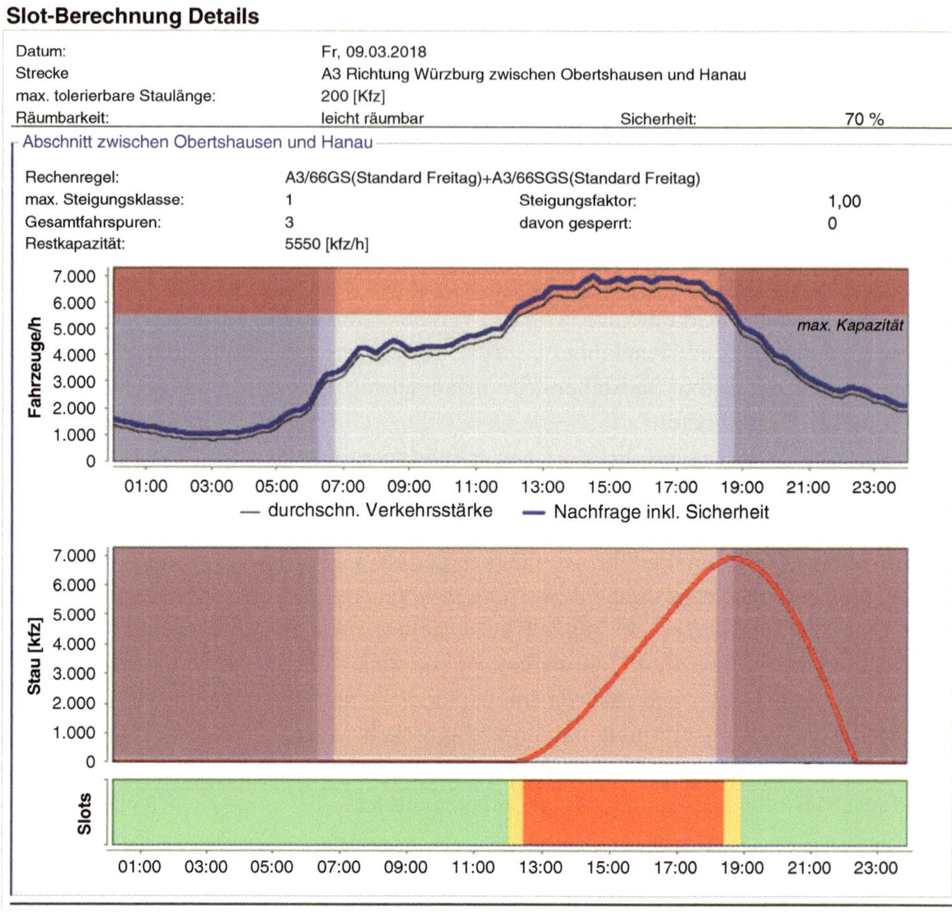

Abb. 4.14 Verkehrliche Bewertung von Arbeitsstellen kürzerer Dauer (AkD) im Baustellen-/ Slotmanagementsystem; hier ermittelt: Staufolgen einer durch eine AkD verhinderte Seitenstreifenfreigabe

Die kontinuierliche Beobachtung der auf dem hessischen Autobahnnetz aktiven Tagesbaustellen basiert auf dem System DORA – dynamische Ortung von Arbeitsstellen. Mittels GPS ortet das System die bei Tagesbaustellen eingesetzten Sicherungsanhänger – dies umfasst sowohl die Sicherungsanhänger der 14 hessischen Autobahnmeistereien als auch diejenigen der beauftragten Fremdfirmen – und übermittelt deren aktuellen Standort und weitere Informationen zur Baustelle, z. B. Pfeilstellung der Absperrtafel, über Mobilfunk an die Verkehrszentrale Hessen. Hier werden die aus dem Baustellen-/Slotmanagement vorliegenden Planungsdaten automatisch und mit hoher Genauigkeit aktualisiert. Auf dieser Basis wird die Einhaltung der Vorgaben der verkehrsrechtlichen Anordnung der Arbeitsstelle mit Hilfe eines SOLL-/IST-Vergleichs der GPS-Positionen der Sperrhänger durch die Verkehrszentrale Hessen überwacht.

Mit dem Planungs- und Informationssystem für Arbeitsstellen (PIA) ist bei Hessen Mobil ein System zur verkehrlichen Planung und Anordnung von Arbeitsstellen auf Bundes-, Landes- und Kreisstraßen (Basisnetz) im Einsatz. Das hessenweit zuständigkeitsübergreifende System erweitert den auf Autobahnen geltenden Standard einer konfliktfreien Koordinierung von Arbeitsstellen auf das Basisnetz und ermöglicht die Erzeugung einer hessenweit einheitlichen verkehrsrechtlichen Anordnung. Die jeweils regional Verantwortlichen geben hierbei über eine einheitliche Bedienoberfläche verkehrliche relevante Ereignisse ein, so dass eine Koordination aller relevanten planbaren Ereignisse im definierten räumlichen Bereich ermöglicht wird.

4.4.2.2 Veranstaltungen

Das Ereignismanagement in Bezug auf regelmäßige Veranstaltungen an bedeutenden Veranstaltungsorten wie beispielsweise die Messe Frankfurt oder die Commerzbank-Arena, aber auch verkehrsbedeutsame Einzelereignisse wie z. B. im Rahmen des Hessentags, ist ein wichtiger Anwendungsbereich des zuständigkeitsübergreifenden regionalen Strategiemanagements. Die zuständigen Akteure – die Veranstalter, die beteiligten Straßenverkehrsbehörden sowie die zuständigen Baulastträger bzw. Betreiber anderer Verkehrsträger arbeiten hier regelmäßig bei der Planung der erforderlichen Maßnahmen zur Lenkung des Veranstaltungsverkehrs im Zulauf sowie zur Organisation des ruhenden Verkehrs zusammen. Für verschiedene Ereignisszenarien werden dabei konkrete Maßnahmenbündel abgestimmt, die – soweit erforderlich – von den Straßenverkehrsbehörden verkehrsrechtlich angeordnet und gemäß der Planung und orientiert an dem verkehrlichen Erfordernis durch die Beteiligten umgesetzt werden.

Die Verkehrszentrale Hessen kommt hierbei aufgrund der Leistungsfähigkeit des übergeordneten Straßennetzes und der Beeinflussungsmöglichkeiten bis hin in die unmittelbaren Zuläufe zu den Parkflächen regelmäßig eine entscheidende Rolle zu, zumal sowohl das Messegelände Frankfurt als auch die Commerzbank-Arena direkt von der Autobahn aus erschlossen werden und die dynamische Verkehrslenkung, die je nach Verkehrslage verschiedene Zufahrtsrouten ausweist, bereits an Entscheidungspunkten im regionalen Autobahnnetz einsetzt.

Zur Verkehrslenkung im Zusammenhang mit Veranstaltungen im Bereich der Messe Frankfurt wurde zur IAA 2017 die bestehende dynamische Verkehrslenkung im Bereich des Westkreuzes Frankfurt (A5/A648) durch eine Netzbeeinflussungsanlage auf der A648 im Zulauf zum Messegelände ergänzt, die mit Wegweisern mit integrierten LED-Freitextanzeigen ausgestattet ist und die vormals dort vorhandene substitutive Wechselwegweisung ersetzt. Dadurch ist zukünftig eine differenzierte Verkehrslenkung des Zielverkehrs zu mehreren gleichzeitig stattfindenden Messen möglich. Auch in der Differenzierung zwischen Pkw und Bussen für den Besucherverkehr sowie Lkw-Verkehr zur Anlieferung ergeben sich erheblich erweiterte Möglichkeiten. Die Planung und Aktivierung von Schaltstrategien erfolgt in zuständigkeitsübergreifender Zusammenarbeit mit der Stadt Frankfurt sowie der Messe Frankfurt nach den Prozessen des regionalen Strategiemanagements.

Für die Steuerung des Besucherverkehrs bei Stadionveranstaltungen in der Commerzbank-Arena steht die Netzbeeinflussungsanlage Frankfurt-Süd zur Verfügung. Sie befindet sich im Bereich zwischen der Anschlussstelle Frankfurt Süd und dem Bereich Oberforsthaus. Die Steuerung ist in zwei Teile gegliedert: die globale Steuerung des Besucherverkehrs auf dem Autobahnring rund um Frankfurt (A3, A5 und A661) und die Zielsteuerung auf der „letzten Meile" im Zulauf zu den verschiedenen Parkflächen (Abb. 4.15).

Im Zuge der regionalen Steuerung werden die dWiSta genutzt, um die Besucher zu den Veranstaltungen zu lenken. Dabei ermöglicht die Flexibilität der dWiSta auch die Nutzung für die Trennung der Besucherströme zu verschiedenen, zeitgleich stattfindenden Veranstaltungen (Abb. 4.16).

4.4.3 Störfallmanagement

Störfälle sind räumlich und zeitlich nicht vorhersehbare Behinderungen des Verkehrsablaufs, die in Form von Unfällen, liegengebliebenen Fahrzeugen, technischen oder baulichen Störungen an der Infrastruktur sowie witterungsbedingten Beeinträchtigungen auftreten. Das Störfallmanagement beinhaltet die Koordination der Tätigkeiten, die ergriffen werden müssen, um nach einer eingetretenen Störung den Verkehrsfluss schnellstmöglich wiederherzustellen und Folgestörungen – beispielsweise durch Unfälle am Stauende bei lang anhaltenden Bergungsarbeiten – zu vermeiden.

Das operative Störfallmanagement auf den Autobahnen unterstützt die Verkehrszentrale Hessen durch die folgenden Prozesse:

- Störfallerkennung auf Basis der Verkehrsdatenerfassung
- Informationsmanagement in Bezug auf Ort, Art und Maß der Störung mit den beteiligten Stellen
- Unterstützung bei der Absicherung von Störungsstellen mittels der Streckenbeeinflussungsanlagen durch Fahrstreifensperrung, Geschwindigkeitsreduktion im Zulauf auf die Störungsstelle und Gefahrenwarnung
- Information der Verkehrsteilnehmer über die Störung sowie ggf. Alternativroutenempfehlung mittels der Netzbeeinflussungsanlagen, unter Umständen auch auf Basis vordefinierter Strategien im Zuge des zuständigkeitsübergreifenden Strategiemanagements
- Erstellung und Nachbearbeitung/Qualitätssicherung der Verkehrsinformation für den Verkehrswarndienst sowie die Verkehrsinformationssysteme der Verkehrszentrale Hessen
- Nachbetrachtung des Störfallmanagements durch Fallanalyse, Bewertung der Auswirkungen und Identifikation von Optimierungspotenzialen.

Auf Basis dieser Nachbetrachtung werden die Prozesse des Störfallmanagements weiter optimiert. In diesem Zusammenhang wurde ein Maßnahmenkonzept zur Optimierung der Störfallabwicklung unter stärkerer Berücksichtigung verkehrlicher Belange zusammengestellt. Ansatzpunkte sind dabei

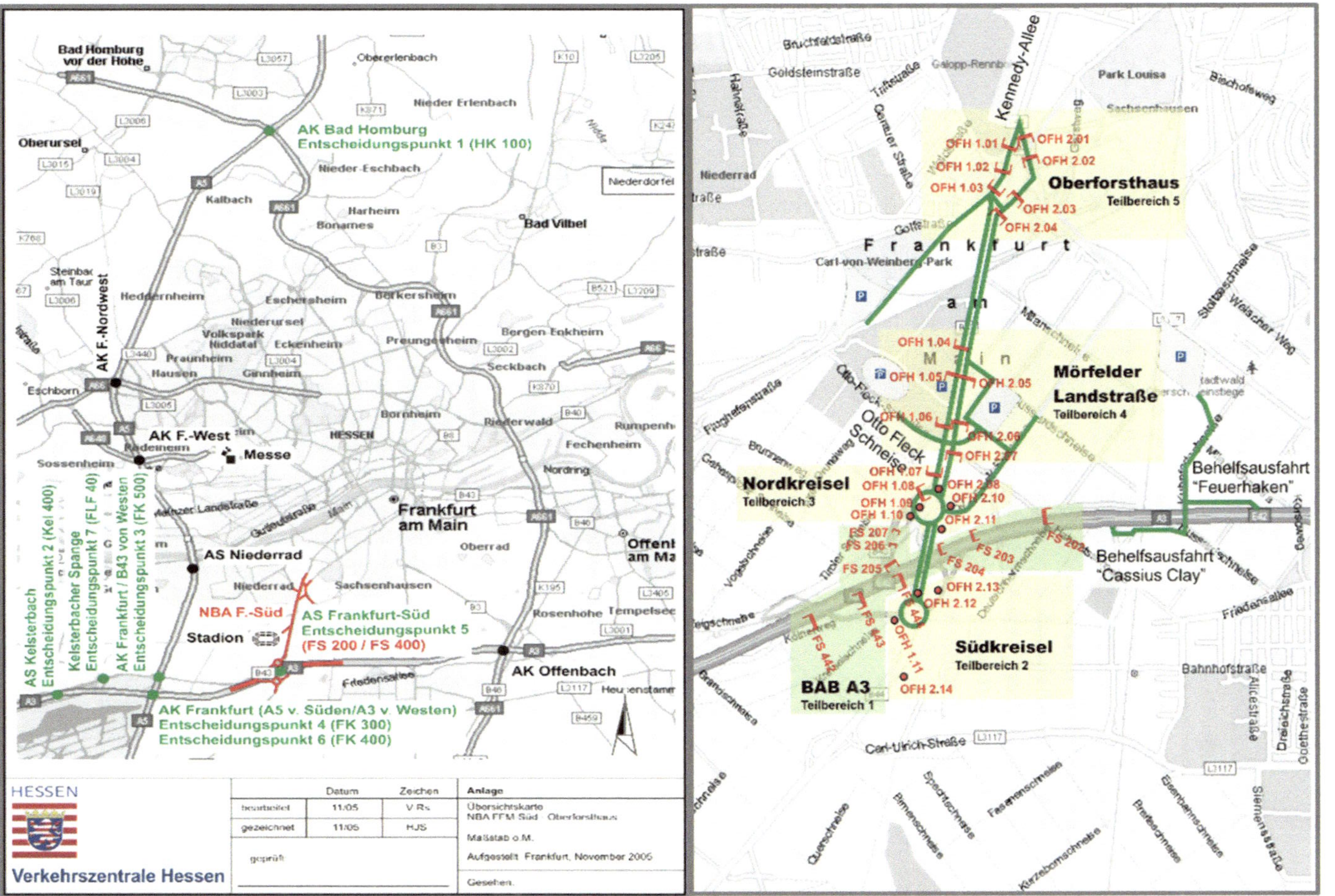

Abb. 4.15 Übersicht Steuerung Veranstaltungsverkehr Arena in der regionalen Netzbeeinflussung sowie mit Hilfe der NBA Frankfurt-Süd

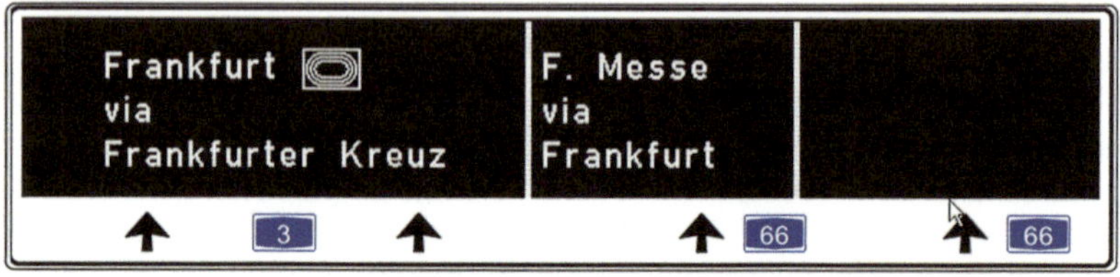

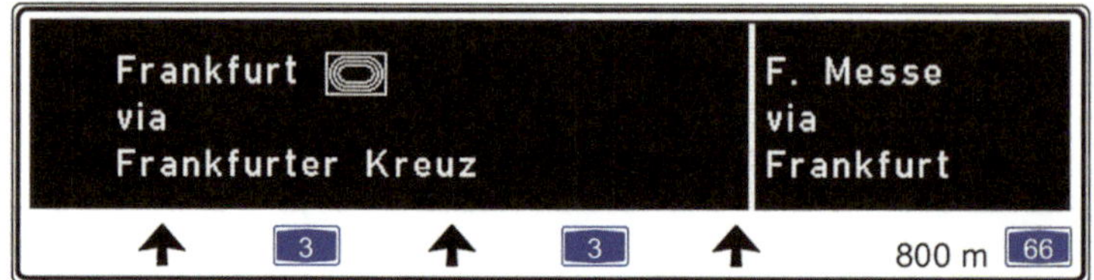

Abb. 4.16 Beispiel dWiSta Anzeige für Messe und Arena

- das zügige Abschleppen von verkehrsgefährdenden Pannenfahrzeugen auf regulären Fahrstreifen und auf dem Seitenstreifen sowie die schnelle Bergung von Fahrzeugen und Ladung nach Unfällen durch geeignetes Bergegerät,
- die schnelle Wiederfreigabe von Fahrstreifen nach der Erstsicherung sowie die Unfallaufnahme außerhalb des Verkehrsraums,
- die Bergung von Fahrzeugen außerhalb der Spitzenverkehrszeiten, sofern keine akute Gefährdung mehr von ihnen ausgeht.

Die Verfahrensweisen der Rettungskräfte vor Ort wird durch die Vermittlung von verkehrlichen Entscheidungskriterien in Hinblick auf die volkswirtschaftlichen Kosten von Störungen verbessert. Für Einsatzkräfte der Polizei existiert hierzu ein von Hessen Mobil und hessischer Polizei gemeinsam herausgegebener Leitfaden zum Störfallmanagement auf Autobahnen in Hessen.

4.4.4 Kooperative Systeme

Mit der Entwicklung und Erprobung von kooperativen Systemen gestaltet Hessen Mobil von der Verkehrszentrale Hessen aus seit vielen Jahren wichtige Zukunftstechnologien für den intelligenten Straßenverkehr entscheidend mit. Seit den späten 1990er-Jahren beteiligt sie sich an Projekten zur Entwicklung und Erprobung von Technologien für den vernetzten Verkehr (Connected Mobility). In Zukunft werden Fahrzeuge untereinander und mit der straßenseitigen Infrastruktur kommunizieren und Daten austauschen. Verkehrsinformationen werden somit in Echtzeit von Fahrzeug zu Fahrzeug sowie von Fahrzeug an die Verkehrsinfrastruktur und umgekehrt übertragen. Dadurch entsteht ein vernetzter Systemverbund aus intelligentem Fahrzeug und intelligenter Straße. Dieser wird in den Fahrzeugen so umgesetzt, dass der Nutzer durch eine Vielzahl von neuen Funktionen und Informationssystemen bei der Ausübung seiner Fahraufgabe über ein visuelles System unterstützt wird. Damit sollen die Voraussetzungen geschaffen werden, um die Mobilität und Verkehrssicherheit unter ständig steigenden Anforderungen aus weiterhin zunehmenden Mobilitätsbedürfnissen nachhaltig zu gewährleisten und dabei die Effizienz und Umweltverträglichkeit zu erhöhen.

Der kooperativen Verkehrszentrale stehen Position und Geschwindigkeit der Fahrzeuge sowie weitere wichtige Informationen aus dem Umfeld und der Fahrzeugsteuerung in anonymisierter Form zur Verfügung. Auf dieser Basis können Präzision und Aktualität der Verkehrslageermittlung und der Erkennung von relevanten Umfeldbedingungen – z. B. Witterungsereignissen – weiter verbessert werden, was insbesondere für Bereiche im Straßennetz vorteilhaft ist, die heute noch keine optimale Verkehrsdatenerfassung aufweisen können. Auf dieser Basis kann das Repertoire verkehrsbeeinflussender Strategien und Maßnahmen erweitert werden. Die Verkehrszentrale kann z. B. durch diese Strategien den Verkehr im Netz gleichmäßiger verteilen und somit die Auslastung der vorhandenen Strecken optimieren. Zudem können Verkehrsströme an gestörten Streckenabschnitten durch Umleitungsempfehlungen vorbei geleitet werden. Hierbei können durch die direkte Kommunikation mit den Fahrzeugen an jeder Position im Netz eine differenzierte Umleitungsempfehlung an diese ausgegeben werden. Außerdem können die Funktionen kollektiver Streckenbeeinflussung virtualisiert und individualisiert werden, so dass z. B. präzise Gefahrenwarnungen an betroffene Fahrzeuge übermittelt werden oder durch die vorausschauende Beeinflussung der Längsführung von Fahrzeugkollektiven (Harmonisierung) der Verkehrsfluss stabilisiert werden, um die Entstehung von Stauwellen durch starke Bremsmanöver zu vermeiden.

Für den Aufbau dieser C2X-Systeme waren und sind eine Vielzahl komplexer Herausforderungen zu bewältigen. Die kooperativen Anwendungen, die bis 2008 Gegenstand der Entwicklung innerhalb verschiedener Forschungs- und Entwicklungsprojekte wie z. B. CVIS, AKTIV und DIAMANT waren, wurden im Rahmen des Projekts sim^{TD} – Sichere intelligente Mobilität – Testfeld Deutschland durch einen Großversuch im Raum Frankfurt Rhein-Main im Hinblick auf ihre Wirkungen untersucht. So wurden z. B. die Wirtschaftlichkeit sowie fahrpsychologische und verkehrliche Effekte einer potenziellen Einführung kooperativer Systeme bewertet. Hierbei konnte ein hoher volkswirtschaftlicher Nutzen nachgewiesen werden.

Im Zuge dieser Projekte wurde sukzessive das DRIVE-Testfeld für kooperative Systeme mit einer Ausdehnung von rund 200 km Autobahnen und Bundesstraßen rund um Frankfurt am Main aufgebaut und mit Infrastruktur zur Fahrzeug-Infrastruktur-Kommunikation ausgestattet. Außerdem wurde die erste kooperative Verkehrszentrale im DRIVE-Center Hessen auf dem Gelände der Verkehrszentrale Hessen aufgebaut, wodurch ein Forschungszentrum für kooperative Systeme entstanden ist. Hier arbeitet Hessen Mobil mit den Partnern aus Industrie und Wissenschaft unter den Rahmenbedingungen realistischer Einsatzbedingungen der zukünftigen Systeme eng zusammen, um die neuen Technologien zur Einsatzreife zu bringen.

Folgerichtig nimmt die Verkehrszentrale Hessen bei der nunmehr bevorstehenden Einführung kooperativer Verkehrssysteme in Deutschland und Europa eine zentrale Rolle ein. Dies geschieht zurzeit im Rahmen der Einführungsinitiative **Cooperative ITS Corridor** Rotterdam – Frankfurt – Wien. Die EU-Mitgliedstaaten Österreich, die Niederlande und Deutschland verfolgen im Rahmen dieser Kooperation gemeinsam das Ziel, in dem Korridor Rotterdam-Frankfurt-Wien die straßenseitige kooperative Infrastruktur für zwei

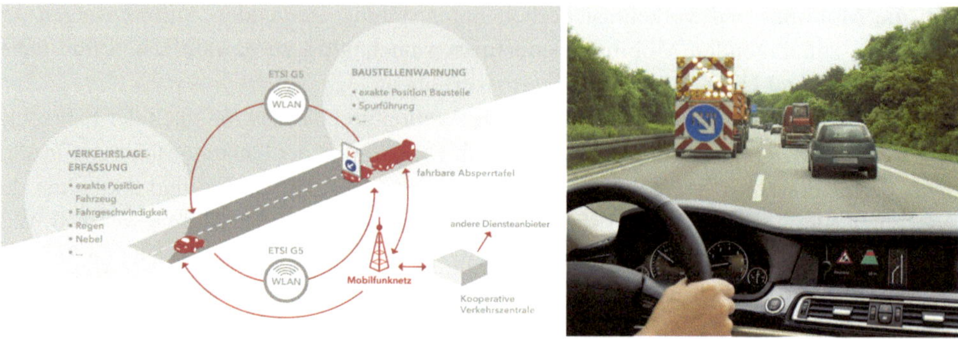

Abb. 4.17 Einführung kooperativer Systeme im Rahmen des C-ITS-Corridor Rotterdam-Frankfurt-Wien mit den Anwendungen Baustellenwarnung und Verkehrslageerfassung. (Foto: Hessen Mobil)

kooperative Anwendungen aufzubauen: die Baustellenwarnung und die Gewinnung von Fahrzeugdaten für das Verkehrsmanagement (Abb. 4.17). Bei der Baustellenwarnung werden hochpräzise Informationen zu Baustellen, insbesondere zu Tages- und Wanderbaustellen, in die Fahrzeuge weitergegeben. Hier wird auf dem System zur Dynamischen Ortung von Arbeitsstellen (DORA) aufgebaut. Die Verkehrslagedaten werden durch die anonymisierte Übertragung von Informationen aus den Fahrzeugen eine verbesserte Verkehrssteuerung und Gefahrenwarnung ermöglichen.

Die Automobilindustrie hat, basierend auf bereits im Car-to-Car-Communication Consortium unterzeichneten Absichtserklärungen, angekündigt, Neufahrzeuge mit Technologie für eine C2X-Kommunikation auf den Markt zu bringen. Dadurch wird ein gemeinsames Vorgehen bei der Einführung kooperativer Systeme in Europa möglich, die auf den oben genannten Eurokorridor ausgerichtet ist.

Zur Vorbereitung der Einführung kooperativer Systeme im Eurokorridor haben die beteiligten Länder Österreich, die Niederlande und Deutschland eigene Projekte gestartet, um den länderspezifischen Besonderheiten Rechnung zu tragen. Hessen Mobil hat gemeinsam mit der Bundesanstalt für Straßenwesen (BASt) im Auftrag des Bundesministeriums für Verkehr und digitale Infrastruktur (BMVI) das deutsche Vorentwicklungsprojekt als Vorbereitung für die Einführung in Deutschland umgesetzt, die kooperative Zentralenanwendung sowie das in den fahrbaren Absperrtafeln einzubauende System entwickelt und befindet sich im Prozess der Ausstattung der fahrbaren Absperrtafeln, so dass rechtzeitig zur Markteinführung der Technologie die Anwendungen in Hessen flächendeckend zur Verfügung stehen.

Auf dieser Grundlage wird Hessen Mobil im Zusammenwirken mit der Automobilindustrie und Zulieferern die nächsten Anwendungen voranbringen. Dazu zählen unter anderem die im Rahmen des Projekts **C-Roads** zu entwickelnde Interaktion von Rettungs-, Einsatz- und Betriebs-/Winterdienstfahrzeugen (Einsatzfahrzeugwarnung) oder kooperative Lichtsignalanlagen. Die Projektinitiative C-Roads ist eine europaweite Kooperation nationaler Pilotprojekte mit dem Ziel der Förderung einer verstärkten und harmonisierten

Einführung von kooperativen ITS-Diensten. Die Initiative wird durch Straßenbetreiber aus verschiedenen EU-Mitgliedsstaaten getrieben, die ein Interesse an der Einführung Kooperativer Systeme haben.

Im Rahmen seiner Strategie zum Einsatz kooperativer Verkehrstechnologien zur Erhöhung der Sicherheit und Effizienz des Verkehrs nimmt Hessen Mobil an C-Roads teil und leitet den Aufbau eines hessischen Piloten, um in diesem Rahmen gemeinsam mit Partnern aus Industrie und Wissenschaft verschiedene kooperative Anwendungen zur Einsatzreife zu bringen und pilothaft zu erproben.

4.4.5   Automatisiertes Fahren

Das automatisierte Fahren korrespondiert mit den Entwicklungen des vernetzten kooperativen Verkehrs und erweitert dessen Wirkungsrahmen. Die Automatisierung von Fahraufgaben kann einen wesentlichen Beitrag dazu leisten, Fahrfehler aufzufangen und den Fahrer zu entlasten. Es wird erwartet, dass unter der Voraussetzung angepasster rechtlicher Rahmenbedingungen die deutschen Automobilhersteller in naher Zukunft hochautomatisierte Funktionen wie einen Stau- oder Autobahnpiloten anbieten werden. Diese können z. B. im dichten Verkehrsgeschehen bis zu einer bestimmten oberen Geschwindigkeitsgrenze automatisch den gewünschten Abstand zum Vorderfahrzeug einhalten und dabei gleichzeitig die Spurhaltung kontrollieren. Zusätzlich können diese Systeme eine Vielzahl von externen Informationen straßenseitiger Verkehrsleittechnik und aus Verkehrsleitzentralen verarbeiten und für eine vorausschauende Fahrweise einsetzen.

Hessen Mobil sieht im vernetzten automatisierten Verkehr eine wichtige Zukunftsentwicklung, die erheblichen Einfluss auf die Verkehrsabläufe und damit auch das Verkehrsmanagement als Kernaufgabe der Verkehrszentrale Hessen ausüben werden. Die Rolle der Verkehrszentralen wird sich dabei verändern; aber allein angesichts des insbesondere für hohe Geschwindigkeiten nicht ausreichenden Erfassungshorizonts der fahrzeugseitigen Sensorik sowie des Bedarfs, komplexen Manövern unter vielen Beteiligten auch weiterhin einen (verkehrsrechtlich abgesicherten) Ordnungsrahmen zu geben, wird beim automatisierten Fahren ein Backend und damit eine Zentralenfunktion grundsätzlich erforderlich sein.

Wirkungsseitig sind mit der Automatisierung zudem hohe Erwartungen an eine nachhaltige Erhöhung der Verkehrssicherheit und die Vermeidung von Störungen und Staus verbunden. Deshalb engagiert sich Hessen Mobil in richtungsweisenden Forschungsprojekten mit Partnern aus Industrie und Wissenschaft in unterschiedlichen Anwendungsfeldern des automatisierten Fahrens. Im Zuge dessen wird auch das DRIVE-Testfeld für kooperative Systeme folgerichtig in den nächsten Jahren zum Testfeld für das automatisierte Fahren ausgebaut.

Beispiele für aktuelle Entwicklungspfade für das automatisierte Fahren, an denen Hessen Mobil maßgeblich beteiligt ist, sind die Forschungsprojekte IMAGinE, Ko-HAF und aFAS.

Ziel des Verbundprojekts **IMAGinE** (Intelligente Manöver-Automatisierung – kooperative Gefahrenvermeidung **in** Echtzeit), das der Stufe des teilautomatisierten Fahrens zuzuordnen ist, ist die Entwicklung neuer Assistenzsysteme entlang der Prinzipien kooperativen Verhaltens. Zum einen soll der erforderliche wechselseitige Austausch zwischen kooperierenden Fahrzeugen technisch realisiert werden. Zum anderen soll die Abstimmung und Entscheidungsfindung zwischen intelligenten Systemen sowie zwischen Mensch und Maschine dargestellt werden. IMAGinE schlägt damit die Brücke von intelligenter Manöver-Assistenz zu intelligenter Manöverautomatisierung. Zentrale Herausforderung von IMAGinE ist es, den Entwicklungsschritt vom informativen oder reagierenden Charakter heutiger isoliert agierender Assistenzsysteme hin zu kooperativen Manövern mehrerer Verkehrsteilnehmer zu vollziehen. Des Weiteren soll eine fundierte technische Basis für eine umfängliche Entfaltung des Kooperationspotenzials zwischen Fahrzeugen sowie zwischen Fahrzeugen und Infrastruktur in der Zukunft geschaffen werden. Frühzeitige kooperative Gefahrenvermeidung, bereits bei der Planung von Manövern, stellt einen entscheidenden Schritt dar auf dem Weg zum unfallfreien und zum automatisierten Fahren.

Das Projekt **Ko-HAF** (**Ko**operatives **H**och**A**utomatisiertes **F**ahren) zielt auf den nächsten wesentlichen Schritt der Fahrzeugautomatisierung, das hochautomatisierte Fahren, mit dem gegenüber dem teilautomatisierten Fahren eine erhebliche Entlastung des Fahrers von der Fahraufgabe verbunden sein soll. Dabei wird im Projekt Ko-HAF erstmals die zweite Generation des hochautomatisierten Fahrens, nämlich das Fahren im Geschwindigkeitsbereich bis 130 km/h auf gut ausgebauter Verkehrsinfrastruktur unter realen Verkehrsbedingungen erprobt. Beim Ko-HAF übernimmt das Fahrzeug Längs- und Querführung und erweitert die erforderliche Vorausschau maßgebend mit Hilfe eines zentralen Safety Servers als Backend und dem Einsatz hochgenauer digitaler Karten sowohl auf Fahrzeug- als auch auf Server-Seite. Dabei erfolgt ein kontinuierlicher Abgleich von detektierten Änderungen der digitalen Karten auf dem Server und in den Fahrzeugen (lernende digitale Karte). Aufbau und Betrieb des Safety Servers in der kooperativen Zentrale ist – neben der Bereitstellung der Versuchsumgebung im DRIVE Testfeld – der zentrale Beitrag der Verkehrszentrale Hessen.

Im Projekt **aFAS** (Automatisch fahrerlos fahrendes Absicherungsfahrzeug für Arbeitsstellen auf Autobahnen) wird erstmals ein vollautomatisiertes, d. h. völlig fahrerloses Absicherungsfahrzeug entwickelt und im Rahmen von Betriebsdienstaufgaben einer hessischen Autobahnmeisterei pilothaft eingesetzt (Abb. 4.18). Im Rahmen dieses Projekts, das die vielfältigen Anstrengungen Hessen Mobils zur Erhöhung der Sicherheit an Arbeitsstellen anknüpft und konsequent weiterführt, wird das Absicherungsfahrzeug entwickelt und im Rahmen der betrieblichen Aufgaben einer Autobahnmeisterei auf dem Seitenstreifen von Autobahnen erprobt. Dabei sind vom Fahrzeug und seinen Komponenten strengste Sicherheitskriterien zu erfüllen. Das Vorhaben wird durch spezielle Untersuchungen zum Verkehrsablauf sowie einer rechtlichen Bewertung flankiert und baut dabei auf die Expertise der Verkehrszentrale Hessen. Als Projekt im Bereich des vollautomatisierten Fahrens mit Aspekten der Fahrerlosigkeit (autonomes Fahren) werden von aFAS zukunftsweisende Impulse für den Einsatz hoch- und voll automatisierter Fahrzeuge im öffentlichen Straßenverkehr erwartet.

Abb. 4.18 Automatisiertes Fahren im Projekt aFAS: ein fahrerlos fahrendes Absicherungsfahrzeug folgt dem Arbeitsfahrzeug in definiertem Abstand. (Fotos: Hessen Mobil)

4.5   Kooperation

4.5.1   Grundlagen und Formen der Zusammenarbeit

Aufgrund der Lage Hessens im Schnittpunkt internationaler Nord-Süd- sowie West-Ost-Verbindungen und der nationalen und internationalen Verkehrsbedeutung des Metropolraums Frankfurt Rhein-Main hat die Verkehrszentrale Hessen stets eine Funktion als Verkehrsmakler eingenommen und enge Formen der Kooperation mit verschiedenen Akteuren entwickelt und etabliert. Hierzu zählen nicht nur die Aufgabenträger mit benachbarten räumlichen Zuständigkeiten oder für andere Verkehrsträger, mit denen im Rahmen des Strategiemanagements seit vielen Jahren kooperiert wird (vgl. Abschn. 4.4.1), sondern auch die für die Erprobung der Einsatzfähigkeit von Zukunftstechnologien zur nachhaltigen Lösung der zukünftigen Herausforderungen des Verkehrs erforderliche Zusammenarbeit mit Industrie und Wissenschaft.

Auch in Zukunft wird sich für die Verkehrszentrale Hessen die Notwendigkeit zur Vernetzung mit regionalen, nationalen und internationalen Straßenbetreibern, Betreibern anderer Verkehrssysteme sowie öffentlichen und privaten Mobilitätsdienstleistern stellen. Die Anforderungen ergeben sich dabei

- aus der zunehmenden Einbettung der hessischen Verkehrsnetze in nationale und internationale Korridore und
- die fortschreitende Integration in nationale und internationale Mobilitätsdienste mit adäquaten Schnittstellen zu einer zunehmenden Anzahl öffentlicher und privater Serviceprovider.

Hessen Mobil hat die Notwendigkeit des Aufbaus regionaler, nationaler und internationaler Wertschöpfungsnetzwerke und -prozesse für Mobilität schon früh erkannt und entsprechende, auf nationale und internationale Übertragbarkeit ausgerichtete Konzepte für eine system- und zuständigkeitsübergreifende Mobilitätssicherung entwickelt. Die Informationsbereitstellung und das Strategiemanagement der Verkehrszentrale Hessen sind daher auf eine nachhaltige Unterstützung dieser Entwicklung und auf die daraus resultierenden Anforderungen ausgerichtet und werden diesbezüglich kontinuierlich weiterentwickelt.

Im Rahmen verschiedener Pilotprojekte wurde und wird die Verkehrszentrale Hessen Mobil um Anwendungen und Komponenten erweitert, die eine zentrale Funktion im Rahmen solcher Wertschöpfungsnetzwerke wahrnehmen und dadurch die Entwicklung von IVS-Verbünden ermöglichen. Beispiele hierfür waren und sind die Projekte und Initiativen SOCRATES, ENTERPRICE, WayFlow, CENTRICO, LISA, CVIS, DIAMANT, AKTIV, DIANA, EasyWay, sim^{TD}, CONVERGE, Lena4ITS, IMAGinE, Ko-HAF und aFAS (vgl. Abschn. 4.4.4 und 4.5).

Im Einzelnen handelt es sich bei diesen Funktionen um

- das zuständigkeitsübergreifende Ereignis- und Strategiemanagement, zunehmend auch die Strategiekooperation mit privaten Mobiliätsdienstleistern
- Komponenten zur automatisierten Kommunikation mit externen Partnern und die Verkehrsinformationsbereitstellung für Externe
- kooperative Verkehrssysteme, hierbei insbesondere kooperative Zentralenfunktionen zur Bereitstellung von Daten und Informationen im Zuge der Infrastruktur-Fahrzeug-Kommunikation sowie zur Entgegennahme und Verarbeitung fahrzeuggenerierter Daten, vgl. hierzu Abschn. 4.4.4
- die Unterstützung automatisierter Verkehrssysteme durch die Bereitstellung von Informationen, die das teil-, hoch- oder vollautomatisiertes Fahren ermöglichen; vgl. hierzu Abschn. 4.4.5.

4.5.2 Verkehrszentralen anderer Bundesländer

Mit den Verkehrszentralen benachbarter Bundesländer arbeitet die Verkehrszentrale Hessen im Rahmen des zuständigkeitsübergreifenden Strategiemanagements regelmäßig und eng zusammen.

Die Länderinitiative LISA (Länderübergreifende Initiative für strategische Anwendungen im Autobahnnetz/auf Autobahnkorridoren) gibt dieser ereignisorientierten Zusammenarbeit einen strategischen Rahmen und ermöglicht eine mittel- und längerfristige Koordination und Abstimmung der Beteiligten. Außerdem finden hier regelmäßig Evaluationen der Zusammenarbeit ihren Raum und es werden Möglichkeiten für die Weiterentwicklung und Optimierung der Methodik des Strategiemanagements sowie der hierbei genutzten Systeme erörtert. Nicht zuletzt ermöglicht die Initiative LISA auch ein koordiniertes Auftreten gegenüber dem Bund als Baulastträger im Interesse der überregionalen Verkehrsströme.

Die Kooperation wurde 2005 von Hessen Mobil initiiert und seither auch geleitet. Zunächst wurden zuständigkeitsübergreifende Strategien in Zusammenarbeit mit den

Ländern Nordrhein-Westfalen und Rheinland-Pfalz im sogenannten Westkorridor zwischen Frankfurt, Koblenz und Köln umgesetzt. Zurzeit erfolgt die bundesländerübergreifende Netzsteuerung in folgenden Korridoren:

- LISA-West Frankfurt – Koblenz – Köln (Hessen, Rheinland-Pfalz, Nordrhein-Westfalen)
- LISA-Süd: Frankfurt – Stuttgart – München (Hessen, Baden-Württemberg, Bayern)
- LISA-Nord: Dortmund – Bremen – Hannover – Hamburg (Hamburg, Bremen, Niedersachsen, Nordrhein-Westfalen)

Der Korridor LISA-Ost befindet sich derzeit in Planung; er soll die länderübergreifende Netzsteuerung zwischen Berlin und mehreren Metropolräumen in Ost- und Westdeutschland ermöglichen.

Ziel und Kooperationsansatz von LISA stehen Modell für weitere Kooperationen im europäischen Rahmen. So ist Hessen beteiligt an dem Aufbau eines Rhein-Alpen-Korridors, der sich von den Niederlanden über Deutschland, Schweiz und Österreich bis nach Italien erstreckt und insbesondere Maßnahmen des Verkehrsmanagements für den Langstrecken-Güterfernverkehr adressiert (Projekte Ursa Major, Ursa Major 2 und Ursa Major neo).

4.5.3   Regionale Verkehrszentralen

Aufgrund der Zuständigkeit Hessen Mobils sowohl für das Autobahnnetz als auch für die Bundesstraßen und Landesstraßen ist die Rolle der Verkehrszentrale Hessen nicht allein auf die Verkehrssteuerung im Fernstraßennetz beschränkt, sondern es kommt ihr auch die Rolle einer regionalen Verkehrszentrale zu. Dies wird schon dadurch deutlich, dass die Verkehrszentrale Hessen auch Verkehrserfassungseinrichtungen im strategisch bedeutsamen Basisnetz unterhält, zunehmend Maßnahmen der dynamischen Verkehrsbeeinflussung auch Teile des Basisnetzes umfassen und über die sukzessive Anbindung von Lichtsignalanlagen zukünftig verstärkt Maßnahmen der strategischen Beeinflussung von Verkehrsströmen im regionalen Straßennetz in Abstimmung mit den jeweils zuständigen Straßenverkehrsbehörden eingeleitet werden können.

4.5.4   Städtische Verkehrszentralen

Die Stadt Frankfurt am Main betreibt eine Integrierte Gesamtverkehrsleitzentrale (IGLZ) für den städtischen Verkehr. In dieser Einrichtung des Straßenverkehrsamts sind die Aufgaben der Verkehrsbeeinflussung – insbesondere mit Hilfe der Lichtsignalanlagen, der Verkehrslenkung und der Verkehrsinformation gebündelt.

Im Rahmen des regionalen zuständigkeitsübergreifenden Strategiemanagements besteht eine regelmäßige enge Zusammenarbeit zwischen der Verkehrszentrale Hessen und der IGLZ insbesondere im Zusammenhang mit überregional und regional bedeutsamen Veranstaltungen, u. a. in der Arena Frankfurt (vgl. Abschn. 4.4.2.2).

Mit Blick auf die zukünftigen Aufgaben kooperativer Verkehrszentralen wurde die Zusammenarbeit zwischen der Verkehrszentrale Hessen und der Integrierten Gesamtverkehrsleitzentrale Frankfurt auch auf der technischen Ebene gestärkt. So wurde im Zuge des Projekts sim^{TD} eine Übernahme von Verkehrslagedaten aus der IGLZ in die von der VZH aufgebaute kooperative Verkehrszentrale eingerichtet, um an der Schnittstelle zwischen Infrastruktur und Fahrzeugen eine konsistente Datenbereitstellung über Zuständigkeitsgrenzen hinweg im regionalen Kontext zu gewährleisten.

4.5.5 Polizei

Die Zusammenarbeit mit den Einsatzkräften der Polizei gehört zu den wesentlichen Aufgaben im Ereignismanagement. Hierzu steht die Verkehrszentrale Hessen in ständigem Kontakt mit den sieben hessischen Polizeiautobahnstationen (PASt). Ziel ist zunächst ein unverzüglicher Informationsaustausch im Zusammenhang mit aktuellen sicherheitsrelevanten Verkehrsereignissen wie Unfällen, liegen gebliebenen Fahrzeugen und anderen Verkehrshindernissen, um erforderliche polizeiliche Maßnahmen zu veranlassen und zu unterstützen sowie abgestimmte wirksame Maßnahmen der Verkehrsbeeinflussung und der Verkehrslenkung zu ergreifen. Bei Ausübung ihrer Aufgaben im Rahmen des Hessischen Gesetzes über die Sicherheit und Ordnung (HSOG) ist die Polizei zur unmittelbaren Gefahrenabwehr berechtigt, Schaltungen der Verkehrsbeeinflussungsanlage verkehrsrechtlich wirksam anzuordnen, jedoch obliegt auch in diesen Fällen der Verkehrszentrale Hessen die Aufgabe, anhand ihrer Kenntnis über die Gesamtverkehrssituation die Wirkungen der Schaltungen zu prüfen und ggf. in Abstimmung mit der Polizei zu optimieren. Darüber hinaus unterstützt die Verkehrszentrale Hessen die Polizei bei ihren Aufgaben der Gefahrenabwehr durch Hinweise auf Verkehrsgefährdungen beispielsweise durch auf Verzögerungs- und Beschleunigungsstreifen abgestellte Lkw.

Der durch die Polizei betriebenen Landesmeldestelle kommt gemäß der Rahmenrichtlinie für den Verkehrswarndienst (RVWD) eine zentrale Funktion für die Bereitstellung von Verkehrsinformationen zu, zu deren Meldungsbestand bereits die automatisch generierten Störungsmeldungen der Verkehrszentrale Hessen zu einem erheblichen Anteil beitragen. Darüber hinaus stehen die Operatoren der Verkehrszentrale Hessen mit der Landesmeldestelle mit dem Ziel der Qualitätssicherung des Meldebestands in regelmäßigem Kontakt.

Die strategische Zusammenarbeit mit der Polizei in grundsätzlichen Fragen erfolgt hauptsächlich im Rahmen der hessischen Autobahnkommission. Sie nimmt auch die Aufgaben der Unfallkommission für die Autobahnen in Hessen wahr.

4.5.6   Rundfunkanstalten und private Radiosender

Zur Verbesserung der Qualität der Verkehrsinformationen besteht seit vielen Jahren eine enge Zusammenarbeit mit den Verkehrsredaktionen des Rundfunks, die auf Basis von Kooperationsverträgen mit dem Hessischen Rundfunk sowie dem privaten hessischen Radiosender Radio/Tele FFH GmbH & Co KG erfolgt.

In der Verkehrszentrale Hessen haben im Rahmen dieser Kooperationen beide Verkehrsredaktionen Arbeitsplätze eingerichtet, die zu den werktäglichen Hauptverkehrszeiten sowie anlässlich besonderer Verkehrsereignisse mit Mitarbeitern besetzt sind. Diese nutzen die in der Verkehrszentale Hessen vorliegenden Informationen zur Verkehrslage, zu aktuellen Ereignissen und zu den ergriffenen Maßnahmen der Verkehrslenkung und Verkehrsbeeinflussung, um den Meldungsbestand der Verkehrsredaktionen qualitativ zu sichern. Sie haben außerdem die Möglichkeit, direkt aus der Verkehrszentrale Hessen O-Töne und Bilder in das laufende Hörfunkprogramm einzuspielen und über ihre sonstigen Medienkanäle im Internet oder über soziale Medien zu verbreiten. Die redaktionell aufbereiteten Verkehrsmeldungen, einschließlich ergänzender Quellen der Radiosender wie z. B. Staumelder, stehen im Gegenzug den Operatoren als zusätzliche Informationsquelle unmittelbar zur Verfügung. Außerdem können gesprochene Verkehrsfunkmeldungen über die in der Straßenverkehrsordnung (§ 45 (4)) zugewiesene Funktion hinaus genutzt werden für ergänzende Informationen z. B. über betriebliche Veranlassungen von Ereignissen oder Hinweisen an die Verkehrsteilnehmer.

4.5.7   Private Dienstleister

Im Zuge der Weiterentwicklung des Verkehrssystems unter den Leitmotiven der Vernetzung, Automatisierung und Digitalisierung erhält die Kooperation der Verkehrszentrale Hessen mit privaten Anbietern von Verkehrsdienstleistungen immer größere Bedeutung. Dabei können verschiedene Kooperationsebenen betrachtet werden.

Die Bereitstellung bzw. Übernahme von Verkehrsdaten dient dabei auf Seiten der Verkehrszentrale der Vervollständigung der Datengrundlage und auf Seiten privater Anbieter der Möglichkeit, Planungsdaten zu Netzeinschränkungen bzw. Kapazitätsminderungen sowie Verkehrssteuerungsinformationen der Straßenbetreiber in ihre Dienstleistung mit einzubeziehen.

Anlassbezogen nutzt die Verkehrszentrale Hessen Verkehrslagedaten privater Anbieter dann, wenn vorübergehend – z. B. im Zuge von Baustellen und deren temporären Umleitungsstrecken – keine ausreichende eigene Datengrundlage zur Verfügung steht, wobei den Möglichkeiten der temporären Ergänzung der stationären Detektion z. B. durch Bluetooth-Sensoren in der Regel der Vorzug gegeben wird.

Die Bereitstellung der durch die Verkehrszentrale Hessen erhobenen bzw. erzeugten Daten für private Datenabnehmer geschieht über den von der Bundesanstalt für Straßenwesen

(BASt) betriebenen Mobilitätsdatenmarktplatz, der als nationaler Zugangspunkt gemäß der geltenden EU-Verordnungen fungiert (vgl. Abschn. 4.3.2.3). Im Zuge der Erneuerung und Erweiterung des Systems zur Netzbeeinflussungsanlagen (Projekt NORA) wird darüber hinaus die Bereitstellung der Umleitungsstrategien (Inhalte der Anzeigen auf dWiSta sowie der Umleitungen mittels substitutiver Wechselwegweiser) gewährleistet.

Die Bereitstellung von Strategiedaten ist dabei bereits Grundlage für eine tiefergehende Kooperation mit privaten Dienstleistern, hier insbesondere Anbieter von Navigationsdiensten: der Strategiekooperation.

Hessen Mobil hat hierzu im Rahmen des Pilotprojekts Lena4ITS gemeinsam mit Projektpartnern ein Konzept für ein abgestuftes Kooperationsmodell entwickelt, bei dem – je nach Situation – öffentliche Verkehrsmanagementstrategien im Navigationssystem angezeigt und in das individuelle Routing übernommen werden können (Abb. 4.19). Damit wird dem Umstand Rechnung getragen, dass kollektive Verkehrslenkungsmaßnahmen und individuelle Navigation sich wechselseitig beeinflussen, bei geeigneter Abstimmung aber ihre Wirkungen zum beiderseitigen Nutzen verstärken können. Als Maßnahme des IVS-Aktionsplans Straße wurde im Zuge des Pilotprojekts untersucht, ob und unter welchen Rahmenbedingungen eine Harmonisierung von individuellen Routenempfehlungen aus Navigationsdiensten und der kollektiven Verkehrslenkung anzustreben ist. Dabei stellen die Verkehrszentralen abgestimmte dynamische Strategierouten als Bestandteil situationsbezogener öffentlicher Strategien bereit. Die privaten Navigationsdienstanbieter beziehen die öffentlichen Strategierouten in das individuelle Routing mit ein, wobei der Grad der Verbindlichkeit der Einbeziehung abhängig von der gewählten Ebene der Strategiekooperation ist. Parallel dazu wurde der technische Weg der Erschließung von Leitempfehlungen aus den Systemen des strategischen Verkehrsmanagements zur Bereitstellung an individuelle Navigationsdienste

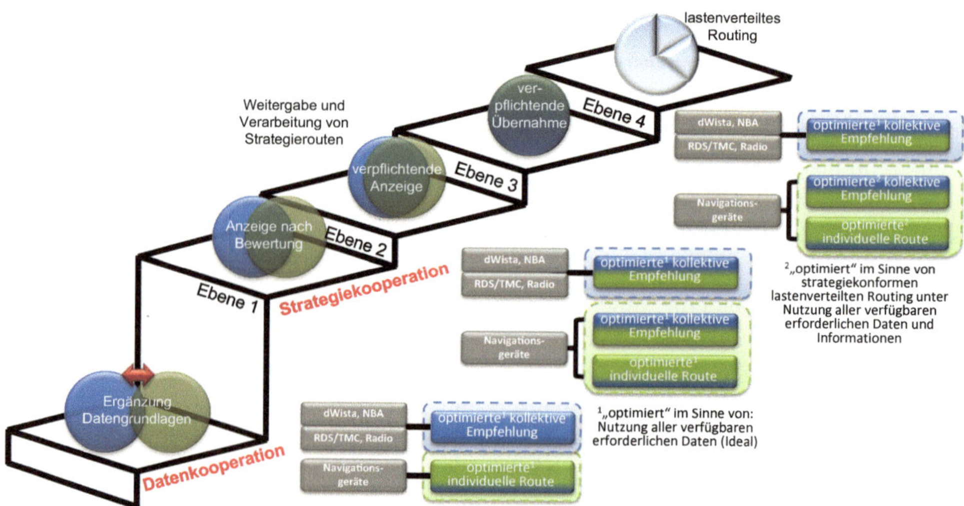

Abb. 4.19 Projekt LeNa4ITS: Gestuftes Kooperationsmodell zwischen Verkehrs- management und Navigationsdiensten. (Quelle: Riegelhuth et al. [3])

auf Basis einer weiterentwickelten DATEX II-Extension zum strategischen Routing konzipiert, in der Verkehrszentrale Hessen implementiert und praktisch validiert.

Über die Strategiekooperation im Rahmen der Netzbeeinflussung oder des Ereignismanagements hinaus wird das zukünftige Zusammenwirken zwischen der Verkehrszentrale und privatwirtschaftlichen Akteuren im Verkehrsmanagement geprägt sein von einem veränderten Rollenverständnis. Dies geht einher mit einem Bedeutungswandel hin zu einer Stärkung des Dienstleistungsbegriffs im Zusammenhang mit intelligenten Verkehrssystemen (IVS). Straßenbetreiber und ihre Verkehrszentralen werden sich damit auseinandersetzen müssen, ob es Teilbereiche ihres Aufgabenumfangs gibt, in denen eine Veränderung hin von der herkömmlichen Systembeschaffung und dem Systembetrieb hin zu einer beauftragten IVS-Dienstleistung sinnvoll ist, deren Erfüllung anhand definierter Wirkungsziele und -kriterien – insbesondere hinsichtlich der Verkehrssicherheit und des Verkehrsflusses – durch die Verkehrszentrale als hoheitlichem Aufgabenträger überwacht wird (Monitoring). Hessen Mobil stellt sich zurzeit im Rahmen eines Auftrags der Bundesanstalt für Straßenwesen dieser Frage und entwickelt gemeinsam mit Partnern ein Konzept, das darauf abzielt, auf diese Weise in bestimmten Bereichen Innovationen zu fördern und neue Wertschöpfungspotenziale zu erschließen. Zentrale Frage ist, wie die Verkehrszentrale unter diesen Rahmenbedingungen auch in Zukunft ihre hoheitlichen Aufgaben wahrnehmen und ihren zentralen Gestaltungsanspruch für das Straßenverkehrsmanagement geltend machen kann.

4.5.8 Weitere Akteure im regionalen Verkehrsmanagement

Die Zusammenarbeit mit weiteren Akteuren, die eine Aufgabe im regionalen Verkehrsmanagement wahrnehmen oder die einen Einfluss auf die Verkehrsnachfrage nehmen, ist im Rahmen der Prozesse des regionalen zuständigkeitsübergreifenden Strategiemanagements angelegt. Je nach Erfordernissen des Anlasses werden dabei Verkehrsunternehmen im Öffentlichen Verkehr, bedeutende Verkehrserzeuger wie die Messe Frankfurt oder der Flughafen Frankfurt und die Betreiber von Verkehrsanlagen wie Parkhäuser einbezogen. So beziehen die umfassenden Strategien bei Großveranstaltungen der Messe oder in der Arena regelmäßig die Parkierungsanlagen des jeweils anderen Veranstaltungsorts sowie zusätzlich des Flughafens Frankfurt mit ein und sind insbesondere durch die Verkehrslenkungsmaßnahmen der Verkehrszentrale Hessen im Bereich der Autobahnen miteinander verknüpft.

4.6 Qualität und Wirkungen

Das Qualitätsmanagement ist ein wichtiger und integraler Bestandteil des Betriebs der Verkehrszentrale Hessen. Grundsätze und Methoden des Qualitätsmanagements beziehen sich dabei auf die Bereiche der organisatorischen Grundlagen und der Prozessgestaltung, der verkehrstechnischen Funktionen sowie betriebstechnischen Prozesse und der verkehrlichen Wirkung.

4.6.1 Qualitätsmanagement organisatorischer Prozesse

Grundlage für die Qualitätssicherung der organisatorischen Prozesse in der Verkehrszentrale Hessen ist das Betriebshandbuch (vgl. Abschn. 4.1.4). Es beinhaltet Prozessdarstellungen für alle Kernaufgaben, legt die Arbeitsschritte und Schnittstellen dar und schafft damit die Transparenz für Ziele, Abläufe und Zuständigkeiten.

Die einzelnen Prozesse werden, soweit erforderlich und sinnvoll, durch weitere Dokumente konkretisiert, die für die jeweiligen Mitarbeiter verbindlich eingeführt sind. Grundlegend ist dabei das Handbuch für die Operatoren, in dem die Abläufe im Kontrollraum umfassend dargestellt werden und mit Erläuterungen zu den zu verwendenden Hilfsmitteln/Tools/Systemen verknüpft werden. Diese Dokumente werden kontinuierlich fortgeschrieben, um Änderungen im Anlagenbestand, in der Systemkonfiguration, an verkehrlichen Aufgaben oder an den Schnittstellen zu anderen Akteuren zu berücksichtigen.

Eingebettet sind diese VZH-internen Prozesse in die Prozesslandschaft von Hessen Mobil. Diese legt alle Geschäftsprozesse für die Kernaufgaben der Abteilungen und Querschnittsaufgaben von Hessen Mobil dar mit dem Schwerpunkt auf Schnittstellen zwischen verschiedenen Organisationseinheiten sowie zu externen Akteuren.

Von besonderer Bedeutung für die spätere betrieblich-funktionale Qualität der Maßnahmen zur Verkehrsbeeinflussung sowie die damit zu erzielende verkehrliche Wirkung ist bereits die Qualität der Planung von Verkehrsbeeinflussungsanlagen. Die Festlegung von Anzahl und Position von Detektoren und Anzeigequerschnitten sind ebenso wie die Wahl der Steuerungsparameter von grundlegender Bedeutung für die Steuerungsqualität von Verkehrsbeeinflussungsanlagen und erfordert eine akkurate, auf die Besonderheiten des Einzelfalls sowohl hinsichtlich der verkehrlichen Anforderungen als auch hinsichtlich der Gegebenheiten von Netztopologie, Streckenverlauf und straßenräumlicher Ausgestaltung abgestellte Planung. Musterwerte aus dem Richtlinienwerk können daher bestenfalls erste Anhaltspunkte einer Vorplanung darstellen.

Hessen Mobil sichert die Qualität des Planungsprozesses durch eine Strukturierung und Formalisierung im Stadium der Vorplanung und der RE-Entwürfe, ergänzt durch die Entwicklung von Musterentwürfen, Checklisten und die Anwendung von eigenen Standardkostensätzen. Bei der Ausführungsplanung verwendet Hessen Mobil einen Standard-Leistungskatalog sowie Standardvorgaben für die TLS-Welt. Wegweisend für die Planung der verkehrstechnischen Funktionen von Verkehrsbeeinflussungsanlagen ist das in der Verkehrszentrale Hessen entwickelte verkehrstechnische Lastenheft für Unterzentralen, das nicht nur alle Anforderungen an die Steuerungsfunktionalität der Unterzentralen darlegt, sondern auch Verfahren und Kriterien für die Qualitätssicherung selbst enthält.

In der Verantwortung der Verkehrszentrale Hessen steht auch das Qualitätsmanagement für die Planung von Arbeitsstellen. Es basiert auf den Qualitätsstandards, die den verschiedenen Vorgaben, Verfahren und IT-gestützten Hilfsmitteln des Baustellenmanagements zugrunde liegen (vgl. Abschn. 4.4.2.1).

Das Ziel der Qualitätssicherung organisatorischer Prozesse liegt auch den Verfahrensfestlegungen im Strategiemanagement sowie der Optimierung des Störfallmanagements zugrunde.

4.6.2 Qualitätsmanagement technischer Prozesse

Das Qualitätsmanagement technischer Prozesse beinhaltet sowohl die betriebstechnische Verfügbarkeit der System- und Anlagentechnik als auch die Qualität der verkehrstechnischen Funktionalität. Beide sind im Sinne eines hierarchischen Aufbaus der Qualitätspyramide Voraussetzung für das Maß, in dem die angestrebte Wirksamkeit in Bezug auf Kenngrößen wie Verkehrssicherheit und Qualität des Verkehrsablaufs erreicht werden kann.

Betriebstechnische Prozesse und verkehrstechnische Funktionen sind Gegenstand der Qualitätssicherung im laufenden Betrieb wie auch bei der Inbetriebnahme neuer Verkehrsbeeinflussungsanlagen oder der Einführung neuer Steuerungsverfahren.

Die betriebstechnische Verfügbarkeit ist Bestandteil der einheitlich gestalteten Instandhaltungsverträge mit den Errichter- bzw. Wartungsfirmen. Hierin sind Reaktions- und Wiederherstellungszeiten festgelegt, die von der Störungsmeldung, die im Regelbetrieb durch die Operatoren aufgrund der Rückmeldungen der verkehrstechnischen Einrichtungen ausgelöst wird, bis hin zur Wiederherstellungsmeldung einem Monitoring unterzogen wird. Darüber hinaus werden statistische Analysen zur Verfügbarkeit von Systemkomponenten durchgeführt, auf deren Basis Entscheidungen zur Verbesserung oder Erneuerung getroffen werden. Im Zuge des Teilprojekts Betriebsüberwachungssystem im Rahmen des Projekts E21X zur Hard- und Softwareerweiterung der Verkehrszentrale Hessen werden erweiterte, workflowintegrierte Funktionen zur Sicherstellung der betriebstechnischen Verfügbarkeit installiert.

Im laufenden Betrieb der Verkehrsbeeinflussungsanlagen wird deren Qualität durch regelmäßige Beobachtung der Rückmeldungen der Anlage und einen Vergleich der Messwerte und Schaltungen gesichert. Ausgangspunkt für gezielte Qualitätsprüfungen können dabei sowohl die ständige Beobachtung der Anlagen durch die Operatoren als auch statistische Auswertungen sein, die durch Verkehrsingenieure insbesondere bei der Nachbetrachtung außergewöhnlicher Verkehrssituationen oder anlässlich von Hinweisen auf mutmaßliche Fehlschaltungen vorgenommen werden. Nicht zuletzt wird Hinweisen aus Bürgeranfragen grundsätzlich nachgegangen.

Vor der Inbetriebnahme neuer Verkehrsbeeinflussungsanlagen wird die technische Funktionsfähigkeit der Anlage vollständig hinsichtlich der Übereinstimmung aller Schaltanforderungen und Rückmeldungen geprüft, einschließlich der Korrektheit der Querschnitts- und Fahrstreifenzuordnungen. Während des Blindbetriebs und im offenen Probebetrieb wird eine intensive Qualitätsprüfung der Anlage von der Überprüfung der Messdaten mit Schwerpunkt Verkehrsdaten bis zu den Steuerungsentscheidungen einschließlich der Anpassung der Steuerungsparameter an die örtlichen Verhältnisse durchgeführt. Hierzu gehören Plausibilitätsprüfungen von Messwerten, z. B. Geschwindigkeitsverteilungen und Stauausbreitungen, auch im Streckenverlauf. Schließlich wird auch das Schaltverhalten aus der Verkehrsteilnehmersicht mit Hilfe von Befahrungen überprüft. Auf Basis der im hessischen verkehrstechnischen Lastenheft für Streckenbeeinflussungsanlagen definierten und in der Bedienoberfläche der Streckenbeeinflussungsanlagen integrierten Verfahren und quantitativen Qualitätskriterien wird nach einer Eingewöhnungszeit eine intensive Qualitätsprüfung der Erkennungs- und Fehlalarmraten in Bezug auf die Steuerungsprogramme vorgenommen.

Ein wichtiges Indiz für eine verkehrstechnische Funktionalität, die der Verkehrssituation angemessen und aus der situativen Perspektive der Verkehrsteilnehmer plausibel und notwendig ist, ist die Akzeptanz. Ihr kommt als unabdingbare Voraussetzung auch eine Schlüsselfunktion für die verkehrliche Wirksamkeit und damit dem volkswirtschaftlichen Nutzen der Anlage zu und sie reagiert besonders sensibel auf Qualitätsmängel. Daher müssen Gefahrenwarnungen ohne Anlassbezug oder Verkehrsgebote ohne plausiblen Bezug zur subjektiv erfahrbaren Verkehrssituation vermieden werden, zumal sie eine Verletzung verkehrsrechtlicher Grundsätze darstellen. Die Akzeptanzprüfung erfolgt insbesondere über eine Analyse der Häufigkeitsverteilungen der Geschwindigkeiten, gegliedert nach Schaltgründen und Anzeigezuständen. Die erforderliche Datenaufbereitung hierfür ist ebenfalls in der Bedienoberfläche der Streckenbeeinflussungsanlagen integriert.

4.6.3 Evaluierung verkehrstechnischer Maßnahmen

Der Erfolg des Qualitätsmanagements zeigt sich in dem sowohl in externen Gutachten als auch internen Evaluierungen nachgewiesenen volkswirtschaftlichen Nutzen, der aus den Wirkungen hinsichtlich Verkehrsablauf, Verkehrssicherheit und Umwelt entstehen. Soweit ein effizienter und qualitätsgesicherter Betrieb gewährleistet ist, stellt sich in der Regel ein hoher volkswirtschaftlicher Nutzen ein, der die in der Planungsphase aufgrund von allgemeinen Annahmen zur Wirkung von Verkehrsbeeinflussungsanlagen abgeschätzten Erwartungswerte häufig deutlich übertrifft.

Nutzenbeiträge ergeben sich bei im Wesentlichen aus dem Rückgang von Unfällen mit Personenschaden und schwerem Sachschaden, der bei Streckenbeeinflussungsanlagen auf Basis von in Hessen ermittelten Werten in einer Größenordnung von bis zu 30 % liegt. Dazu kommt die Vermeidung von Zeitverlusten aufgrund der Verringerung der Anzahl und des Ausmaßes von Staus, die sich in einem Rückgang der durchschnittlichen Reisezeiten um bis zu 10 % niederschlägt. In Bereichen mit zusätzlicher temporärer Seitenstreifenfreigabe fallen die Zeitgewinne nochmals erheblich deutlicher aus.

So ergibt sich für die A5 bei Frankfurt durch die temporäre Freigabe der Seitenstreifen auf ca. 20 km ein Nutzen von ca. 11 Mio. € jährlich ausschließlich aus der Reduzierung der Reisezeiten, der zu dem Nutzen durch die Vermeidung schwerer Unfälle in Höhe von ca. 3,5 Mio. € jährlich hinzukommt.

Auch durch die Netzbeeinflussung entsteht ein erheblicher volkswirtschaftlicher Nutzen, der sich überwiegend aus der Stauvermeidung und der Reduzierung der Fahrzeit ergibt. Allein im Rahmen des zuständigkeitsübergreifenden Korridors LISA-West konnten bereits in der Pilotphase innerhalb von 8 Monaten bei 17 Störungsfällen ein Gesamtnutzen von rund 100.000 € erzielt werden, wobei hier nur die Beeinflussungsmöglichkeit im Bereich der hessischen Entscheidungspunkte für Fahrten in nördlicher Richtung berücksichtigt sind.

4.6.4 Bilanz/Wirkung des Maßnahmenverbunds

Für den Zeitraum ab dem Jahr 2001 hat Hessen Mobil die Wirkungen des Maßnahmenverbunds des intelligenten Verkehrsmanagements anhand einer Staubilanz, ausgedrückt in nach Ursachen differenzierten Staustunden auf dem Autobahnnetz, quantifiziert und dokumentiert. Mit der jährlichen Veröffentlichung konnte erstmals ein Benchmarking der Gesamtwirkung im zeitlichen Verlauf für das Zielfeld Qualität des Verkehrsablaufs vorgenommen werden. Entsprechend groß war regelmäßig die Resonanz sowohl in der Fachwelt als auch in der Öffentlichkeit auf die Bekanntgabe der Zahlen, insbesondere auch deshalb, weil auf Grundlage objektiver Kriterien und einer wissenschaftlichen Erhebungsmethodik nachgewiesen werden konnte, in welchem hohen Maß intelligente Verkehrsbeeinflussung zur Vermeidung von Staus und zum Erhalt und zur Verbesserung der Mobilität beiträgt. So wurden die Stauzeiten trotz steigenden Verkehrsaufkommens innerhalb von 12 Jahren um rund 80 % von insgesamt 88.000 Stunden/Jahr auf rund 16.000 Stunden/Jahr reduziert (Abb. 4.20).

Diese Auswertungen werden künftig durch eine Pünktlichkeitsbewertung ergänzt, die den Anteil pünktlicher Fahrten im hessischen Autobahnnetz ermittelt (Abb. 4.21). Die pünktliche Erreichbarkeit des gewünschten Fahrtziels ist ein wesentliches Qualitätsmerkmal aus der Sicht der Nutzer, das mit der Pünktlichkeitsbilanz, die basierend auf einer neu entwickelten wissenschaftlichen Methode automatisiert erhoben wird, wird dieses Qualitätsmerkmal transparent dokumentiert. Der Anteil pünktlicher Fahrten beschreibt den Anteil der Verkehrsteilnehmer, die einen Korridor des Autobahnnetzes mit einer Fahrtzeitverzögerung von maximal 5 Minuten befahren. Die Ermittlung des Anteils pünktlicher Fahrten ermöglicht eine anschauliche und für den Verkehrsteilnehmer verständliche Bewertung der Zuverlässigkeit des Verkehrsablaufs auf hessischen Autobahnen. Der Bewertungsansatz ist vergleichbar mit Pünktlichkeitsstatistiken anderer Verkehrsträger (Bahn und Luftfahrt) und somit prinzipiell geeignet für einen Vergleich der Zuverlässigkeit unterschiedlicher Verkehrssysteme. Übergeordnetes Ziel ist es, die Verfügbarkeit der Ressource Straße, die Planbarkeit von Reisezeiten und die Qualität des Netzes sowie den Verkehrsablauf auf für den Autofahrer nachvollziehbare Weise zu quantifizieren und zu bewerten. Damit verfügt Hessen Mobil über ein Benchmarksystem, das ein ständiges Monitoring der Netzverfügbarkeit und die Beurteilung der Wirksamkeit

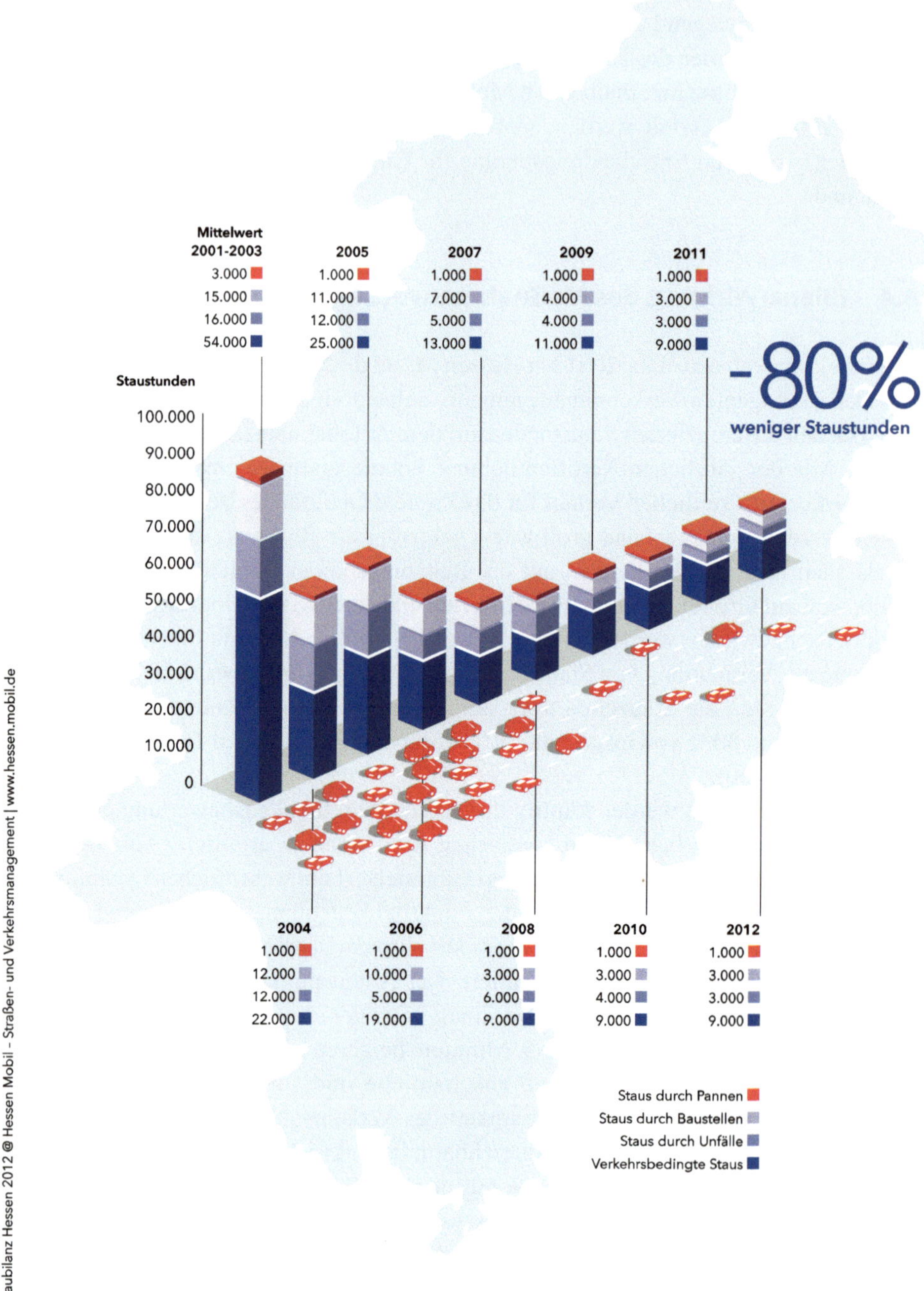

Abb. 4.20 Staubilanz 2001–2012

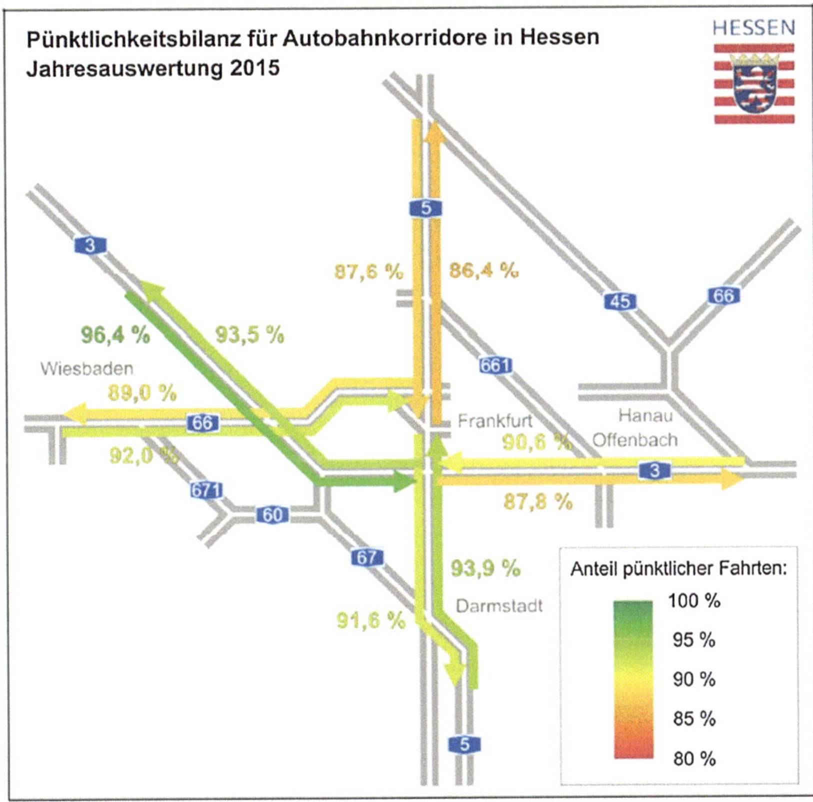

Abb. 4.21 Pünktlichkeitsbilanz für ausgewählte Autobahnkorridore in Hessen, Beispiel

umgesetzter Maßnahmen ermöglicht. Auf diese Weise können neben der Entwicklung der Verzögerungszeiten auch Engstellen und Behinderungen durch Baustellen oder größere Ereignisse schnell ermittelt und visualisiert werden.

4.7   Perspektiven

4.7.1   Strategische Entwicklungslinie

Hessen setzt auf den Einsatz intelligenter Verkehrssysteme und das Potenzial einer intelligenten Vernetzung und Automatisierung im Verkehr, um die Mobilität für die Bürger und die Wirtschaft nachhaltig zu sichern. Dabei setzt Hessen auf einen gezielten Einsatz neuer technologischer Möglichkeiten, um die Effizienz zu steigern, die Verkehrssicherheit zu erhöhen und unerwünschte Umweltwirkungen zu vermeiden.

Die Verkehrszentrale Hessen versteht sich hierbei in der Rolle eines Innovationsführers und übernimmt somit auch über den unmittelbaren Bereich des Straßenverkehrsmanagements hinaus Verantwortung für eine intelligente Bündelung und Verknüpfung der Aktivitäten zur Mobilitätssicherung. Dies muss vor dem Hintergrund der Veränderungen im Verkehrsbereich gesehen werden, die in allen EU-Mitgliedstaaten durch die IVS-Bestrebungen und IVS-Aktivitäten der EU-Kommission (IVS-Aktionsplan und IVS-Richtlinie) in Gang gekommen sind und die in Umsetzung der IVS-Richtlinie auch für Deutschland relevant sind. Denn die Verkehrszentralen werden zukünftig Verkehrsmanagement und Verkehrsinformation in den Kontext übergeordneter Leitbilder von hoheitsübergreifenden Wertschöpfungsketten ausrichten müssen. Weniger das Transportmittel, sondern vielmehr das Mobilitätsangebot als Ganzes und der einzelne Verkehrsteilnehmer/Reisende sowie der für diesen End-Kunden tatsächlich erbrachte Nutzen werden in den Vordergrund gestellt.

Damit wandelt sich auch die Rolle des Straßenbetreibers und somit der Verkehrszentrale. Abb. 4.22 illustriert den Kontext, in dem die Verkehrszentrale Hessen zukünftig ihre Aufgaben erbringen muss. Die Funktion einer rein hoheitlichen Aufgabenwahrnehmung im Sinne der Ausführung verkehrsrechtlicher Anordnungen durch den Betrieb kollektiver Verkehrsbeeinflussungsanlagen hat die Verkehrszentrale längst erweitert durch eine koordinierende Funktion bei der organisatorischen Vernetzung verschiedener Zuständigkeiten. Die digitale Vernetzung dieser unterschiedlichen Akteure und letztlich die digitale Integration von Funktionen und Prozessen in verteilten Systemen setzt diesen Evolutionspfad konsequent fort. Die Verkehrszentrale Hessen wird sich der Herausforderung stellen, übergeordnete Ziele der Verkehrslenkung und des Verkehrsmanagements in diesen Integrationsprozess funktional einzubringen, Rahmenbedingungen zu setzen und Prozesse zu organisieren. In verändertem technologischen Umfeld und perspektivisch auch innerhalb veränderter verkehrsrechtlicher Rahmenbedingungen wird die Verkehrszentrale weiterhin das Systemoptimum des Verkehrsablaufs als Leitbild verfolgen

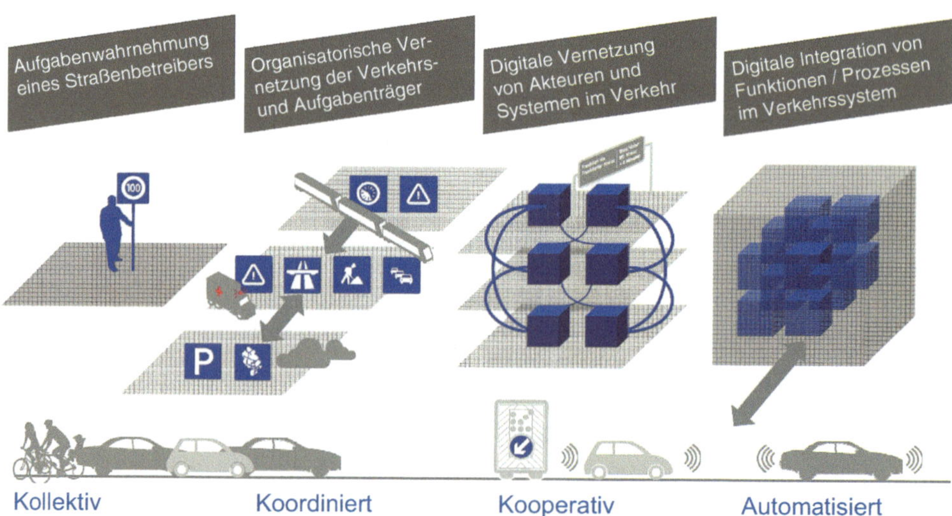

Abb. 4.22 Evolution der digitalen Integration im Verkehr. (Quelle: Riegelhuth [4])

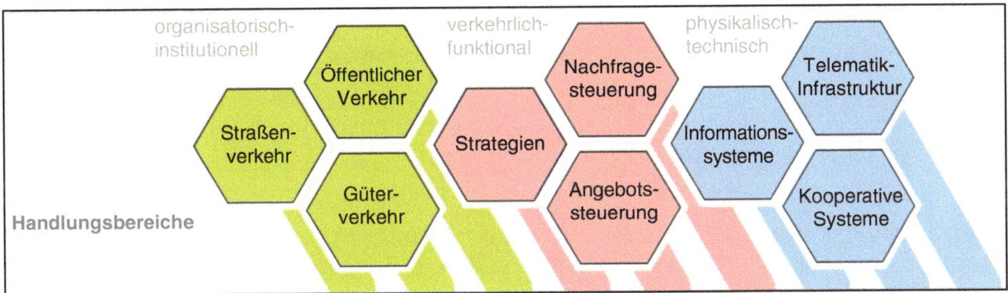

Abb. 4.23 Matrix des IVS-Rahmens Hessen. (Quelle: Hessen Mobil [5])

und in diesem Sinne Einfluss nehmen auf die Architekturen zukünftiger Verkehrssysteme und die Entscheidungsprozesse, die in diesen Systemen stattfinden.

Für die strategische Weiterentwicklung im Kontext dieser neuen Wertschöpfungsketten und veränderter Rollen von Straßenbetreibern und Verkehrszentralen hat Hessen Mobil einen Rahmen für Intelligente Verkehrssysteme in Hessen (IVS-Rahmen) vorgestellt, in dem alle Maßnahmen zur Mobilitätssicherung in Hessen auf der organisatorischen, funktionalen und technischen Ebene systematisch und langfristig zielorientiert geplant werden können.

Der IVS-Rahmen dient damit als politisches Leitbild für ein aufzubauendes Netzwerk intelligenter Mobilität in Hessen und hilft, die Handlungsfelder zu identifizieren, deren vorrangige Behandlung in Hessen besonders erfolgversprechend und im Hinblick auf die politischen Rahmenbedingungen besonders zielführend erscheint (Abb. 4.23). Er dient als Grundlage für die politische Entscheidungsfindung und hilft, das Engagement der verschiedenen Aufgabenträger in den Städten und Regionen zu koordinieren. Eine abgestimmte Umsetzung von IVS-Maßnahmen in den jeweiligen Verantwortungsbereichen vergrößert die Erfolgsaussichten zur Bewältigung der Verkehrsprobleme vor Ort. Ein detaillierter IVS-Aktionsplan für Hessen zeigt konkrete Maßnahmen auf.

4.7.2 Zielarchitektur und konzeptionell-inhaltliche Weiterentwicklung

Hessen beteiligt sich vor diesem Hintergrund seit vielen Jahren aktiv an der Weiterentwicklung einer modernen IVS-Systemarchitektur für Deutschland im Rahmen europäischer Vorgaben. Dies konkretisiert sich in der von der Bundesanstalt für Straßenwesens beauftragten IVS-Rahmenarchitektur für Deutschland, an der Hessen Mobil verantwortlich mitarbeitet und das Los „Referenzarchitektur für ein zuständigkeitsübergreifendes Verkehrsmanagement" leitet. Diese Referenzarchitektur greift nicht nur auf das dem aktuellen Strategiemanagement zu Grunde liegende dezentrale LISA-Kooperationsmodell zurück, sondern legt hierauf aufbauend die Grundlage für die Öffnung hin zu den vielfältigen kooperativen Wertschöpfungsmodellen im vernetzten Verkehr.

Diese Öffnung hat Hessen Mobil bereits früh pilothaft vollzogen. Im Zuge der Forschungsvorhaben für den vernetzten automatisierten Verkehr (Abschn. 4.4.4 und 4.5) hat Hessen Mobil bei dem Aufbau seiner kooperativen Verkehrszentrale stets großen Wert auf die Entwicklung von Architekturen gelegt, die Perspektiven für den kooperativen Ansatz der Vernetzung zwischen Fahrzeugen und Zentralen aufzeigen und realisieren. Im Rahmen des Projekts CONVERGE wurde schließlich eine Referenzarchitektur für kooperative Systeme konzipiert und erprobt, die einen offenen, erweiterbaren und sicheren Systemverbund beschreibt, der unabhängig von spezifischen Anwendungen, Kommunikationstechnologien oder Betreibermodellen ist. Durch die Mitwirkung Hessen Mobil sind in dieser Architektur die spezifischen Anforderungen eines Straßenbetreibers an organisatorische und technische Rahmenbedingungen zum Betrieb kooperativer Systeme über den Systemverbund berücksichtigt.

Mit dem Projekt E21X zur Hard- und Softwareerweiterung der Verkehrszentrale Hessen und der damit verbundenen Restrukturierung des Gesamtsystems erhält die Verkehrszentrale Hessen eine nachhaltige Struktur, die den zukünftigen, sich aus der Entwicklung hin zu einem vernetzten automatisierten Verkehrssystem ergebenden Anforderungen gerecht wird, da sie darauf ausgerichtet ist, zukünftige Systemkomponenten, Anwendungen und Dienste einfach integrieren zu können. Für das Projekt E21X sind die nachfolgenden konkreten ersten Schritte in Bezug auf die Weiterentwicklung, Integration und damit Nutzung des Potenzials von Systemkomponenten kooperativer Systeme und Schaffung der Grundlagen einer fahrzeugsensorkompatiblen Straßenausstattung als Voraussetzung für assistiertes oder (teil-)automatisiertes Fahren definiert:

- Übertragung von Informationen über Baustellen zu fahrzeugseitigen Sicherheitssystemen mittels auf Sperranhängern installierten Kommunikationseinrichtungen
- Nutzung der Erfassungsmöglichkeiten kooperativer Systeme als Add-on zu den klassischen Detektionsverfahren, um darüber eine Verbesserung und Erweiterung der Verkehrsanalysefunktionalität der Verkehrszentrale
- Erweiterung des Strategiemanagements um eine Funktionalität kooperatives Slotmanagement für solche Betriebsphasen, in denen das Netz vollausglastet ist, und in denen Fahrzeug-kollektive in Abhängigkeit definierter Ziele und einer gewünschten Zielzeit auf einer im Rahmen des Systemoptimums bevorzugten Route über die Infrastruktur-Fahrzeug-Kommunikation zum Ziel geführt werden, um so die Infrastruktur auch in Hochlastphasen noch besser als bisher nutzen zu können.

Mit dieser Entwicklung ist die Verkehrszentrale Hessen organisatorisch, konzeptionell und funktional auf die Herausforderungen der Vernetzung, Automatisierung und Digitalisierung des zukünftigen Verkehrssystems vorbereitet. Sie wird damit in der Lage sein, ihre traditionelle Rolle als Schrittmacher und Innovationsführer des intelligenten Verkehrsmanagements weiter zu stärken.

Literatur

1. Riegelhuth G (2009) Länderübergreifende Verkehrssteuerung in Autobahnkorridoren. In: Forschungsgesellschaft für Straßen- und Verkehrswesen (Hrsg) Deutscher Straßen- und Verkehrskongress vom 8. bis 10. Oktober 2008 in Düsseldorf. FGSV, Köln
2. Forschungsgesellschaft für Straßen- und Verkehrswesen (FGSV) (2003) Hinweisen zur Strategieentwicklung im dynamischen Verkehrsmanagement. FGSV, Köln
3. Riegelhuth G, Reußwig A, Kirschfink H, Ansorge J et al (2015) Interoperabilität zwischen öffentlichem Verkehrsmanagement und individuellen Navigationsdiensten, Berichte der Bundesanstalt für Straßenwesen (BASt), Bd F 108. BASt, Bergisch-Gladbach
4. Riegelhuth G (2016) Perspektiven für digitale Anwendungen – aus Sicht eines Straßenbetreibers. Vortrag zur Zwischenpräsentation des Projekts aFAS
5. Hessen Mobil – Straßen- und Verkehrsmanagement (Hrsg) (2014) Rahmen für Intelligente Verkehrssysteme in Hessen. Hessen Mobil – Straßen- und Verkehrsmanagement, Wiesbaden
6. Hessen Mobil – Straßen- und Verkehrsmanagement (Hrsg) (2013) Verkehrsmanagement Region Frankfurt Rhein-Main – Leitfaden zur Anwendung. Hessen Mobil – Straßen- und Verkehrsmanagement, Wiesbaden

Hanno Bäumer

5.1 Organisationsform und Rahmenbedingungen

5.1.1 Organisation

Die Verkehrszentrale Nordrhein-Westfalen (NRW) ist Teil des Landesbetriebs Straßenbau (Straßen.NRW) und wurde 2013 in Betrieb genommen. Sie ist zuständig für Planung, Bau und Unterhaltung sowie Betrieb sämtlicher Verkehrsbeeinflussungsanlagen auf den nordrhein-westfälischen Autobahnen. Vor 2013 waren diese Aufgaben auf verschiedene Dienststellen von Straßen.NRW sowie auf die Bezirksregierungen Arnsberg und Köln verteilt. Ebenfalls in der Verkehrszentrale gebündelt wurden die Aufgaben Baustellenmanagement und Verkehrsinformationen.

Die Verkehrszentrale ist im Betriebssitz (Hauptverwaltung) von Straßen.NRW direkt der Direktion zugeordnet. Sie gliedert sich in die drei Abteilungen Verkehrsmanagement, Verkehrssteuerung und Operating sowie Telematische Infrastruktur (vgl. Abb. 5.1). Von den insgesamt geplanten rund 100 Dienstposten waren Mitte 2017 86 besetzt.

Aufgaben der Abteilung Verkehrsmanagement sind die systematische Auswertung von Verkehrs- und Unfalldaten als Grundlage für die Entwicklung und Planung von Verkehrsbeeinflussungssystemen, mit denen die Verkehrssicherheit und der Verkehrsablauf verbessert werden. Dazu gehören auch die Entwicklung, die Realisierung und der Betrieb der entsprechenden Steuerungsverfahren der Verkehrsrechnerzentrale. Ebenfalls in der Abteilung Verkehrsmanagement verortet ist die Beteiligung an Forschungs- und Entwicklungsprojekten im Bereich des Verkehrsmanagements.

H. Bäumer (✉)
Straßen.NRW, Leverkusen, Deutschland
E-Mail: hanno.baeumer@strassen.nrw.de

© Springer Fachmedien Wiesbaden GmbH, ein Teil von Springer Nature 2018

171

G. Riegelhuth, M. Sandrock (Hrsg.), *Verkehrsmanagementzentralen für Autobahnen*,
https://doi.org/10.1007/978-3-658-22140-9_5

Abb. 5.1 Organisation der Verkehrszentrale NRW

Kern der Abteilung Verkehrssteuerung und Operating ist der Kontrollraum, von dem die Operatoren im Drei-Schichtbetrieb rund um die Uhr sämtliche Verkehrsbeeinflussungsanlagen in Nordrhein-Westfalen monitoren und bedienen. In der Abteilung sind zudem die Themen Baustellenmanagement, Verkehrsportal Verkehr.NRW sowie Straßenverkehrszählung angesiedelt.

Die Abteilung Telematische Infrastruktur übernimmt sämtlichen Aufgaben in Zusammenhang mit Bau und Betrieb der Verkehrsbeeinflussungsanlagen auf den Strecken. Die Aufgabenwahrnehmung erfolgt durch ein Planungsteam sowie zwei Bau- und Betriebsteams. Ein Team für Bau und Betrieb ist nicht am Standort der Verkehrszentrale NRW in Leverkusen stationiert, sondern im östlichen Ruhrgebiet (bislang an den Standorten Bochum und Hamm). Von dort werden die Verkehrsbeeinflussungsanlagen im westfälischen Teil des Netzes betreut. Eine Aufgabenwahrnehmung ausschließlich vom Standort Leverkusen aus wäre aufgrund der langen Anfahrtswege ineffizient.

5.1.2   Rechtliche Grundlagen

Rechtliche Grundlage der Verkehrszentrale NRW ist die Verordnung zur Regelung von Zuständigkeiten nach dem Straßenrecht und Eisenbahnkreuzungsrecht des Landes Nordrhein-Westfalen. Danach werden die Aufgaben der Straßenbaubehörde im Sinne des Bundesfernstraßengesetzes vom Landesbetrieb Straßenbau wahrgenommen.

Im Einzelnen sind die Aufgaben der Verkehrszentrale in einem Zuständigkeitserlass des Landesverkehrsministeriums aus dem Jahr 2013 geregelt. Anders als in anderen Bundesländern ist die Verkehrsbehörde für Autobahnen nicht Teil der Verkehrszentrale. Diese Aufgaben nehmen die fünf Bezirksregierungen in Nordrhein-Westfalen wahr.

Mit der im Juni 2017 beschlossenen Grundgesetzänderung werden die Auftragsverwaltungen der Länder zukünftig durch eine unter Bundesverwaltung stehende Infrastrukturgesellschaft ersetzt.

5.1.3   Sachliche Zuständigkeit

Die Verkehrszentrale hat die Aufgabe, Verkehrsmanagementmaßnahmen zu entwickeln und mit Hilfe verschiedener Verkehrsbeeinflussungssysteme umzusetzen. Im Fokus stehen dabei die rund 2200 Kilometer Bundesautobahnen in Nordrhein-Westfalen. Zum 01.01.2014 wurden zusätzlich auch die Aufgaben des regionalen Verkehrsmanagements der ehemaligen Ruhrpilot-Besitzgesellschaft übernommen, die Verkehrsmanagementmaßnahmen im Ruhrgebiet entwickelt und betrieben hat. Weitere Kernaufgaben der Verkehrszentrale sind das Baustellenmanagement auf den Autobahnen und die Erzeugung und Bereitstellung aktueller Verkehrsinformationen.

Technisch wurden in der Verkehrszentrale NRW (Abb. 5.2) sämtliche Anlagen und Prozesse von der Datenerfassung und Datenhaltung, über Netz-, Strecken- und Knotenbeeinflussungsanlagen, Zuflussregelungsanlagen und Anlagen zur temporären Seitenstreifenfreigabe bis

Abb. 5.2 Gebäude der Verkehrszentrale NRW in Leverkusen

hin zu Systemen für die Bereitstellung und Vermittlung von Informationen an die Verkehrsteilnehmer und an Dritte (z. B. Diensteanbieter) integriert. Mit der Verkehrszentrale ist es in Nordrhein-Westfalen erstmalig möglich, sämtliche telematischen Anlagen aus einer Hand zu unterhalten und zu steuern.

5.1.4 Prozesse

Für die Verkehrszentrale NRW wurde ein Qualitätsmanagementhandbuch erarbeitet, das den Mitarbeiterinnen und Mitarbeitern eine detaillierte Dokumentation sämtlicher Prozesse innerhalb der Verkehrszentrale bietet. Es enthält zudem für viele Arbeitsschritte Standardvorgehen, die als Arbeitshilfe im täglichen Arbeitsgeschäft eingesetzt werden. Daneben werden wesentliche Strukturen und Konzepte zu den Themen Dokumentation und Kommunikation innerhalb der Verkehrszentrale geregelt. Die Prozesse der Verkehrszentrale teilen sich in vier Kernprozesse, die von einer Reihe von Unterstützungsprozessen ergänzt werden. Kernprozesse der Verkehrszentrale sind:

- **Entwicklung von Verkehrsmanagementsystemen**
  Strategische Planungen erfolgen auf der Grundlage gezielter Verkehrsanalysen unter Würdigung von Nutzen-Kosten-Aspekten. Gemeinsam mit Lieferanten und anderen externen Partnern plant und baut die Verkehrszentrale telematische Anlagen zur dynamischen Beeinflussung des Autobahnverkehrs, wie z. B. Strecken- und Netzbeeinflussungsanlagen, Zuflussregelungsanlagen und temporäre Seitenstreifenfreigaben.

Zukünftig werden dabei neue Techniken wie kooperatives und vernetztes Fahren eine immer größere Bedeutung bekommen.

- **Betrieb von Verkehrsmanagementsystemen**
  Die Parametrierung der Anlagen wird auf Basis laufender Erkenntnisse aus dem operativen Betrieb geprüft und bei Bedarf optimiert. Das Team der Verkehrsoperatoren steuert die Verkehrsmanagementsysteme und beeinflusst damit aktiv den Verkehrsablauf auf den nordrhein-westfälischen Autobahnen. Zur Aufrechterhaltung der Funktionsfähigkeit werden sowohl die telematische Infrastruktur auf der Strecke, die Zentralentechnik sowie die Fachanwendungen regelmäßig gewartet und im Störungsfall instandgesetzt und verbessert.

- **Bereitstellung von Verkehrsinformationen**
  Mit Einrichtung der Verkehrsredaktion der Verkehrszentrale werden Verkehrsinformationen aus verschiedensten Datenquellen verglichen, plausibilisiert und den Verkehrsteilnehmern über das Verkehrsinformationsportal Verkehr.NRW sowie Diensteanbietern über den Mobilitätsdatenmarktplatz des Bundes bereitgestellt.

- **Baustellenmanagement**
  Neben der Verwaltung von Baustelleninformationen dient das Baustellenmanagement der Verkehrszentrale einer optimierten Bewertung geplanter Baumaßnahmen aus verkehrlicher Sicht. Damit sollen die negativen Auswirkungen notwendiger Baumaßnahmen für die Verkehrsteilnehmer auf ein Minimum reduziert werden.

5.1.5 Verkehrstechnische Ziele

Die verkehrstechnischen Ziele der Verkehrszentrale sind ein möglichst störungsfreier und sicherer Verkehrsablauf, die Verbesserung der Leistungsfähigkeit der Bundesfernstraßen in Nordrhein-Westfalen und die möglichst verkehrsverträgliche Abwicklung von Baustellen. Durch die Bereitstellung präziser Verkehrs- und Baustelleninformationen soll erreicht werden, dass Verkehrsteilnehmer sich auf das aktuelle Verkehrsgeschehen einstellen können und somit Fahrten besser planbar und verkehrsgefährdende Stresssituationen vermieden werden.

5.1.6 Finanzierung

Die Aufteilung der Kosten für die Aufgaben der Verkehrszentrale erfolgt nach den Regelungen des Grundgesetzes. Danach übernimmt der Bund als Baulastträger sämtliche Zweckaufgaben auf den Bundesfernstraßen. Das Land trägt die Kosten der Auftragsverwaltungsaufgaben. Weitere Regelungen zur Kostenteilung im Bereich von Verkehrszentralen hat der Bund in einem Rundschreiben von 1984 festgelegt.

Mit der Grundgesetzänderung zur Neuregelung des Länderfinanzausgleichs Anfang Juni 2017 wird auch die Verwaltung der Bundesfernstraßen neu geregelt. Danach übernimmt der Bund spätestens zum 01.01.2021 für die Bundesautobahnen (auf Antrag auch für die Bundesstraßen) die Aufgaben der bisherigen Auftragsverwaltungen der Bundesländer und führt sie in einer neu zu gründenden Bundesfernstraßengesellschaft zusammen. Damit verbunden ist die Übernahme der Kosten der bisherigen Auftragsverwaltung durch den Bund.

Neben den Bundesfernstraßen erbringt die Verkehrszentrale auch im nachgeordneten Netz des Landes Nordrhein-Westfalen Verkehrsmanagementleistungen, die aus Landesmitteln finanziert werden. Ein Beispiel dafür ist die verkehrsabhängige Lichtsignalsteuerung im Umfeld der Schalke-Arena, die bei Veranstaltung durch verlängerte Grünzeiten für den An- oder Abreiseverkehr für einen besseren Verkehrsfluss sorgt.

5.2   Technische Gestaltung auf Systemseite

5.2.1   Systemanforderungen

Die Verkehrszentrale NRW stellt diverse Systemanforderungen. Die wesentlichen systemtechnischen Anforderungen der Verkehrsrechnerzentrale sowie der entsprechenden Unterzentrale zur Steuerung der Verkehrsbeeinflussungsanlagen ergeben sich aus den einschlägigen Regelwerken, wie dem Merkblatt für die Ausstattung von Verkehrsrechnerzentralen und Unterzentralen (MARZ 1999) oder den Richtlinien für Wechselverkehrszeichenanlagen (RWVA) und den Richtlinien für Wechselverkehrszeichen (RWVZ) enthalten.

Darüber hinaus unterliegt die Verkehrsrechnerzentrale den Anforderungen des BSI an die IT-Sicherheit.

Für den Betrieb der Verkehrsbeeinflussungsanlagen im Kontrollraum ergeben sich zudem Anforderungen der Operatoren an die Arbeitsergonomie und den Arbeitsablauf.

Besondere Anforderungen bestehen auch im Bereich der Datenübertragung, wenn z. B. für temporäre Seitenstreifenfreigaben Videobilder von der Strecke in die Zentrale übertragen werden müssen.

5.2.2   Systemarchitektur/Technische Grundlagen und Basistechnologien

Die Verkehrsrechnerzentrale und ihre Unterzentralen der Verkehrszentrale NRW sind grundsätzlich nach den Vorgaben der Technischen Lieferbestimmungen für Streckenstationen (TLS) aufgebaut. Dabei ist in zwei Systemen zu unterteilen: die Bestands-Verkehrsrechnerzentrale der Fa. Heusch/Boesfeldt (System Zentrale Datenhaltungsfunktion, kurz ZDF) sowie die im Aufbau befindliche einheitliche Rechnerzentralensoftware des Bundes (kurz ERZ).

In den meisten Unterzentralen für die nordrhein-westfälischen Bundesautobahnen wird für die Datenerfassung, Datenaufbereitung und Steuerung der Wechselverkehrszeichen das ZDF-System verwendet. Es hat sich als ein robustes und zuverlässiges Kernsystem bewährt. Dieses Kernsystem wird auch für die Datenübertragung in die Verkehrsrechnerzentrale, die dortige Zusammenführung der Daten, ihre Archivierung und die Bedienung der Verkehrsbeeinflussungsanlagen mit den zahlreichen, unterschiedlichsten Wechselverkehrszeichen verwendet. Das System tat sich trotz der konsequenten Verwendung der TLS als inkompatibel zu anderen Verkehrsrechner- und Unterzentralensystem erwiesen.

Um die verschiedenen Einzellösungen für die Umsetzung der Verkehrsrechnerzentralen in den einzelnen Bundesländern zu einer offenen, über Betreibergrenzen hinweg nutzbare Architektur zu entwickeln, die sich einfach und flexibel für die verkehrlichen Ziele – insbesondere interurban – einsetzen und nutzen lässt, wurde Anfang der 2000er-Jahre damit begonnen, die ERZ zu entwickeln. Daran beteiligt sind mittlerweile acht Bundesländer. Nordrhein-Westfalen hat maßgeblich bei der Entwicklung mitgewirkt. In der Verkehrsrechnerzentrale von Nordrhein-Westfalen läuft der ERZ-Datenverteiler ebenso erfolgreich wie die zahlreichen für die ERZ entwickelten Module zur Aufbereitung, Verarbeitung, Prüfung und Archivierung von Verkehrs- und Umfeld-Daten sowie zur Steuerung von Wechselverkehrszeichen. Die Netzbeeinflussung erfolgt beispielsweise über ein ERZ-Modul, das für den Korridor Köln-Koblenz gemeinsam mit Rheinland-Pfalz entwickelt wurde und z. B. die Grundlage für die Netzbeeinflussungsanlage Rhein-Necker in Baden-Württemberg bildet. In der Unterzentrale Lövenich sind die Datenerfassung und -aufbereitung sowie alle Arten von Verkehrsbeeinflussungsanlagen (Streckenbeeinflussungsanlage, Netzbeeinflussungsanlage, Knotenpunktbeeinflussungsanlage, Zuflussregelungsanlage) auf Basis der ERZ realisiert.

Zusätzlich verfügt die Verkehrszentrale NRW über eine Reihe weiterer IT-Systeme. Dazu gehören z. B. der Strategiemanager zur Bundesländer-übergreifenden Strategieabstimmung, das Strategiemanagement-System Dmotion zur zuständigkeitsübergreifenden Strategieabstimmung zwischen den Bundesautobahnen in NRW und der Stadt Düsseldorf, das Baustelleninformationssystem NWBIS oder die Regionale Verkehrsmanagementzentrale für das Ruhrgebiet (vormals System Ruhrpilot). Diese Systeme werden bislang ohne automatischen Abgleich parallel betrieben und gepflegt.

5.2.2.1 Datenerfassung

Die Verkehrserfassung auf den Autobahnen in Nordrhein-Westfalen erfolgt mit rund 2500 ortsfesten Verkehrserfassungsstellen, die überwiegend als Induktivschleifendetektoren ausgeführt sind. 171 davon werden als Dauerzählstelle betrieben. Weitere Dauerzählstellen sind auf Bundes- (112), Landes- (54) und Kreisstraßen (2) installiert. Insbesondere im Bereich von Streckenbeeinflussungsanlagen werden die Messquerschnitte durch so genannte Umfelddatenerfassungsstellen ergänzt, mit denen Niederschläge und Sichtbehinderungen detektiert werden.

Zusätzlich zu den Verkehrserfassungsstellen sind auf Streckenabschnitten mit temporärer Seitenstreifenfreigabe hoch auflösende Kameras installiert, mit denen die Operatoren den Verkehr beobachten und Entscheidungen zur Freigabe des Seitenstreifens treffen können.

Auf den Autobahnen verfügt die Verkehrszentrale NRW zudem über rund 200 festinstallierte Webcams, mit denen sich die Operatoren einen Überblick über die aktuelle Verkehrssituation an neuralgischen Stellen im Netz verschaffen können. Die Webcams übertragen sowohl Standbilder wie auch Videostreams in den Kontrollraum der Verkehrszentrale. Gleichzeitig werden diese Bilder und Streams auch den Verkehrsteilnehmern zur Verfügung gestellt, und zwar über das von der Verkehrszentrale im Auftrag des Landesverkehrsministeriums entwickelte und betriebene Verkehrsportal Verkehr.NRW. Aus Datenschutzgründen ist die Auflösung dieser Bilder und Streams entsprechend den Vorgaben des Landesdatenschutzes beschränkt.

Für die Darstellung der aktuellen Verkehrslage (als Level of Service) auf dem Verkehrsportal Verkehr.NRW werden zusätzlich Informationen aus so genannten Floating Car Data (FCD) von privaten Diensteanbietern bezogen. Neben der feineren räumlichen Auflösung von Störungsbereichen ist ein wesentlicher Vorteil von FCD, dass die Verkehrslage auch auf Strecken zur Verfügung steht, die nicht mit Detektoren ausgestattet sind oder auf denen die Verkehrserfassung – z. B. wegen Baustellen – nicht genutzt werden kann.

5.2.2.2 Datenverarbeitung

Die Verarbeitung der Verkehrs- und Umfelddaten erfolgt nach den Vorgaben des Merkblatts für die Ausstattung von Verkehrsrechnerzentralen und Unterzentralen (MARZ 1999). Die entsprechenden Funktionen sind sowohl in der Verkehrsrechnerzentrale der Fa. Heusch/Boesfeldt (System Zentrale Datenhaltungsfunktion, kurz ZDF) sowie in der einheitlichen Rechnerzentralensoftware des Bundes (kurz ERZ) implementiert.

5.2.2.3 Kommunikation und Datenübertragung

Zur Kommunikation zwischen der Verkehrsrechnerzentrale, den Unterzentralen und den Streckenstationen an den Anlagen im Feld dient das Kommunikations- und Datennetz der Bundesfernstraßen des Bundes. Seit 2017 ist dazu NRW-weit ein MPLS-Netz in Betrieb, das durch die Abteilung Telekommunikation des Landesbetriebs Straßen.NRW gebaut, gewartet und betrieben wird. Neue Bauprojekte, wie zum Beispiel die im Bau befindliche Verkehrsbeeinflussungsanlage auf der A3, werden komplett über neue Lichtwellenleiter an die Verkehrsrechenzentrale bzw. an die dafür vorgesehene Unterzentrale angebunden. Dafür wurde ein komplett neues Übertragungs- und IP-Konzept erstellt. In jeder Streckenstation wird ab sofort ein Switch verbaut, an dem alle IP-fähigen Geräte an der Strecke angebunden werden können. Ab der Streckenstation werden die Geräte weiterhin über einen Lokalbus an die Streckenstation angebunden. An den Stellen, wo vorerst weiterhin das AUSA-Kabel genutzt werden muss, ermöglicht ein Koppelrechner die Verbindung zur TLSoverIP-Ebene. So ist es unter anderem möglich, z. B. neue dWiSta-Standorte über TLS over IP an eine neue Unterzentrale anzubinden.

In der Verkehrsrechenzentrale selber wurde seit dem Jahr 2015 ein neues Firewall- und Netzwerkkonzept erstellt und umgesetzt. Die Firewall-Technik wurde rundum erneuert und ausfallsicher aufgestellt. So kann sichergestellt werden, dass der Betrieb der telematischen Anlagen auf den Autobahnen nicht durch äußere Einflüsse gefährdet werden kann. Außerdem wurde in der so genannten Demilitarisierten Zone (DMZ) ein VPN-Gateway eingerichtet, über das Standorte und Dienstleister mit der Verkehrsrechnerzentrale sicher kommunizieren können. So werden unter anderem für das Strategiemanagementsystem Dmotion Daten mit der Stadt Düsseldorf ausgetauscht.

5.2.2.4   Räumliches Referenzierungssystem

Zur räumlichen Referenzierung von Objekten und Daten auf den nordrhein-westfälischen Autobahnen kommt in der Verkehrsrechnerzentrale eine digitale Karte zum Einsatz. Die Karte wird auf Grundlage der Open Street Map erzeugt und mit Daten aus der TMC-Location-Tabelle sowie aus der Straßeninformationsbank Nordrhein-Westfalen (NWSIB) zusammengeführt.

Für das Verkehrsportal Verkehr.NRW kommt ebenfalls die Open Street Map zum Einsatz, die allerdings abweichend von der Kartengrundlage für die Verkehrsrechnerzentrale auch das komplette nachgeordnete Straßennetz abbildet.

5.2.2.5   Standards zum Daten- und Informationsaustausch

In der Verkehrsrechenzentrale gibt es zurzeit mehrere Schnittstellen, um Daten über das Internet bereitzustellen. Der maßgebliche Anteil daran wird gebildet durch die Datex-II-Schnittstelle zum Mobilitätsdatenmarktplatz (MDM), der von der Bundesanstalt für Straßenwesen betrieben wird. In der so genannten Demilitarisierten Zone der Verkehrs-rechenzentrale sorgt ein Cluster, bestehend aus zwei Servern dafür, dass Daten zur Ver-kehrslage (Level of Service), Verortungsdaten und TMC-Meldungen im Minutentakt an den MDM geliefert werden. Außerdem werden über eine Art Proxy die Daten über den MDM auf der Open-NRW Seite zur Verfügung gestellt. Über einen Datenverteiler-Proxy ist es außerdem möglich, extern gehostete Services mit Verkehrsdaten zu versorgen oder von externen Stellen Daten zu erhalten.

Die Schnittstelle zwischen Verkehrsrechnerzentrale bzw. Unterzentralen und den tele-matischen Anlagen im Feld entspricht dem TLS-Standard.

Darüber hinaus bestehen weitere Kopplungen zwischen der Verkehrsrechnerzentrale zu besonderen Systemen, wie z. B. dem Strategiemanagementsystem Dmotion, das zur zuständigkeitsübergreifenden Netzsteuerung zwischen den Autobahnen und dem inner-städtischen Netz von Düsseldorf dient.

5.2.2.6   Verkehrsmodelle

Zur Ermittlung des aktuellen Verkehrszustandes auf den Autobahnstreckenabschnitten werden statt expliziter Verkehrsmodelle die Algorithmen des Merkblatts für die für die Ausstattung von Verkehrsrechnerzentralen und Unterzentralen (MARZ 1999) verwendet.

Zur Ermittlung von aktuellen Reisezeiten für das Steuerungsmodul der Netzbeeinflus-sung in der bundeseinheitlichen Verkehrsrechnerzentralen-Software dient ein Warte-schlangenmodell.

Ebenfalls ein Warteschlangenmodell kommt bei der Ganzjahresanalyse im IT-Pro-gramm KapaSim NRW zum Einsatz. KapaSim, das vom Lehrstuhl für Verkehrswesen der Ruhr-Universität Bochum entwickelt wurde, dient der verkehrlichen Bewertung von Bau-stellen, Streckenbeeinflussungsanlagen, temporären Seitenstreifenfreigaben etc.

5.2.3 Verkehrs- und betriebstechnische Funktionen

Die verkehrs- und betriebstechnischen Funktionen der Verkehrsbeeinflussungsanlagen in Nordrhein-Westfalen entsprechen den Richtlinien für Wechselverkehrszeichenanlagen an Bundesfernstraßen (RWVA 1997).

Dementsprechend werden Streckenbeeinflussungsanalgen (SBA, vgl. Abb. 5.3) dort errichtet, wo regelmäßig Verkehrssicherheitsprobleme durch Verkehrsstörungen oder witterungsbedingte Gefahren auftreten. Durch verkehrsabhängige Geschwindigkeitsbeschränkungen und Gefahrenhinweise wird das Fahrverhalten der Autofahrer beeinflusst. Die SBA werden zudem bereits bei dichtem Verkehr so geschaltet, dass eine Harmonisierung des Verkehrs bewirkt wird. In der Folge sinkt die Wahrscheinlichkeit für einen Zusammenbruch des Verkehrs (Stau) und damit auch die Unfallgefahr.

Zuflussregelungsanlagen (ZRA, vgl. Abb. 5.4) haben ebenfalls das Ziel, die Verkehrssicherheit und den Verkehrsablauf zu verbessern. Sie kommen an hochbelasteten Zufahrten zum Einsatz und sind so gesteuert, dass immer nur ein oder zwei Fahrzeuge zeitgleich auf die Autobahn fahren können. Dadurch werden Fahrzeugpulks in Einzelfahrzeuge zerlegt, die sich deutlich leichter in eine bereits stark belastete Autobahn einfädeln können. In der Folge wird der Verkehrsfluss auf der Autobahn weitaus weniger gestört. Staus und durch sie ausgelöste Unfälle treten deutlich seltener auf. Rückstaus in nachgeordneten Netzbereiche werden durch Detektion in den Zufahrtsrampen und entsprechende Ausschaltbedingungen vermieden. In Nordrhein-Westfalen gibt es aufgrund der besonderen Siedlungsstruktur besonders viele hochbelastete Anschlussstellen. Deshalb sind mit derzeit knapp 100 Standorten so viele Anschlussstellen wie in keinem anderen Bundesland mit ZRA ausgestattet.

Zur Steigerung der Streckenkapazität dienen Anlagen zur temporären Seitenstreifenfreigabe. Dabei wird dem Verkehr in den Spitzenstunden der Seitenstreifen durch entsprechende Wechselverkehrszeichen als zusätzlicher Fahrstreifen zur Verfügung gestellt.

Abb. 5.3 Streckenbeeinflussungsanlage

Abb. 5.4 Zuflussregelungsanlage

Die Freigabe wird durch die Operatoren der Verkehrszentrale gesteuert. Mit Hilfe von Videokameras, die den gesamten Streckenabschnitt lückenlos erfassen, wird vor Freigabe geprüft, ob der Seitenstreifen frei von Hindernissen (Pannenfahrzeuge, verlorene Ladung, sonstige Gegenstände) ist. Auch während der Freigabe wird der Seitenstreifen regelmäßig beobachtet. Sollte ein Fahrzeug liegenbleiben, wird die Freigabe für den fließenden Verkehr sofort aufgehoben. Voraussetzungen für die Einrichtung einer temporären Seitenstreifenfreigabe sind zum einen die baulichen Randbedingungen, wie z. B. Breite und Tragfähigkeit des Seitenstreifens. Neben der Einrichtung von Nothaltebuchten ist ggf. auch der Anbau von Ein- und Ausfahrstreifen an Anschlussstellen, Rast- oder Parkplätzen erforderlich. Zum anderen kann die Seitenstreifenfreigabe nur dann wirken, wenn die verkehrlichen Randbedingungen stimmen. Das heißt im Wesentlichen, dass wiederkehrende Verkehrsstörungen aus einer zu geringen Kapazität der freien Strecke resultieren. Erfahrungen mit der temporären Seitenstreifenfreigabe sind überwiegend sehr gut. Verkehrsablauf und -sicherheit werden in der Regel spürbar verbessert. Als besonders sicher hat sich erwiesen, die Seitenstreifenfreigabe mit einer Streckenbeeinflussungsanlage zu kombinieren. Die Akzeptanz bei den Autofahrern ist hoch.

Netzbeeinflussung erfolgt in Nordrhein-Westfalen praktisch durchweg mit so genannten dynamischen Wechselwegweisern mit integrierter Stauanzeige (dWiSta), die an knapp 90 Standorten im Netz vor Knotenpunkten, den so genannten Entscheidungspunkten, installiert sind. Durch die Anzeigen werden den Autofahrern genaue Informationen zu Staus, Sperrungen und Störungsgrund gegeben und – soweit möglich – Umleitungsempfehlungen angezeigt. Die Verkehrsteilnehmer können sich dadurch auf eine Störung einstellen und ihre Route ggf. ändern. Die Beeinflussung des Verkehrs macht dabei nicht an den Grenzen Nordrhein-Westfalens halt. Bereits seit vielen Jahren kommen mit den benachbarten Bundesländern sowie Belgien und den Niederlanden abgestimmte Strategien zum Einsatz, mit denen der Verkehr bei größeren und länger andauernden Störungen weiträumig umgeleitet werden kann.

5.2.4 Betriebsüberwachung

Die Betriebs- bzw. Systemüberwachung im Bereich der Verkehrsrechnerzentrale und der Unterzentralen erfolgt zum einen durch entsprechende Prozesse zur Überwachung und Plausibilisierung, zum anderen durch das Monitoren der Verkehrsbeeinflussungsanlagen durch die Operatoren. Werden Fehler in den Softwarekomponenten der Verkehrsrechnerzentrale erkannt, wird umgehend ihre Behebung eingeleitet.

Für die Qualitätssicherung der Verkehrsdatenerfassung wurde im Zuge des vom Bundesministerium für Wirtschaft und Technologie (BMWi) geförderten Forschungs- und Entwicklungsprojekt Traffic IQ ein Konzept für die durchgehende Dokumentation und Klassifizierung der Datenqualität auf der Basis von Informationsprodukten entwickelt und in einem IT-Fachverfahren umgesetzt. In Traffic IQ wurden Prüfverfahren in Form von technischen Benchmarkingsystemen entwickelt und implementiert, mit denen ein durchgehender Nachweis der Datenqualität über die gesamte Wertschöpfungskette sichergestellt werden soll. Traffic IQ stellt einen neuartigen Ansatz für die Qualitätsbewertung verkehrsbezogener Daten sowie die Aufbereitung und auch Verteilung von Qualitätskennzahlen dar. Dazu wurde ein mehrstufiges System von Qualitätsmonitoren zur einheitlichen Bewertung und Nutzung qualitätsbezogener Kennwerte entwickelt, das sowohl die Betreiber in ihren Aufgaben unterstützt als auch den Anforderungen an die Dokumentation der Datenqualität für Abnehmer der Daten Rechnung trägt.

Im Rahmen der „Systemüberwachung (Unterzentralen)" erfolgt zyklisch eine Überwachung der Unterzentralen durch ein Fernüberwachungssystem. Im Falle einer aufgetretenen Störung ist durch das Systems festzustellen, ob es sich um eine Störung der Übertragungstechnik handelt oder ob eine Fehlfunktion einer Unterzentralen-Komponente vorliegt. Falls es sich um eine Störung der Übertragungstechnik handelt, wird der erkannte Fehler an den Prozess „Instandsetzung (elektro- und nachrichtentechnische Infrastruktur)" gemeldet.

Konnte eindeutig identifiziert werden, dass der Fehler auf eine Komponente der Systemtechnik der Verkehrsrechnerzentrale zurückzuführen ist, wird der Prozess der „Instandsetzung (Unterzentralen)" angestoßen. Dieser Prozess beinhaltet Koordinierungs- bzw. Überwachungstätigkeiten, die durch einen verantwortlichen Mitarbeiter der Verkehrszentrale im Zuge der Instandsetzungstätigkeiten durch die zuständigen Vertragspartner zu leisten sind.

5.3   Verkehrsmanagement

5.3.1   Verkehrssteuerung/-lenkung

Die Verkehrszentrale NRW betreibt auf den Autobahnen in Nordrhein-Westfalen folgende telematischen Anlagen:

- 21 Streckenbeeinflussungsanlagen mit insgesamt 538 Richtungskilometern Netzabdeckung
- zwei Anlagen zur dynamische Fahrstreifenzuteilung
- drei Anlagen zur temporären Seitenstreifenfreigabe
- 97 Anlagen zur Zuflussregelung an Anschlussstellen
- 86 dWiSta-Tafeln zur Netzbeeinflussung
- Ca. 200 Webcams an 100 Standorten

Darüber hinaus sind weitere Maßnahmen für den Projektplan Straßenverkehrstelematik des Bundes gemeldet. Für die nächsten Jahre ist die Umsetzung folgender Maßnahmen bereits durch den Bund genehmigt (vgl. Abb. 5.5):

- Neubau von Streckenbeeinflussungsanlagen auf der A3 zwischen Autobahnkreuz Oberhausen und Autobahnkreuz Leverkusen (ca. 120 Richtungskilometer)
- Anlagen zur temporären Seitenstreifenfreigabe auf der A3 zwischen Autobahnkreuz Ratingen-Ost und Autobahnkreuz Hilden sowie auf der A52 zwischen Anschlussstelle Mönchengladbach-Nord und Autobahnkreuz Neersen
- 15 Anlagen zur Zuflussregelung an Anschlussstellen
- Neubau von rund 60 dWiSta-Tafeln (vorwiegend im Ruhrgebiet)

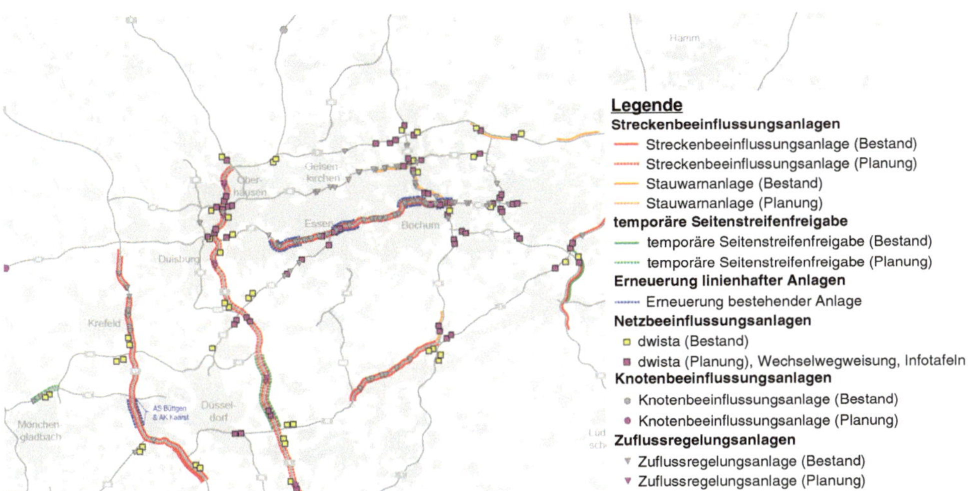

Abb. 5.5 Vorhandene und geplante Verkehrsbeeinflussungsanlagen im Ruhrgebiet

5.3.1.1 Tunnelsteuerung

Mit 55 Tunneln, die Straßen.NRW zurzeit steuert und betreibt, gehört Nordrhein-Westfalen zu den Bundesländern mit den meisten Tunneln in Deutschland. Losgelöst von der Telematik wurde deshalb in 2006 die größte Tunnelleitzentrale Deutschlands in Betrieb genommen (damals zunächst für 43 Tunnel im Verlauf von Autobahnen, Bundes- und Landesstraßen).

Die Tunnelleitzentrale verfügt über zwei baugleiche Standorte in Hamm und in Duisburg, die im Normalbetrieb regional je die Hälfte der Tunnel betreuen. Es handelt sich dabei um ein technisch geschlossenes Gesamtsystem, das räumlich auf zwei Standorte verteilt ist. Beide Standorte sind dadurch redundant, damit im Falle einer technischen Störung an einem Standort, die Tunnel vom anderen Standort aus überwacht werden können. Die Verbindung zwischen den beiden Standorten ist über die Einbindung in eine Ringstruktur des bundeseigenen Datennetzes realisiert.

Neben dem Überwachen, Steuern und Regeln der technischen Betriebseinrichtungen im Normal-, Störungs- und Notfall sind die Operatoren in der Tunnelleitzentrale mit der Koordination aller Wartungsverträge und -einsätze betraut. Die Operatoren handeln im Ereignisfall eigenständig entsprechend den Alarm- und Gefahrenabwehrplänen und auf Weisung der Einsatzkräfte vor Ort. Sie nehmen entsprechende manuelle Eingriffe aus der Ferne vor.

5.3.2 Verkehrsinformationen

Aufgrund der hohen Anzahl an Staus und Störungen im Autobahnnetz in Nordrhein-Westfalen haben die Verkehrsteilnehmer großen Bedarf an möglichst genauen und leicht zugänglichen Informationen. Kernaufgaben der Verkehrszentrale sind deshalb die Erzeugung, Aufbereitung und Bereitstellung von hoch genauen Verkehrs- und Baustelleninformationen einschließlich der Veröffentlichung über das Verkehrsinformationsportal Verkehr.NRW (vgl. Abb. 5.6). Das Portal liefert den Nutzern neben der aktuellen Verkehrslage eine Reihe weiterer Informationen. Dazu gehören z. B. aktuelle Reisezeitverluste und Informationen zu Baustellen einschließlich Angaben zur Verkehrsführung und der verfügbaren Restfahrbahnbreite (dies ist eine sehr wichtige Information für die Planung, Genehmigung und Durchführung von Großraum- und Schwertransporten). Der Entschluss, ein solches Portal einzurichten, stützt sich u. a. auch auf die Einschätzung unabhängiger Verkehrsexperten, die im Zuge der Mobilitätskonferenz der Landesregierung Nordrhein-Westfalen 2011 in Düsseldorf Vorschläge für die Verbesserung der Verkehrsverhältnisse in NRW erarbeitet haben. Die Einführung eines Verkehrsportals war eine der zentralen Empfehlungen.

Das Portal befindet sich seit Herbst 2015 im Regelbetrieb und bietet neben vielfältigen Informationen über das aktuelle Verkehrsgeschehen auch einen Routing-Dienst für den Individualverkehr, den öffentlichen Verkehr und das Rad. Für Busse und Bahnen können zudem im Bereich des Verkehrsverbundes Rhein-Ruhr (VRR) und NRW-weit im Netz der Bahn AG aktuelle Abfahrtszeiten abgerufen werden.

Abb. 5.6   Verkehrsportal Verkehr.NRW – Verkehrslage und -meldungen auf dem Autobahnnetz

Neben der Bereitstellung des Verkehrsportals erzeugt die Verkehrszentrale auf Basis der weitgehend flächendeckenden Verkehrserfassungsstellen im Autobahnnetz automatisch Verkehrsmeldungen, die laufend an die Landesmeldestelle der Polizei weitergegeben werden. Diese Meldungen bilden die Grundlage für den Verkehrswarndienst und das Radiodatensystem Traffic-Message-Channel (RDS-TMC), auf das verschiedene Navigationsdienste privater Anbieter aufsetzen. Die Bereitstellung der Verkehrsmeldungen sowie der aktuellen Verkehrslage und der Baustellenmeldungen für Dritte erfolgt über den so genannten Mobilitätsdatenmarktplatz des Bundes. Zusätzlich sind die Daten auch unter dem Portal Open NRW für jedermann freizugänglich.

5.3.2.1   Mobilitätsdatenmarktplatz

Die Verkehrsrechnerzentrale NRW verfügt über eine Datex-II-Schnittstelle zum Mobilitätsdatenmarktplatz des Bundes (MDM). Bereitgestellt werden bislang die Verkehrsdaten (Rohdaten der Verkehrserfassungsstellen) sowie Verkehrs- und Baustellenmeldungen. Zukünftig sollen darüber hinaus die Schaltzustände der Verkehrsbeeinflussungsanlagen übermittelt werden.

5.3.2.2   Pre-Trip-Informationen

Für Pre-Trip-Informationen betreibt die Verkehrszentrale NRW das Verkehrsportal Verkehr.NRW (vgl. Abschn. 5.3.2).

5.3.2.3   On-Trip-Informationen

Verkehr.NRW bietet auch die Möglichkeit der On-Trip-Information. Dazu wird eine speziell für den Zugang über mobile Endgeräte optimierte Version angeboten.

Hinweise auf aktuelle Staus und Baustellen sowie ggf. Umleitungsempfehlungen erhalten die Verkehrsteilnehmer zudem über die dynamischen Informationstafeln (dWiSta) sowie über TMC-Meldungen oder den gesprochenen Rundfunk.

5.4 Managementprozesse

5.4.1 Strategiemanagement

Wie bereits angesprochen, ist das Ziel der Verkehrszentrale NRW die bestmögliche Nutzung der vorhandenen Verkehrsinfrastruktur durch den Einsatz moderner Verkehrsmanagementmaßnahmen zu erreichen. Im Zuge des Strategiemanagements werden einzelne Maßnahmen oder Maßnahmenbündel, mit denen auf eine aktuelle oder bevorstehende Situation reagiert wird, vorgeplant. Die für das Strategiemanagement notwendigen Prozessschritte werden nachfolgend erläutert:

5.4.1.1 Strategieentwicklung

Am Anfang steht die Strategieplanung. Dazu sind zunächst eine belastbare Analyse der Verkehrssituation, bei der die Strategie angewendet werden soll, sowie die Schätzung der Wirkung der angedachten Strategie erforderlich. Bei der Netzsteuerung muss z. B. geplant werden, ab wann – im Sinne auftretender oder zu erwartender Verkehrsbehinderungen – Verkehrsteilnehmer über Störungen informiert werden, welche Alternativrouten existieren und bei welchem Störungsausmaß eine entsprechende Umleitungsempfehlung gegeben wird. Ein wichtiger Aspekt der Strategieplanung ist die Abstimmung mit allen Beteiligten, wie z. B. den operativen Einheiten von Straßen.NRW, der Verkehrsbehörde, der Polizei oder anderen beteiligten Infrastrukturbetreibern.

5.4.1.2 Strategisches Netz

Der Fokus der Verkehrszentrale liegt bislang auf der Steuerung des Verkehrs auf den Bundesautobahnen in Nordrhein-Westfalen. In den regionalen Baustellenkoordinierungskreisen der Bezirksregierungen Düsseldorf und Köln, an denen der Landesbetrieb Straßen.NRW mitwirkt, wurde auch ein strategisches Netz von verkehrlich bedeutsamen Straßenkategorien unterhalb der Autobahnen definiert. Ein flächendeckendes strategisches Netz für Nordrhein-Westfalen ist noch nicht festgelegt worden.

5.4.1.3 Handlungsspektrum

Das Handlungsspektrum der Verkehrszentrale bei der Verkehrsbeeinflussung ist durch die Regelungen der Straßenverkehrsordnung gesetzt. Mit Hilfe der (Wechsel-)Verkehrszeichen können den Verkehrsteilnehmern verbindliche Vorgaben, etwa zur zulässigen Höchstgeschwindigkeit, Überholverbote oder über zu nutzende Fahrstreifen, gegeben werden. Insbesondere die Hinweise, die über dynamische Informationstafeln erfolgen, sind jedoch nicht bindend. Deshalb kann eine spürbare verkehrstechnische Wirkung nur dann erreicht werden, wenn die Verkehrsteilnehmer die Anzeigen weitgehend akzeptieren. Um das zu erreichen, ist es besonders wichtig, dass die Verkehrsteilnehmer die Schaltungen von Verkehrsbeeinflussungsanalgen nachvollziehen können und diese zuverlässig eingesetzt werden.

5.4.1.4   Strategieumsetzung

Unter Strategieumsetzung fallen in der Verkehrszentrale NRW sämtliche Aufgaben, die zur Vorbereitung und Bereitstellung einer Strategie für die Auslösung durch die Operatoren oder automatisiert durch die Verkehrsrechnerzentrale zählen. Dies kann der Bau von Verkehrsbeeinflussungsanlagen einschließlich ihrer Konfiguration und Parametrierung sein. Denkbar ist aber auch, dass bei bestehenden Anlagen lediglich eine zusätzliche Steuerungsstrategie implementiert wird.

5.4.2   Ereignismanagement

5.4.2.1   Baustellen

Ziel von Straßen.NRW ist es, sowohl Tages- als auch Dauerbaustellen so verkehrsverträglich wie möglich abzuwickeln. Dabei muss berücksichtigt werden, dass viele Autobahnstreckenabschnitte in Nordrhein-Westfalen bereits ohne Baustellen an ihrer Belastungsgrenze betrieben werden oder sogar regelmäßig überlastet sind. Kommt auf solchen Streckenabschnitten noch eine Baustellenverkehrsführung hinzu, führt dies oftmals unausweichlich zu zusätzlichen Störungen.

Die Anzahl der Baustellen ist in den letzten Jahren gestiegen und sie wird weiter zunehmen. Grund dafür ist zum einen, dass der Bund als Straßenbaulastträger zunehmend mehr Geld für die erforderliche Unterhaltung und den Ausbau der Infrastruktur zur Verfügung stellt. Zum anderen sind viele Autobahnen und damit auch viele Autobahnbrücken in den 1960er- und 70er-Jahren gebaut worden. In Verbindung mit den deutlich gestiegenen Achslasten und der gegenüber der ursprünglichen Planung deutlichen Zunahme des Schwerverkehrs, müssen viele Brückenbauwerke aus dieser Zeit erneuert werden.

Der Verkehrszentrale kommt im Bereich des Baustellenmanagements eine zentrale Rolle zu. Sie ist die Stelle bei Straßen.NRW, die die Auswirkungen geplanter Maßnahmen an Bundesautobahnen analysiert und aus verkehrlicher Sicht bewertet. Die dazu erforderlichen Grundlagen liegen in der Verkehrszentrale durch die netzweite Erfassung des Verkehrs und die systematische Auswertung der Messwerte vor. Für die meisten Streckenabschnitte stehen detaillierte Ganglinien der Verkehrsbelastung zur Verfügung. Die Verkehrszentrale verfügt zudem über entsprechende Methoden, auf Basis dieser Daten z. B. Länge und Dauer von Staus an Baustellen einschätzen zu können.

Die Kenntnisse über die verkehrlichen Auswirkungen sind die Grundlage für die gemeinsame Abstimmung aller Baumaßnahmen (Aufstellung der Baubetriebsplanung) mit den bauausführenden Stellen bei Straßen.NRW sowie mit den anderen beteiligten Behörden. Dies sind in der Regel die Verkehrsbehörde für Autobahnen und die Polizei, teilweise auch betroffene Kommunen und Kreise und die Feuerwehr.

Der bei Straßen.NRW eingeführte Koordinierungsprozess ist zweistufig aufgebaut. Anhand verschiedener Kriterien, die sich aus den einschlägigen Regelwerken und Vorgaben des Bundes ergeben, wird systematisch geprüft, inwieweit eine Maßnahme verkehrsbehindernd ist. Führt die Prüfung in Stufe eins zu dem Ergebnis, dass die Maßnahme als verkehrsbehindernd einzuschätzen ist, erfolgt in Stufe zwei eine intensivere Betrachtung durch alle an der Planung Beteiligten. Durch das gestufte Vorgehen wird der Fokus auf die bedeutenden Maßnahmen gerichtet. Aufgrund der langen Bauvorlaufzeiten und der vielen anderen zu berücksichtigenden Abhängigkeiten ist es dabei sehr wichtig, dass dieser Koordinierungsprozess so früh wie möglich beginnt. Handlungsspielräume ergeben sich aus Varianten der zeitlichen und/oder räumlichen Reihung von Baumaßnahmen im Netz oder aus alternativen Baustellenverkehrsführungen. Grundsätzliche Zielsetzung bei der Planung von Baustellen sind u. a. die Beibehaltung der Anzahl der Fahrstreifen auch in der Baustelle und die Aufrechterhaltung von Fahrbeziehungen. Wenn möglich wird in verkehrsärmere Zeiten, wie z. B. Schulferien, Wochenenden oder Nächte ausgewichen.

Um zeitlich überlappende Baustellen auf parallel laufenden Strecken zu vermeiden, ist eine netzweite Betrachtung notwendig (vgl. Abb. 5.7). Auf diese Weise ist zu prüfen, dass Kapazitätseinschränkungen im Zuge der Baustellenverkehrsführung durch bestehende Kapazitätsreserven auf bestehenden Alternativrouten aufgefangen werden können. Soweit an den jeweiligen Entscheidungspunkten vorhanden, können durch dynamische Informationstafeln im Netz Hinweise über Netzeinschränkungen und ggf. empfohlene Umlenkungen angezeigt werden.

In Einzelfällen kann es jedoch auch sinnvoll sein, Streckenabschnitte komplett zu sperren, um so notwendige Baumaßnahmen deutlich schneller durchführen zu können als es

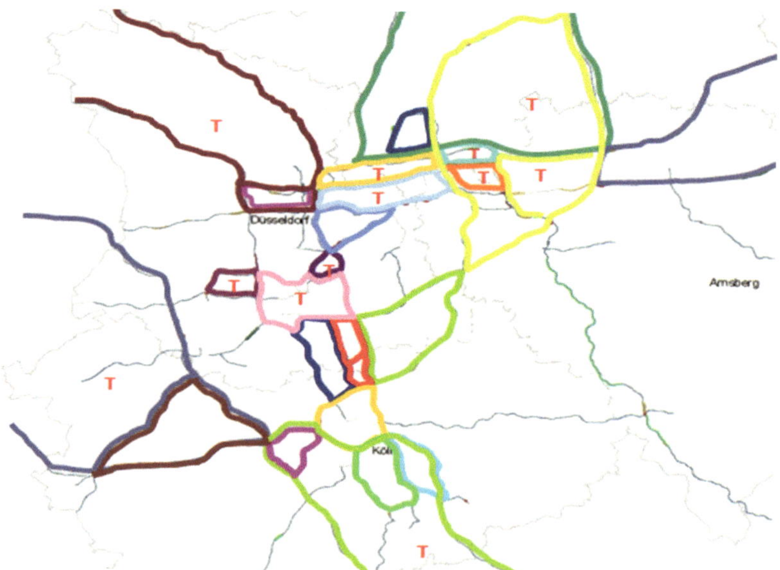

Abb. 5.7 Netzmaschen im nordrhein-westfälischen Autobahnnetz

bei einer konventionellen Baustellenverkehrsführung möglich wäre. Bekanntestes Beispiel, dass ein solches Konzept sehr gut funktionieren kann, ist sicherlich die Sperrung der A40 im Bereich der Stadt Essen, die 2012 für drei Monate komplett gesperrt wurde. Sperrungen kürzerer Dauer – nachts oder übers Wochenende – sind mittlerweile an der Tagesordnung. Zumindest im Sommerhalbjahr gibt es kaum Wochenenden ohne baustellenbedingte Einschränkungen. Um die Auswirkungen solcher Baustellen möglichst gering zu halten, ist die Bereitstellung von aktuellen Verkehrs- und Baustellenmeldungen besonders wichtig. Dazu dienen die bekannten Informationskanäle, wie der gesprochene Verkehrswarndienst, TMC-Meldungen zur Verwendung in Navigationsdiensten und natürlich das bereits angesprochene Verkehrsportal Verkehr.NRW. Genau aus diesem Grund verfügt das Verkehrsportal zusätzlich über einen News-Block, über den sich der Autofahrer vor Fahrtantritt einen schnellen Überblick über aktuelle baustellenbedingte Sperrungen oder besondere Störfälle verschaffen kann.

Viele Großbaustellen zeigen allerdings auch, dass verkehrliche Maßnahmen und Verkehrsinformationen alleine nicht ausreichen. Eine intensive begleitende Öffentlichkeitsarbeit durch die Zentrale Kommunikation des Landesbetriebs und der jeweils bauausführenden Niederlassung kommt deshalb eine immer größere Bedeutung zu. Nur so kann zumindest ein Teil der Verkehrsteilnehmer dazu gebracht werden, ihr Mobilitätsverhalten entsprechend anzupassen – z. B. durch Vermeidung von Fahrten, Wahl anderer Fahrzeiten oder anderer Verkehrsmittel, Bildung von Fahrgemeinschaften etc. Ein gutes Beispiel, dass dies auch tatsächlich funktioniert, war die Sanierung der Fahrbahnübergänge an der Bonner Nordbrücke der A565 in den Sommerferien 2014. Aus baulichen Gründen war es unausweichlich, beide Fahrtrichtungen jeweils auf einen Fahrstreifen zu reduzieren. Zweifellos hat die Maßnahme sehr große Verkehrsprobleme für den Bonner Raum bedeutet. Das durch Modellrechnungen prognostizierte völlige Zusammenbrechen des Verkehrs ist hingegen ausgeblieben. Das Mobilitätsverhalten vieler Verkehrsteilnehmer konnte in diesem Fall also ganz offensichtlich durch intensive Öffentlichkeitsarbeit entscheidend beeinflusst werden. Dieses Beispiel macht deutlich, dass solche Effekte mit den üblichen Verkehrsprognosealgorithmen praktisch nicht abgebildet werden können.

5.4.2.2   Veranstaltungen

Großveranstaltungen mit starken Auswirkungen auf den Verkehr werden in ähnlicher Weise geplant wie Baustellen. Die Koordinierung wird dabei häufig von den Bezirksregierungen in ihrer Rolle als obere Straßenverkehrsbehörden für die Autobahnen in Nordrhein-Westfalen übernommen.

5.4.3   Störfallmanagement

Zur Information über besondere Störungen und Ereignisse hat der Landesbetrieb Straßen. NRW ein internes Ereignismanagementsystem eingeführt, über das sämtliche Organisationseinheiten sowie in bestimmten Fällen auch das Landesverkehrsministerium einheitlich informiert werden. Die Operatoren der Verkehrszentrale erhalten durch dieses System z. B. Informationen zu Maßnahmen der Unfallrufbereitschaften der Autobahnmeistereien und – sofern verfügbar – Angaben zu erwarteten Sperrzeiten.

5.4.4   Kooperative Systeme

Nordrhein-Westfalen gehört zum C-ITS-Korridor des Bundes, auf dem erstmals kooperative Systeme in den Regelbetrieb genommen werden sollen. Konkret geht es dabei um die Anwendungen *Baustellenwarner* – das bedeutet die Warnung der Fahrzeugführer vor Tagesbaustellen – und *Verkehrslageerfassung* durch die Bereitstellung und Auswertung von Einzel-Fahrzeugdaten. Mit der neuen Technik werden Fahrzeuge und Straßeninfrastruktur erstmals direkt vernetzt. Im Vordergrund stehen dabei die Erhöhung der Verkehrssicherheit und die Steigerung der Effizienz des Verkehrs. Dies wird durch exakte Informationen zu Lage und Verkehrsführung von Tagesbaustellen erreicht, an denen es bislang häufig zu Unfällen kommt. Durch diese Information können sich die Verkehrsteilnehmer besser auf die unmittelbar bevorstehende Situation einstellen. Sicherheitsrisiken, die z. B. durch abruptes Abbremsen oder plötzliche Spurwechsel entstehen und die gleichzeitig auch den Verkehrsablauf erheblich stören können, sollen so zukünftig vermieden oder zumindest reduziert werden. Gleichzeitig bietet der C-ITS-Korridor des Bundes, der gemeinsam mit den Niederlanden und Österreich umgesetzt wird, die Grundlage für den Aufbau weiterer Anwendungsmöglichkeiten kooperativer Systeme.

Die Entwicklung und Erprobung des C-ITS-Systems erfolgt unter Federführung der Verkehrszentrale Hessen. Die Verkehrszentrale NRW übernimmt die lauffähigen, d. h. getesteten, abgenommenen und dokumentierten Softwarekomponenten aus Hessen und passt sie auf die in Nordrhein-Westfalen eingesetzte Einheitliche Verkehrsrechnerzentralensoftware an. Die Arbeiten zur Erstellung eines Konzepts für die Integration dieser Komponente in die ERZ-Umgebung sowie die Spezifikation, Ausschreibung und Entwicklung der notwendigen Komponenten zur Einbindung der ICS-Komponente in die ERZ-Software (allgemein) laufen in Nordrhein-Westfalen in enger zeitlicher Abstimmung zum Pilotprojekt in Hessen. Durch diese Vorgehensweise wird eine schnelle und gleichzeitig kostengünstige sowie risikoarme Übernahme der entsprechenden Software-Komponenten erreicht. Die Einbindung in die ERZ-Umgebung bereitet zudem die schnelle Integration und Inbetriebnahme in den ERZ-Zentralen anderer Bundesländer vor.

5.4.5   Automatisiertes Fahren

Zum weiteren Ausbau der Kooperativen Systeme und zur Vorbereitung auf das Automatisierte Fahren beteiligt sich der Landesbetrieb Straßen.NRW, vertreten durch die Verkehrszentrale, an dem vom BMVI geförderten Forschungs- und Entwicklungsprojekt *KoMoD – Kooperative Mobilität im digitalen Testfeld Düsseldorf*. Ziel des Projektes ist die praxisnahe Erprobung neuer Technologien zur Fahrzeug-Infrastruktur-Vernetzung sowie des hoch und voll automatisierten Fahrens im regionalen Kontext – das heißt von der Autobahn ins städtische Umfeld. Wesentliche Meilensteine des Projektes sind die Erprobung der Datenbereitstellung und der Kommunikation, die Betrachtung des Technologiemix mit bordautonomer Sensorik zur Interpretation des Straßenraumes sowie das Zusammenspiel der Systeme mit hochpräzisem Kartenmaterial unter Nutzung geeigneter Ortungstechnologien.

Aufgabe der Verkehrszentrale NRW ist zunächst die Bereitstellung dynamischer Schildinhalte aus den Netz- und Streckenbeeinflussungsanlagen an den Mobilitätsdatenmarktplatz (MDM) zur Verwendung durch Dritte sowie zur Einbindung in Versuchsfahrzeuge. Zudem sind virtuelle Verkehrsbeeinflussungsanlagen und die Einbindung von Fahrzeuginformationen in die Verkehrssteuerung zu konzeptionieren. Technisch bedeutet das eine funktionale Erweiterung der Verkehrsrechnerzentrale und der im Versuchsfeld liegenden Unterzentrale zur Übertragung der Schaltungen. Die Steuerung und die Funktionsprogramme der Unterzentrale müssen zur Integration fahrzeuggenerierter Störfall-Detektionen erweitert und die erforderlichen Datenmodelle und Schnittstellen umgesetzt werden.

Des Weiteren soll das Forschungs- und Entwicklungsprojekt dazu beitragen, künftige Anforderungen an die Inhalte und Detaillierung von Karten der öffentlichen Verwaltung, darunter auch temporäre Änderungen durch Baumaßnahmen, zu identifizieren und die Verwendbarkeit und konzeptionelle Einbindung von auf Fahrzeug-Infrastruktur-Kommunikation basierten Daten als Ergänzung der bestehenden stationären Verkehrserfassung in herkömmliche und virtuelle Verkehrsbeeinflussungsanlagen zu analysieren.

5.5 Kooperation

5.5.1 Grundlagen und Formen der Zusammenarbeit

Die Verkehrszentrale NRW arbeitet mit vielen Organisationen, Firmen und Behörden zusammen. Nachfolgend werden die wesentlichen aufgeführt:

Verkehrsrechnerzentrale/NERZ e. V.
Nordrhein-Westfalen ist Mitglied im so genannten NERZ e. V. Dabei handelt es sich um einen Zusammenschluss von insgesamt acht Bundesländern, die im Auftrag des Bundes (Arbeitskreis Verkehrsrechnerzentralen) gemeinsam eine einheitliche Verkehrsrechnerzentralen-Software aufbauen, betreiben, pflegen und weiterentwickeln. Wesentliche Zielsetzungen sind, das Software-Basis-System modulhaft aufzubauen und unter Open Source Lizenzen bereitzustellen, klare Schnittstellen zu definieren, plattformunabhängig zu sein und vor allem eine Herstellermischung zu erreichen. Der NERZ e. V. stellt mittlerweile ein umfangreiches Portfolio an Softwaremodulen bereit, mit denen praktisch alle Funktionalitäten einer Verkehrsrechnerzentrale abgedeckt werden können (vgl. Abb. 5.8). Insofern ist erstmals eine einheitliche Verkehrsrechnerzentrale als Grundlage für ein modernes Verkehrsmanagement geschaffen worden.

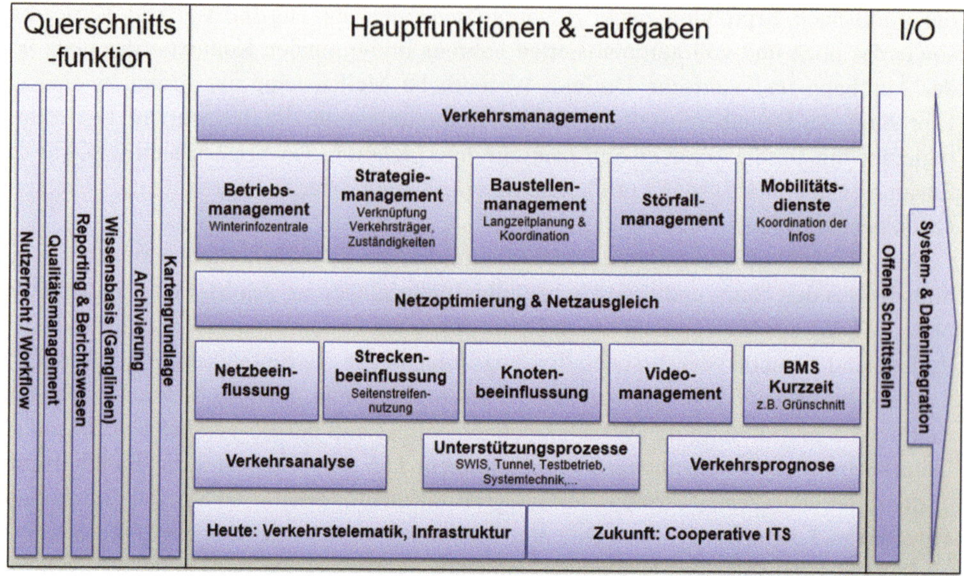

Abb. 5.8 Module der Einheitlichen Rechnerzentralen-Software

Der NERZ e.V. hat zur Erfüllung seiner Aufgaben konkrete Verfahren zur Qualitätssicherung einschließlich Zertifizierung, zum Konfigurationsmanagement, zum Änderungsmanagement, und zum Fehlermanagement entwickelt und eingeführt. Dazu bedient er sich einer Geschäftsstelle und einer so genannten Fachtechnischen Beratung, die jeweils durch Dritte im Auftrag des NERZ e.V. wahrgenommen werden. Eine weitere wichtige Aufgabe ist die Organisation und Beratung der Mitglieder. Die Finanzierung des NERZ e.V. erfolgt aus Bundes- und Landesmitteln. Dabei wird die übliche Kostenaufteilung zwischen Baulastträger (Bund) und Auftragsverwaltung der Bundesländer angewendet.

Die – auf den ersten Blick ungewöhnliche erscheinende – Rechtsform eines eingetragenen Vereins ist das Ergebnis einer Untersuchung, die verschiedene Formen der Zusammenarbeit der Auftragsverwaltungen analysiert hat. Die Rechtsform des e.V. hat sich dabei als die Variante herausgestellt, die am einfachsten umzusetzen ist.

Die Zusammenarbeit der Bundesländer im NERZ e.V. bietet eine Reihe von Vorteilen: Verkehrsrechnerzentralen-Software weist grundsätzlich eine sehr große Komplexität auf, ist deshalb schwierig zu beschaffen und entsprechend kostenintensiv. Die Aufteilung des Entwicklungs- und Pflegeaufwands führt zu deutlich geringeren Aufwänden bei den einzelnen Mitgliedern. Durch die gegenseitige Beratung, Information und Unterstützung der Partner wird Fehlentwicklungen entgegengewirkt. Die Inbetriebnahme von fertig entwickelten Software-Modulen durch den Zweit- oder Drittanwender wird deutlich einfacher und vor allem erheblich risikoärmer.

Unabhängig vom NERZ e.V. gibt es regelmäßige Fachtreffen mit Verkehrszentralen anderer Bundesländer – insbesondere mit der Verkehrszentrale Hessen.

Zuständigkeitsübergreifende Netzsteuerung
Bereits seit Ende 1990er-Jahre steuert Nordrhein-Westfalen den Verkehr zusammen mit den Niederlanden und Belgien auf den Korridoren Eindhoven – Köln und Arnheim – Oberhausen. Bei länger andauernden Störungen verständigen sich dazu die Verkehrszentralen auf vorab geplante und abgestimmte Strategien, mit denen insbesondere der Güterfernverkehr umgeleitet werden kann. Seit den 2000er-Jahren kommt diese Vorgehensweise auch in den so genannten Long Distance Corridors (LDC) zwischen benachbarten Bundesländern zum Einsatz. Im LDC-West wird z. B. der Verkehr im Korridor A3, A45 und A61 zwischen Hessen Rheinland-Pfalz und Nordrhein-Westfalen gesteuert. Im LDC-Nord erfolgt die Steuerung zwischen Bremen, Hamburg, Niedersachsen und Nordrhein-Westfalen.

Beteiligung an Forschungs- und Entwicklungsprojekten
Die Verkehrszentrale setzt sich im Rahmen von Verbundprojekten aktiv mit Forschungs- und Entwicklungsthemen auseinander, z. B. zur Qualität von Verkehrsdaten oder zum vernetzten und automatisierten Fahren. Sie beteiligt sich regelmäßig an Betreuerkreisen und Standardisierungsgremien der Forschungsgesellschaft für Straßen- und Verkehrswesen und sie kooperiert auf europäischer Ebene mit anderen Verkehrszentralen aus Deutschland und den Nachbarländern, wodurch ein gewinnbringender Erfahrungsaustausch beim Einsatz intelligenter Verkehrssysteme sichergestellt wird.

Baustellenmanagement
Unter Federführung der Bezirksregierungen Düsseldorf und Köln erfolgt eine regionale Koordinierung von Baustellen in den Großräumen Düsseldorf und Köln/Bonn. Beteiligt sind die Städte, Kreise, Versorgung- und Verkehrsunternehmen sowie der Landesbetrieb Straßen.NRW. Ziel ist es, verkehrlich bedeutsame Baumaßnahmen frühzeitig zu identifizieren und bestmöglich auf einander abzustimmen.

In diesem Zusammenhang stellt die Verkehrszentrale NRW im Auftrag des Landesverkehrsministeriums ein landesweit einheitliches Baustelleninformations- und Meldungssystem bereit. Dadurch steht allen Kommunen ein einheitliches Tool zur Verfügung, mit dem die Baustellenmeldungen ausgetauscht und auch Dritten über den Mobilitätsdatenmarktplatz des Bundes zur Verfügung gestellt werden.

5.5.2   Regionale Verkehrszentralen

Die frühere für das Ruhrgebiet zuständige Regionale Verkehrszentrale Ruhrpilot wurde 2014 in die neue Verkehrszentrale NRW integriert. Die Aufgaben werden dort weitergeführt.

5.5.3   Städtische Verkehrszentralen

Die Verkehrszentrale NRW arbeitet eng mit der Verkehrszentrale der Stadt Düsseldorf im Bereich der zuständigkeitsübergreifenden Netzsteuerung zusammen. Kommt es zu Störungen auf den Haupteinfallstraßen in die Stadt, kann bereits auf den umliegenden

Autobahnen mit entsprechenden dWiSta-Schaltungen darauf reagiert werden. Dazu dient das im Rahmen eines vom Bund geförderten Forschungs- und Entwicklungsprojektes entstandene Strategiemanagementsystem Dmotion.

5.5.4　Verkehrsunternehmen im Öffentlichen Verkehr

Die Verkehrsunternehmen im Öffentlichen Verkehr stellen – in der Regel über die Verkehrsverbünde – statische und dynamische Fahrplandaten und Routen mit öffentlichen Verkehrsmitteln zur Verfügung. Die Verkehrszentrale NRW veröffentlicht diese Informationen über das Verkehrsportal Verkehr.NRW (vgl. Abb. 5.9).

5.5.5　Polizei

Die Verkehrszentrale führt regelmäßig Gespräche mit den für die Autobahnen zuständigen Polizeidirektionen. Dabei werden in der Regel Grundsätze der Zusammenarbeit zwischen den Polizeileitstellen oder den Einsatzkräften vor Ort mit den Operatoren der Verkehrszentrale behandelt. Hinzu kommen anlassbezogene Treffen zu besonderen Ereignissen.

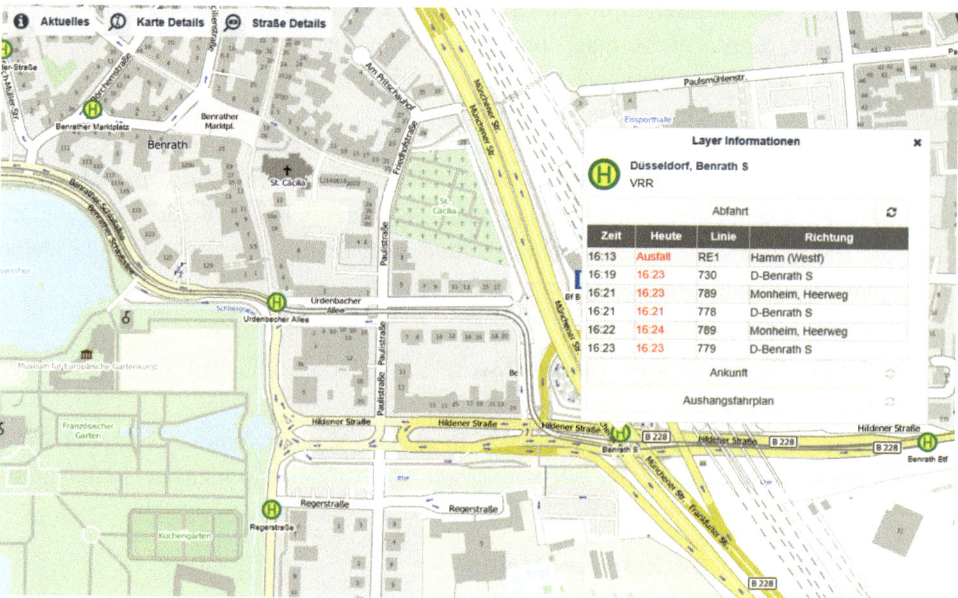

Abb. 5.9 Verkehrsportal Verkehr.NRW – Abfahrtsmonitor

5.5.6   Rundfunkanstalten

Zwischen der Verkehrsredaktion des WDR und der Verkehrszentrale NRW finden – neben dem Bezug von Verkehrsmeldungen über die von der Verkehrszentrale betriebene Verkehrsinformationszentrale (kurz VIZ) – anlassbezogene fachliche Austausche statt. Eine darüber hinausgehende Kooperation besteht nicht.

5.6   Qualität und Wirkungen

5.6.1   Qualitätsmanagement organisatorischer Prozesse

Wie bereits in Abschn. 5.1.4 angesprochen, wurde in der Startphase der Verkehrszentrale NRW ein detailliertes Qualitätsmanagementhandbuch erarbeitet, in dem sämtliche Prozesse dokumentiert sind (Prozesslandkarte, vgl. Abb. 5.10). Die Dokumentation der Prozesse ist dabei abhängig vom Umfang und der notwendigen Tiefe, heruntergebrochen in eine oder mehrere Teilprozesse. Die entsprechende Illustration erfolgt strukturiert und nach festgelegten Rahmenbedingungen. In Form waagerechter Prozessablaufdiagramme werden die aufeinander folgenden Tätigkeiten innerhalb eines Prozesses dargestellt. Zusätzlich werden darin Verantwortlichkeiten, Schnittstellen und zusätzliche Informationen, wie zum Beispiel Input und Output, abgebildet. Für weitere Informationen über einen

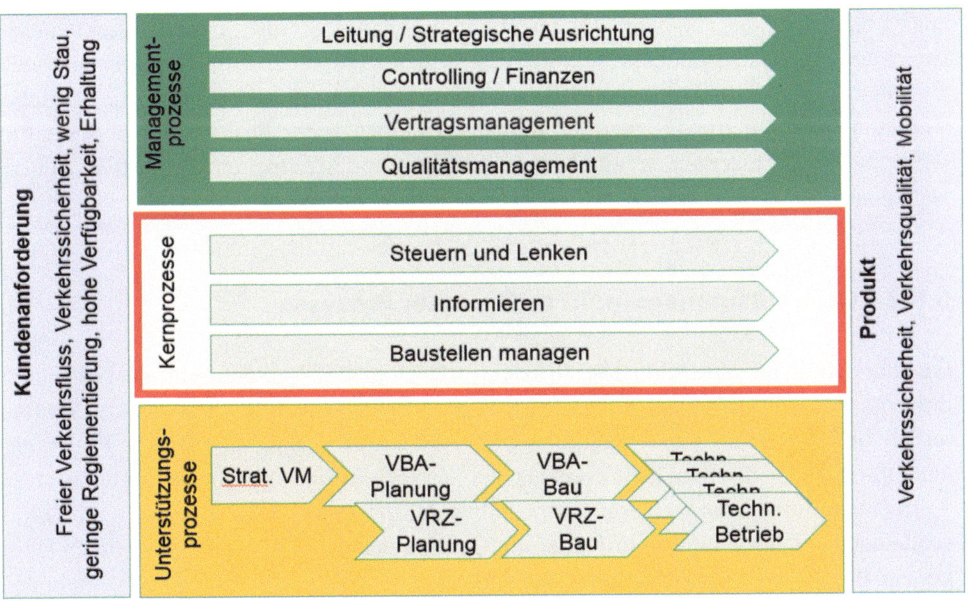

Abb. 5.10 Prozesslandkarte der Verkehrszentrale NRW

Prozess stehen detaillierte Beschreibungen zur Verfügung. Für Prozessschritte, die einer genaueren Beschreibung bedürfen, wurden Standardvorgehen erstellt, die eine detaillierte Beschreibung einzelner Arbeitsschritte umfassen und mit Beispielen unterstützen.

Prozessabläufe zeigen die notwendigen Schritte und die durchführende Stelle zur Bearbeitung eines Prozesses. Die waagerechte Darstellung ist gut lesbar und zeigt die Abfolgen, Schnittstellen und den Informations-/Dokumentenfluss zu den einzelnen Schritten. Farblich hervorgehoben sind solche Schritte, die außerhalb der Verkehrszentrale stattfinden, z. B. beim Auftragnehmer oder bei anderen Organisationseinheiten des Landesbetriebs. Sind einzelne Prozessschritte detaillierter durch Standardvorgehen beschrieben, sind sie durch einen blauen Schatten kenntlich gemacht. Schnittstellen zu anderen beschriebenen internen Prozessen sind durch einen grauen Schatten gekennzeichnet (vgl. Abb. 5.11).

Standardvorgehen beginnen mit einem Entwurf der optimalen Abfolge der Arbeitsschritte und einer detaillierten Beschreibung der notwendigen Aktivitäten. Innerhalb des vorgegebenen Formats ist die inhaltliche Gliederung frei wählbar und sollte optimal an den Bedarf angepasst werden. Die Darstellungen können durch Bilder/Screenshots und den Verweis auf Allgemeine Rundverfügungen (ARV) oder Anwendungsbeispiele im Sinne einer Best Practise ergänzt werden, um für mehr Klarheit zu sorgen. Auf diese Weise werden wertvolle Tipps und Tricks gesammelt und für das Team bereitgestellt (vgl. Abb. 5.12).

Die Aufgabenwahrnehmung in der Verkehrszentrale erfolgt durch zahlreiche Projekte. Um die Projektleiter bei ihrer Tätigkeit zu unterstützen, wurden verschieden Maßnahmen zur Verbesserung des Projektmanagement eingeführt. Dazu zählen neben Projektteambesprechungen einschließlich Protokollierung u. a. regelmäßige Projektleiterbesprechungen und kurze Projektdokumentationen (Steckbriefe), die laufend fortgeschrieben werden. Dadurch wird sichergestellt, dass der jeweils aktuelle Projektstand über die Projektteams hinaus jederzeit für alle Mitarbeiterinnen und Mitarbeiter der Verkehrszentrale verfügbar ist.

5.6.2 Qualitätsmanagement technischer Prozesse

Qualitätssicherung als technischer Prozess erfolgt in der Verkehrszentrale NRW u. a. durch das System Traffic IQ. Traffic IQ analysiert und bewertet systematisch und kontinuierlich die Qualität der Verkehrserfassung. Das System ist damit eine wichtige Maßnahme zur Optimierung des Betriebszustandes der verkehrstechnischen Infrastruktur und zur Aufrechterhaltung bzw. Steigerung der Qualität der Erfassungsinfrastruktur. Durch umfassende und gesicherte Information über die Qualität der erfassten und verarbeiteten Daten können die darauf aufbauende Prozesse, wie z. B. die Verkehrsbeeinflussung, Verkehrslenkung, Verkehrssteuerung und Verkehrsinformation, mit besserer und abgesicherter Qualität betrieben werden.

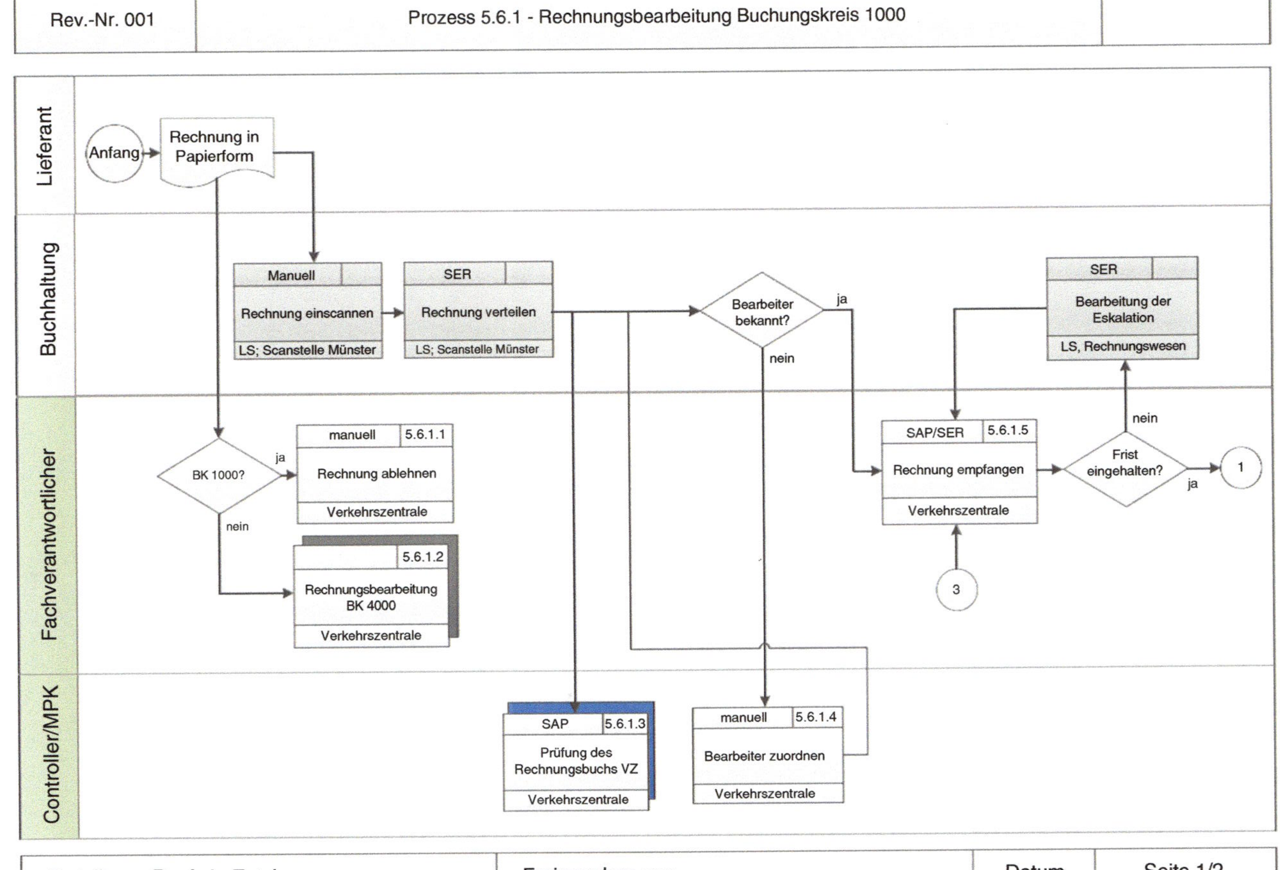

Abb. 5.11 Struktur und Inhalt von Prozessabläufen

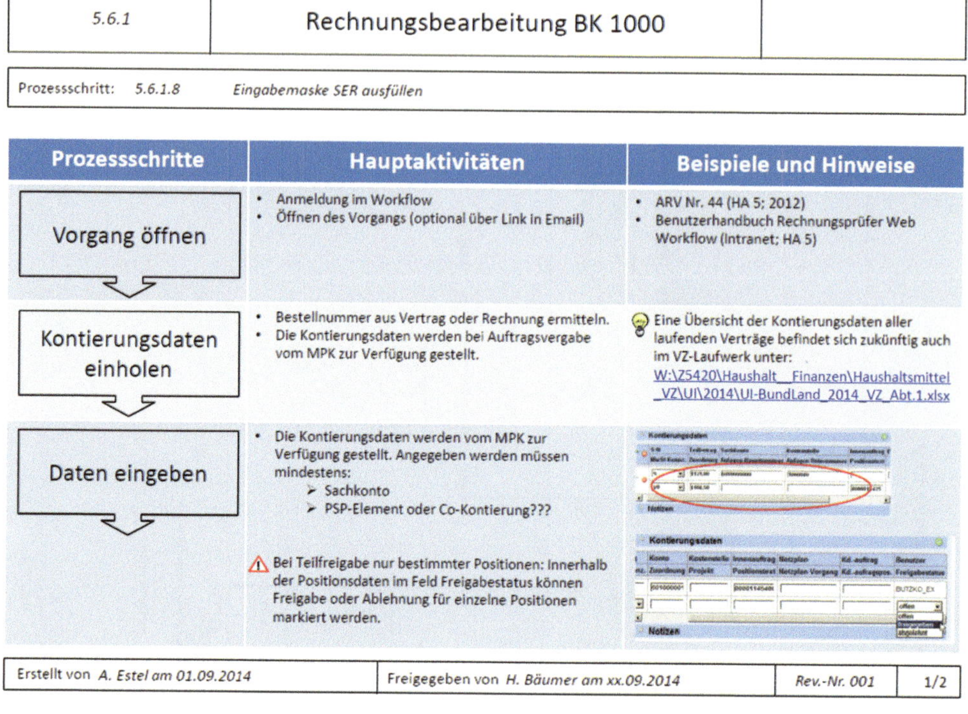

Abb. 5.12 Aufbau und Inhalt eines Standardvorgehens in der Verkehrszentrale NRW

Auch die Qualität der Steuerung der verschiedenen Verkehrsbeeinflussungsanlagen, insbesondere der Streckenbeeinflussungsanlagen, wird systematisch untersucht. Eine zuverlässige Warnung vor verkehrs- und witterungsbedingten Gefahren oder verkehrsabhängige Schaltungen zur Harmonisierung des Verkehrsflusses sind Grundvoraussetzung für eine hohe Akzeptanz bei den Autofahrern. Eine regelmäßige Überprüfung der Funktionsweise der Anlagen ist deshalb sehr wichtig. Zur Unterstützung der für die Qualitätssicherung der Schaltungen verantwortlichen Verkehrsingenieure kommt eine spezielle Software zum Einsatz, mit der der Aufwand für die komplexen Analysen reduziert wird.

5.6.3 Evaluierung verkehrstechnischer Maßnahmen

Die Evaluierung bestehender verkehrstechnischer Maßnahmen erfolgt in der Regel anlassbezogen – z. B. fordert der Bund üblicherweise eine Evaluation ein Jahr nach Inbetriebnahme einer neuen Verkehrsbeeinflussungsanlage. Eine Evaluierung kommt auch dann in Betracht, wenn Streckenabschnitte ein auffälliges Unfallgeschehen zeigen oder besonders störanfällig sind.

Grundlagen für die Evaluierung verkehrstechnischer Maßnahmen sind üblicherweise Auswertungen von Verkehrs- und Unfalldaten sowie Daten des Baustelleninformationssystems.

5.6.4   Bilanz/Wirkung des Maßnahmenverbunds

Ergänzend zu den im vorherigen Absatz angesprochenen Evaluierungen verkehrstechnischer Maßnahmen erfolgt eine regelmäßige Auswertung von Anzahl und Dauer von Verkehrsstörungen pro Autobahnstreckenabschnitt in Form einer Staubilanz. Datengrundlage ist der offizielle Meldungsbestand der Landesmeldestelle für den Verkehrswarndienst. Die Auswertung erfolgt mit dem im Auftrag der Verkehrszentrale NRW betriebenen Stauauswertesystem.

5.7   Perspektiven

5.7.1   Strategische Entwicklungslinie

Als strategische Entwicklung der Verkehrszentrale NRW wird eine kontinuierliche Verbesserung von Effektivität und Effizienz angestrebt. Wesentliche Zielsetzung ist dabei die Optimierung der verkehrstechnischen Wirkungen der Verkehrsbeeinflussungsanlagen, des Baustellenmanagements und der Verkehrsinformationsbereitstellung. Dazu gehört auch die Implementierung von Werkzeugen und Methoden, mit denen diese Wirkung zuverlässig und mit vertretbarem Aufwand beurteilt werden kann.

Auch auf organisatorischer Seite bestehen sicherlich Spielräume für eine weitere Verbesserung des Verkehrsmanagements in den Metropolregionen an Rhein und Ruhr. Dazu soll die zuständigkeitsübergreifende Zusammenarbeit zwischen der Verkehrszentrale NRW als zuständige Stelle für die Autobahnen in Nordrhein-Westfalen und den Großstädten ausgebaut werden. Bestehende Ansätze, wie das Strategiemanagementsystem Dmotion der Stadt Düsseldorf sowie die Regionalen Baustellenkoordinierungskreise, müssen dazu weiterentwickelt werden. Im Bereich der Verkehrs- und Baustelleninformation hat Nordrhein-Westfalen bereits einen wichtigen Schritt vollzogen, in dem ein landesweit einheitliches System zur kostenfreien Nutzung durch die Kommunen zur Verfügung gestellt wird.

Auf technischer Ebene verfolgt die Verkehrszentrale NRW das Ziel, den Betrieb der Verkehrsbeeinflussungsanlagen effizienter zu machen, das heißt, die Verfügbarkeit der Anlagen einschließlich der Verkehrsrechner- und Unterzentralen zu erhöhen und den Unterhaltungs- und Instandsetzungsaufwand zu reduzieren. Dazu sollen Standardisierungen technischer Lösungen sowie der Einsatz von Betriebsüberwachungssystemen beitragen.

5.7.2 Zielarchitektur

Das Land Nordrhein-Westfalen ist Mitglied im so genannten NERZ e.V. (vgl. Abschn. 5.5.1), der im Auftrag des Bundes eine einheitliche Verkehrsrechnerzentralen-Software aufbaut, betreibt, pflegt und weiterentwickelt. Wesentliche Eigenschaften dieser einheitlichen Rechnerzentralen-Software sind ein modularer Aufbau mit derzeit über 100 Einheiten, einheitliche Schnittstellen, Plattformunabhängigkeit und eine umfassende und frei zugängliche Dokumentation. Dadurch wird die Entwicklung der Module durch verschiedene Hersteller möglich. Die einzelnen Module können nach Bedarf ausgewählt und mit – gegenüber einer Neuentwicklung – deutlich geringerem Aufwand und Risiko in Betrieb genommen werden. Diese Systemarchitektur ermöglicht eine sukzessive Weiter- und/oder Neuentwicklung einzelner Module. Zukünftig wird dabei eine noch stärkere Service-Orientierung angestrebt.

5.7.3 Konzeptionell-inhaltliche Weiterentwicklung

Mit der zukünftigen Vernetzung von Fahrzeugen untereinander sowie zwischen Fahrzeugen und Verkehrszentralen wird ein wesentlich weiter gefasster Handlungsspielraum für Verkehrsmanagementmaßnahmen eröffnet. Zum einen werden (teil-)autonom fahrende Fahrzeuge Steuerungsstrategien seitens der Verkehrszentralen befolgen, zum anderen wird durch die Vernetzung eine virtuelle Verkehrsbeeinflussung ermöglicht. Damit können Verkehrsmanagementmaßnahmen auch dort umgesetzt werden, wo der Aufbau einer kostenintensiven Verkehrsbeeinflussungsanlage nicht wirtschaftlich vertretbar ist. In diesem Zusammenhang wird für die Verkehrszentrale perspektivisch auch ein Mehrwert aus den Einzelfahrzeugdaten beim vernetzten Fahren erwartet (vgl. Abschn. 5.4.4, C-ITS).

Verkehrssteuerung setzt eine detaillierte Kenntnis von Verkehrsnetz und aktueller Verkehrslage voraus. Wo Informationen zum Verkehrsfluss nicht in ausreichender Qualität vorliegen, können Reisezeiten und Störungsinformationen auf Basis von Floating Car Data eine sinnvolle Ergänzung sein. Einen entsprechenden Ansatz verfolgt die Verkehrszentrale zukünftig auch im Bereich der Netzsteuerung, wobei sich Kapazitätsinformationen aus der eigenen Verkehrserfassung und Reisezeiten kommerzieller Anbieter in sinnvoller Weise ergänzen.